scorpio

Hartmut Radel

DIE WELT IM UMBRUCH

Niedergang oder Hoffnung?

Die Kraft der plutonischen Energien

scorpio

FSC
Mix
Produktgruppe aus vorbildlich bewirtschafteten Wäldern und anderen kontrollierten Herkünften

Zert.-Nr. SGS-COC-1940
www.fsc.org
© 1996 Forest Stewardship Council

Umschlaggestaltung: Hauptmann & Kompanie Werbeagentur, München – Zürich
Satz: BuchHaus Robert Gigler, München
Gesetzt aus der Sabon
Druck und Bindung: GGP Media GmbH, Pößneck

ISBN 978-3-9812442-0-5

INHALT

VORWORT

Dieses Buch macht deutlich, was wir alle spüren: Wir leben in einer Zeit großer Veränderungen. Die Spielregeln des Lebens werden neu geschrieben. Alles wird anders. Und das Wichtigste: All diese Wandlungen betreffen jeden von uns und sie gelten an jedem neuen Tag!

Wir sind heute als Einzelne und als Menschheit mit unserer Anpassungsbereitschaft gefordert. Es ist eben nicht nur ein globales Horrorszenario mit Klimakatastrophen, Finanzkrisen und zusammenbrechenden Bankimperien, Kriegen und Bürgerkriegen, Wasserknappheit und Hungersnöten, das wir uns von der Couch aus im Fernsehen anschauen. Nein, wir stehen mittendrin: ungesicherte Arbeitsexistenz, Wohnnebenkosten, welche sich der Höhe einer zweiten Miete nähern, steigende Preise bei Lebensmitteln und allen anderen Gütern des täglichen Verbrauchs, ein kaum noch bezahlbares Gesundheitssystem in einer Zwei-Klassen-Versorgung, eine soziale Schieflage und immer mehr Menschen, die unter der sogenannten Armutsgrenze leben. Dazu kommen noch Ängste, was die Zukunft bringen soll – Inflation, Unsicherheit der Renten, zunehmende Gewaltbereitschaft unter Jugendlichen, der immer stärkere Zerfall der Familien als soziale Netzwerke, Naturkatastrophen selbst bei uns im mittleren Europa, all das zeichnet sich bereits ab.

Wir merken heute schon deutlich, dass wir uns weniger leisten können. Anschaffungen werden verschoben, an Urlaub und Freizeitaktivitäten wird gespart. Nimmt auch die Lebensfreude ab? Genießen ist ja nicht einfach nur schön für Herz und Gemüt, es bringt auch die Kraft für die Herausforderungen des Alltags. Doch gibt es von nun an nur noch Genuss mit Reue?

Jeder weiß, dass es angesichts der globalen und nationalen Schwierigkeiten so nicht mehr weitergehen kann. Aber kaum einer rechnet damit, dass sich auch bei ihm persönlich Grundlegendes ändern wird. Die äußeren Veränderungen betreffen aber alle Daseinsbereiche. Das Leben wird sich in den nächsten Jahren bis in den Alltag hinein radikal umgestalten. Es gelten von nun an andere Prioritäten als bisher. Denn es sind ja nicht nur Äußerlichkeiten, die sich wandeln. Die meisten bemerken auch, dass sich in der Art, wie wir als Menschen mit den Herausforderungen umgehen, etwas Entscheidendes ändern muss. Wie sagte Albert Einstein sinngemäß: »Probleme kann man niemals mit derselben Denkweise lösen, durch die sie entstanden sind.«

Die Welt hat sich schon immer in Zyklen entwickelt – Eiszeiten und Heißzeiten, Trockenperioden und Nassphasen wechseln einander ab. Ob lange oder kurze Zyklen, Jahrtausende oder nur Monate – alles im Leben ist Rhythmus. In welchem Rhythmus unserer kollektiven und persönlichen Fortentwicklung befinden wir uns gerade? Was lehren uns die globalen Ereignisse, denen wir scheinbar ohnmächtig ausgeliefert sind? Auf welche Erfahrungen können wir bauen und wohin sollten wir uns nun orientieren? Diese und viele weitere Fragen versucht dieses Buch zu beantworten. Es ist das Buch zur Pluto-Steinbock-Zeit, die von 2008 bis 2023/24 dauert.

Wieso Pluto, warum Steinbock? Das sind Begriffe aus der astrologischen Erkenntnismethodik, dieser umfassendsten Rhythmuslehre der Neuzeit, die zudem auf eine lange Tradition und Erfahrung zurückblicken kann. Sie beschreibt wie keine andere Methodik, wie sich Zeitqualitäten weltweit und auch für den Einzelnen auswirken. Dafür nutzt die Astrologie symbolhafte Kennzeichnungen. Das Prinzip Pluto ist eine von vielen, Steinbock eine andere.

Die Welt im Umbruch entstand aus einem ganz klaren Anlass: Durch die Rotation der Erde »bewegen« sich die Planeten auf ihren Himmelsbahnen und durchwandern die zwölf Tierkreiszeichen. Von Zeichen zu Zeichen ändert sich die Zeitqualität, die sich auch auf der Erde widerspiegelt. Die Phase, in der sich die Welt aktuell befindet, dauert, auf den plutonischen Zyklus bezogen, von 2008 bis 2023/24, denn Pluto hat am 26. Januar 2008 das astrologische Zeichen Schütze verlassen und ist in den Steinbock eingetreten. Er pendelte vorübergehend wieder zurück in das Zeichen Schütze und ist seit dem 27. November 2008 stationär im Steinbock. Und das bis einschließlich 2023, bevor er 2024 zwischen Steinbock und Wassermann hin- und herpendelt, um sich gegen Ende 2024 definitiv im Wassermann festzusetzen. Die Erde und wir Menschen werden bis dahin eine entsprechend geprägte Zeit erleben: die Pluto-Steinbock-Zeit. Zeichenwende und Wertewandel! Alles wird wieder einmal anders! Es gilt dabei für jeden von uns, die Realität zu begreifen, den Lebensmut zu behalten und sich als Chancenfinder gekonnt auf das Neue in diesen 16 Jahren einzustellen.

Der erste Teil dieses Buches erklärt das Prinzip Pluto und zeigt eine historische Rückschau auf die letzten Phasen dieses durch die Tierkreiszeichen wandernden Planeten. Dieser Rückblick schafft auch bei Menschen, die sich bislang nicht mit der Astrologie beschäftigt haben, das Vertrauen in ihre Methodik. Und er liefert bereits Anhaltspunkte für den Blick voraus.

Immer, wenn Pluto das Zeichen wechselt, ändert sich die grundlegende Stimmung, das große Thema unter den Menschen. Das gilt auch für die Zeit von 2008 bis 2023/24: Profitgier, Abzockerei und Gerissenheit standen in den Jahren zuvor ganz oben auf der Tagesordnung. Glaubwürdigkeit und ethisch-menschliches Verhalten lösen sie nun Stück um Stück ab, denn nur diese bieten langfristig die reelle Chance unseres Überlebens. Bereits heute lässt sich diese Tendenz an regional und weltweit gültigen Klimaschutzverordnungen, an Einrichtungen wie dem Internationalen Gerichtshof in Den Haag, an dem Auftreten Barack Obamas, an den internationalen Aktivitäten der Welternährungskonferenz und Welthungerhilfe, gegen das Morden in der Darfur-Region, gegen Drogenkonsum und Terrorgewalt, an international abgestimmten Maßnahmen gegen Kinderpornografie, Kindersoldaten und Kinderarbeit oder an den weltweiten Kampagnen gegen die Immunschwäche AIDS ablesen. Und dieser Wertewandel bleibt keinesfalls auf der staatlich-kollektiven Ebene stehen: Jeder kann diese neuen Qualitäten in sich entwickeln und stärken, um den Herausforderungen dieser Zeit gewachsen zu sein. Auch wird es einzelne vorbildhafte Menschen geben, die diese Werte weithin spürbar kultivieren, vorleben und es den anderen damit leichter machen. Das werden die neuen Leitpersönlichkeiten sein, die diese Phase bestimmen.

Der zweite Teil des Buches befasst sich ausführlich mit den Jahren, in denen Pluto durch den Steinbock wandert: Aus der Erfahrung der Astrologie lässt sich sehr genau sagen, welches die Tendenzen in den unterschiedlichsten Lebensbereichen bis 2023 sein werden. Wenn Pluto und Steinbock zusammenwirken, hat das ganz bestimmte und klar benennbare Konsequenzen für uns Menschen. Innerhalb dieser hat die Menschheit, aber auch jeder Einzelne die Chance und zudem die Aufgabe, das Leben neu auszurichten: für mehr Aufrichtigkeit, Frieden und eine wieder sichere Zukunft. Eine chinesische Weisheit sagt: »Willst du die Welt verändern, verändere zuerst dein Land. Willst du dein Land verändern, verändere zuerst deine Familie, und willst du deine Familie verändern, verändere zuerst dich selbst.«

Das Zeitrad des Lebens dreht sich immer nur in eine Richtung – nach vorn. Vor uns liegt eine wirklich neuartige Zeit. Es ist eine Übergangszeit, in der die Menschen besonders gefordert sind, das Alte loszulassen und das Neue zu gestalten. Möge es uns in der Pluto-Steinbock-Zeit gelingen!

Auch Ihnen persönlich wünsche ich, dass Sie die Zeichen dieser so ganz anderen Zeitepoche erkennen und sie freudig in Ihr Leben einbeziehen – für eine sinngebende und lebenswerte Gegenwart.

Hartmut Radel

Geistige Erkenntnisse bringen die Verwandlung, die Metamorphose.

Der Phoenix aus der Asche

Die »Chymische Hochzeit« von Sonne und Mond symbolisiert die Vereinigung von Geist (Sonne) und Seele (Mond) und steht für die geistig-seelische Fortentwicklung des Menschen.

Initialen des Pluto-Entdeckers Percival Lowell

Symbol für die Vereinigung von Geist, Seele und Körper (von oben nach unten gesehen), Ganzheitssymbol für den Menschen

Anbetung des Geistes, Suche nach dem höheren Selbst

Pluto-Zeichen für die Polarität der geistigen Gesetze

TEIL 1:
DAS PRINZIP PLUTO

ZEITQUALITÄTEN: DIE WELT ASTROLOGISCH BETRACHTEN

Seit Jahrtausenden beobachten Menschen die Bewegungen am Himmel und finden Parallelen zu Geschehnissen auf der Erde. Die Methodik hat sich hierbei von astronomischen Gegebenheiten abgekoppelt. Natürlich wissen die Astrologen, dass sich die Erde um die Sonne bewegt und nicht die Sonne um die Erde. Zu sehen ist aber, dass die Sonne und alle Planeten jeden Tag im Osten aufgehen und am West-Horizont untergehen. Für die Methodik ist diese optische Wahrnehmung die Grundlage für das Regelwerk, wonach sich Zeitqualitäten durch den Bewegungsablauf von Sonne, Mond und Planeten erkennen lassen.

Die rhythmischen Abläufe am Himmel sind Hinweise auf die gleichzeitig sich vollziehenden Geschehnisse auf der Erde. Sie haben die unterschiedlichsten Auswirkungen. So ist beispielsweise belegt, dass der Mond eine Wirkung auf Erde, Tiere, Pflanzen und Menschen ausübt. Die Gezeiten sind von seinem Rhythmus abhängig. Bei Neumond und Vollmond gibt es eine deutliche Steigerung im weiblichen Zyklus. Bei zunehmendem Mond werden mehr Knaben, bei abnehmendem mehr Mädchen geboren. Die Harnsäureausscheidung des Körpers ist ebenfalls parallel zum lunaren Umlauf geschaltet. Fruchtbare und unfruchtbare Tage lassen sich anhand von Mondberechnungen bestimmen. Die Beispiele ließen sich in den verschiedensten Gebieten noch lange fortsetzen. So berichtet der Volksmund, dass man Kräuter bei Vollmond sammeln muss. Tatsächlich ist naturwissenschaftlich nachgewiesen, dass alle Pflanzen bei Vollmond vermehrt Säfte bilden. Mehrere Jahre lang hat man Misteln untersucht und sie regelmäßig gepflückt, um den Saftstand zu messen. Das Ergebnis bestätigt den Einfluss des lunaren Rhythmus. Alterfahrene Bauern richten sich nach dem Mondstand, um den richtigen Zeitpunkt für die Einsaat und die Ernte zu finden, Holzfäller wissen seit Jahrhunderten, bei welchem Mondstand sie das Holz schlagen müssen, damit es später nicht fault.

Die Planetenbewegungen sind vergleichbar mit den computergesteuerten Signalen in der Zentralsteuerung eines Bahnhofs – sie lassen den Zug nicht fahren, sondern zeigen lediglich an, wo er sich befindet. Sonne, Mond und die Planeten sind in der astrologisch-psychologischen Erkenntnismethodik keine Kraftquellen, die einwirken, sondern lediglich Signalpunkte, die einen Zustand, eine Zeitqualität abbilden. Und so wird die Astrologie zu einem grafischen und symbolischen Abbildesystem von Realitäten des Lebens.

Die Astrologie ist eine Erkenntnismethodik, welche Zeitqualitäten und deren unterschiedlichen Verlauf sichtbar macht. Sie zeichnet den Rhythmus auf von Gelingen und Misslingen, von Ausdehnung und Verminderung, von Energiefluss und Blockaden – kurz: vom Auf und Ab des Lebens. Keiner ist immer nur glücklich, keiner ist immer nur unglücklich. Das Lachen hat seine Zeit, und das Weinen hat seine Zeit. Die Astrologie bietet eine Möglichkeit, sich über diese Zeiten bewusst zu werden und ihre jeweils besonderen Qualitäten zu nutzen.

Astronomie und Astrologie waren immer miteinander verbunden. Das kosmische Bewusstsein der Menschen des Altertums war deutlich stärker ausgeprägt als das der Menschen heute. Infolgedessen war der Sternenhimmel und alles, was sich dort tat, ein Hinweis auf gleichzeitige oder folgende Erscheinungen auf der Erde.

Die Astrologie ist viel gescholten worden und doch hält sie sich an der Spitze aller Rhythmus- und Energielehren. Drei Zitate von Unternehmern, die sich astrologisch beraten lassen, sollen hier beispielhaft angeführt werden:

»Die Astrologie ist für mich die effektivste Methodik für Analyse und Planung.«

»Für die Zukunftsplanung des Unternehmens haben wir die modernste Methode, die es gibt: die Astrologie. Die meisten Unternehmen machen ihre Zukunftsplanung über die Erkenntnisse aus der Vergangenheit. Wir benutzen eine modernere Methodik, bereits heute Zeitqualitäten für die Zukunft zu definieren. So erhalten wir Planungssicherheit. Die Unternehmensentwicklung beziehungsweise die Betriebsergebnisse sprechen für die Richtigkeit unseres Ansatzes, die Astrologie bei allen unternehmerischen Entscheidungen einzubinden.«

»Die Astrologie macht mein Unternehmen sicher.«

Kommen wir nun zu Pluto: Von der Erde aus gesehen gibt es zwei Planetengruppen, die inneren und die äußeren, also die der Sonne zugewandten und die der Sonne abgekehrten Planeten. Venus und Merkur stehen zwischen Erde und Sonne. Mars, Jupiter, Saturn, Uranus, Neptun und Pluto ziehen ihre Bahnen jenseits der Erde.

Pluto ist der exzentrischste Planet in unserem Sonnensystem. Er gilt als entsprungener Mond des Neptun. Seine Bahn ist nicht von jener Gleichförmigkeit wie die der anderen. Auch seine Geschwindigkeit ist unregelmäßig. Deshalb läuft er unterschiedlich lang durch die Tierkreiszeichen. Seit seiner Entdeckung 1930 im Percival-Lowell-Observatorium konnten wir nur den Durchlauf durch Krebs, Löwe, Jungfrau, Waage, Skorpion und Schütze (bis zum 25. Januar 2008) beobachten.

Im Krebs hat sich Pluto 27 Jahre lang aufgehalten. In der Waage und im Schützen waren es nur 13 Jahre, im Skorpion 12 Jahre. Im Steinbock werden es bis zum 21. Januar 2024 (dem ersten Übergang in das Wassermann-Zeichen) 16 Jahre sein. Insgesamt benötigt Pluto rund 248 Jahre für seinen Durchlauf durch den Tierkreis beziehungsweise seine Umlaufbahn um die Sonne. Pluto hat deshalb so unterschiedliche Verweilzeiten in den Tierkreiszeichen, weil er besonders große Schwankungen in seiner Entfernung zur Sonne und zur Erde hat. Uranus und Neptun bilden nahezu konzentrische Kreise um die Sonne, Pluto dagegen zieht eine stark elliptische Bahn.

Er ist die derzeit letzte Station in unserem Sonnensystem und nur mit Teleskopen sichtbar. Uranus beispielsweise hat eine Lichtstärke der 6. Größe und ist gerade noch schwach mit bloßem Auge zu erkennen, während Neptun mit 8 und Pluto mit 14 technisch-optische Unterstützung brauchen, um sichtbar zu werden. Von der Erde zu Pluto ist die Entfernung unvorstellbar weit. Sie ist geradezu gigantisch. Bekanntlich legt ein Lichtstrahl die Strecke des Erdumfangs 7,5 Mal in einer Sekunde zurück. Ein solcher Lichtstrahl wäre von der Erde aus 5,5 Stunden zu Pluto unterwegs. Der Planet ist etwa doppelt so groß wie Merkur, bei einer geschätzten Temperatur von minus 220 Grad Celsius. Seine Oberfläche besteht aus verflüssigten Gasen. Jenseits von Pluto kennen wir nur noch einen Gürtel von Milliarden von Asteroiden und Kometen aus Eis, Metall, Stein und Staub, der unser Planetensystem abschließt.

2007 wurde bei einem Astronomenkongress beschlossen, Pluto den Status eines Planeten abzuerkennen und ihn aufgrund seiner exzentrischen Umlaufbahn als Planetoid einzustufen. Ob sich diese Sichtweise in der Astronomie durchsetzen wird, bleibt derzeit offen. In der Astrologie haben sich dagegen die empirischen Erkenntnisse gefestigt, so dass in dieser Methodiklehre das Prinzip Pluto als das Gestaltwandelnde fortgeführt wird.

Soweit ein paar astronomische Fakten. Die Astrologie koppelt sich von der Astronomie ab, wenn es darum geht, die Planeten-Konstellationen am Himmel mit empirisch belegten Ereignissen zu dokumentieren. Diese Ereignisebenen verlaufen parallel und beziehen sich auf stofflich-materielle Vorgänge ebenso wie auf geistige und psychische Bereiche.

Langsam, aber unaufhaltsam werden durch Pluto Änderungen herbeigeführt, die not-wendend sind für unseren Weg durch die Evolution. Kosmische Gesetze, die mit alles durchdringender Energie gleichzusetzen sind, greifen in unser Leben ein. Wer sich willig einordnet, wird diese Energien als kraftvolle Unterstützung in seinem Leben verspüren. Wir sprechen dann von Harmonie, Erfolg, Glück, Gesundheit. Wer sich gegen das Gesetz auflehnt, wird zur Korrektur des Eigenwillens gezwungen, es treten Hindernisse und Krisen auf.

Weshalb Pluto auch für Macht, Gewalt und Zerstörung steht, wird durch das nachfolgende Kapitel *Hauen und Stechen unter*

Göttern erläutert. Pluto ist einem riesigen Schwungrad gleichzusetzen: Erst einmal in Rotation versetzt, ist es kaum noch anzuhalten und kann bei relativ langsamer Eigenbewegung der mächtigen Schwungmasse seine Kraft auf Maschinen übertragen und diese antreiben. Pluto aufhalten zu wollen ist ein selbstvernichtendes Unterfangen.

Wo ichhafte Motivierungen auftreten, da wirkt das Prinzip zerstörend. Es geht allein darum, wie die Dinge wirklich sind – faktenorientiert und im global-kollektiven Zusammenhang. Dies gilt auch für den Einzelmenschen, vor allem bezogen auf sein übergeordnetes Lebenskonzept. Nur aus plutonischer Erkenntnis von Realität ist Wachstum beziehungsweise Fortentwicklung möglich. Mit Pluto geht es um Erkenntnis, Erfahrung und Wachstum im geistigen Sinn.

Pluto als das gestaltwandelnde Prinzip[1] beseitigt das Alte und lässt die Gewöhnung zersplittern, damit Platz für das Neue geschaffen wird. Dies ist mit Risiken verbunden, weil das Neue noch nicht sichtbar ist. Deshalb klammern wir uns zunächst am Bewährten fest.

Im Gegensatz zum Umschwung bewirkenden Prinzip Uranus, das schnell und überraschend wirkt – expect the unexpected –, bringt Pluto die sich unaufhaltsam und stetig vollziehende Metamorphose. Alles – Individuum und Kollektiv – muss sich bekennen. Fakten knallen ins Leben und schaffen neue Gegebenheiten, denen man nicht mehr ausweichen kann und durch die neue Handlungsweisen vorgegeben werden. Masken fallen, neue Lebensabschnitte werden eingeleitet. Pluto ist meist mit schmerzlichem Hintersichlassen verbunden. Auf dem Neuen wird ein anderes Leben entstehen, das die Erfahrungen der Zeitphase davor integriert. So zeigt Pluto Lebenskrise und Neubeginn zugleich.

Pluto schafft auf der materiell-stofflichen Ebene, also in der konkreten Lebenspraxis des Tages, Veränderungen, und daraus leiten sich neue Motivationen ab. Der Wachstumsprozess wird im Realen ausgelöst und setzt sich im Geistigen fort. Zum Wesentlichen gehört unbedingt auch die Fähigkeit zu erkennen, in welche Richtung die Änderungen zielen. Nur dort findet sich der aktuell neue Sinn von Denken und Handeln. Nur dort ist Gelingen.

Das Prinzip steht auch für Naturereignisse wie beispielsweise Vulkanausbrüche, Erdbeben, Tsunamis, Überschwemmungen, flächendeckende Brände oder Dürreperioden. Pluto-Auslösungen zeigen sich zuerst kollektiv und zeittendenziell. Gruppenschicksale bringen dann auch für den Einzelmenschen Konsequenzen von der Art, wie sie aus der Pluto-Stellung im individuellen Kosmogramm, dem Geburtshoroskop oder Geburtsbild, angezeigt sind.

Beim Prinzip Pluto geht es immer um die tiefsten Schichten in uns. Der amerikanische Astrologe und Geisteswissenschaftler Noel Tyl sagt, dass Pluto als der äußerste Planet des Sonnensystems zugleich den entferntesten Teil in uns selbst repräsentiert. Das Prinzip ist gleichbedeutend mit dem Unterbewusstsein. Und dies folgt den Erfordernissen der Evolution unseres Selbst. Es gibt Signale nach oben ins Bewusstsein, die wir als Instinkt, Eingebung oder innere Stimme wahrnehmen. Langsam, aber unaufhaltsam werden durch plutonische Energien Änderungen herbeigeführt, die den Weg freimachen zu geistig-seelischer Fortentwicklung – zu unserer sehr persönlichen Evolution.

In der Tragik des Menschen, fortwährend Dinge tun zu müssen, die er eigentlich nicht tun will, wird das Prinzip Pluto zum Anwalt unseres Selbst, es klagt den Eigenwillen des Ego an. Das Pluto-Prinzip hat immer mit Macht und Ohnmacht zu tun – außen und innen. Es braucht enorm viel inneren, festen Willen, um eine kreative Transformation in seinem Leben vorzunehmen. Der Mensch muss sich aufbäumen, wenn durch Lebensereignisse alles um ihn herum zersplittert. Unter Pluto-Aspekten geschehen Scheidungen, Todesfälle, Krankheiten, Berufs- und Stellenverlust oder Verluste materieller Sicherheiten. Solche unabänderlichen Ereignisse schleudern den Menschen in die dunkelsten Ecken seines Lebens. Von dort erneut zum Licht zu streben, wird zu einer bedeutenden Leistung, die ohne intensiven Lebenswillen nicht zu erbringen ist. Genau diese Dynamik will das Prinzip wecken. Es führt den Menschen an den Rand seiner Belastbarkeit, um genau dort seine letzten und stärksten Energien zu mobilisieren – aus der Totalität des Seins, aus dem Ego hin zum höheren Selbst. Das *Ego* zeigt sich in unserer Durchsetzungskraft, sich im Leben zwischen den anderen zu behaupten, im *Selbst* dagegen folgen wir einem inneren Lebensgesetz, vielleicht auch einem Lebensplan, der uns in unser Schicksal einbindet. In ihm liegt der eigentliche Sinn unseres Hier- und So-Seins. Unser Schicksal, der »Weg zum Heil«, führt vom kämpferischen Überlebenswillen in eine geistig-seelische Höherentwicklung. Glücklich, wem es gegeben ist, sein Denken und Handeln nach diesem »höheren Sinn« auszurichten.

Anatomisch wird das Pluto-Prinzip mit den Regenerationskräften des Körpers verbunden. Die Keimdrüsen sind ihm zugeordnet. Die Zellbildung verändert sich bei unterschiedlichen Aspektierungen im Kosmogramm. Überall, wo im Körper der Instinkt für den Normal-Rhythmus verloren geht, sind meist auch Aspekte im Geburtsbild nachzuweisen. Bei Zellwucherungen ist dies am auffälligsten. Das Prinzip ist zusammen mit seinem Heimatzeichen Skorpion (jedes Prinzip hat ein ihm speziell zugeordnetes Tierkreiszeichen) im Organismus auf die Genitalzone bezogen.

FAZIT: Das Prinzip Pluto

- Das Prinzip Pluto steht für Wachstum durch Veränderung.
- Was sich ausgelebt hat, verschwindet und macht Platz für ein neues Werden.
- Wesentlich ist, Veränderungen bewusst anzunehmen, denn das Prinzip Pluto ist eine übergeordnete Realität außerhalb des Alltagslebens.
- Das Prinzip Pluto lehrt, die höhere Oktave unseres Seins, das Selbst, zu verwirklichen. Dies geschieht in jeder Lebensepoche.

HAUEN UND STECHEN UNTER GÖTTERN: PLUTO IN DER MYTHOLOGIE

Im Olymp der griechischen Götterfamilie ging es immer sehr menschlich und auch sehr unmenschlich zu. Krieg und Gewalt, Entführungen und Intrigen waren praktizierte Verhaltensweisen, um Machtpositionen auszubauen oder ichsüchtige Bedürfnisse zu erfüllen. Menschen haben diese Parabeln gewählt, vielleicht, um sich und uns die Götter näher zu bringen. Götter zum Anfassen ...

Gleichzeitig steckt in dieser Götter-Historie mit ihren aufregenden Ereignissen, die weit über die menschliche Zeiterfassung zurück- und hinausreichen, ein tiefes Spüren oder auch intuitives Wissen um die Zusammenhänge des Lebens und darum, wie der Mensch in kosmische Abläufe eingebunden ist. Himmlische Mächte oder kosmische Autoritäten – je nach religiöser Ausrichtung oder Glaubenslehre – werden personalisiert beziehungsweise vermenschlicht und erhalten dadurch ein Persönlichkeitsprofil, mit dessen Hilfe wir die wahrnehmbaren rhythmischen Steuerungen des Lebens bildhafter definieren können.

Pluto, der Herrscher der Unterwelt, versteckt sich nicht nur als Gott im Schattenreich, aus dem keine menschliche Seele wieder ans Licht des Lebens zurückfindet, sondern er tarnt auch seine Identität, indem er mehrere Namen gleichzeitig trägt: Hades, Aides, Aidoneus, Pluton, Eubuleus. Die Namen sind mit Eigenschaften verbunden:

PLUTO = der Reiche, die Fülle, der Reichtum (ebenso Pluton)
HADES = der Unsichtbare (gleiche Bedeutung auch für Aides und Aidoneus)
EUBULEUS = der gute Ratgeber

Warum aber will er sich verstecken? Was hat er zu verbergen? Gott der Unterwelt zu sein, ist das überhaupt erstrebenswert?

Schauen wir uns seine Geschichte an: Pluto (lat. Hades) ist ein Sohn von Kronos (lat. Saturn) und Rhea, der Erde. Er hat noch zwei Brüder, Zeus (Jupiter) und Poseidon (Neptun). Im weiteren Verlauf dieses Stammbaums der Götterfamilie ist immer wieder auf symbolische Feinheiten zu achten. Wer spielt welche Rolle und wie könnte er analog dazu den menschlichen Werdegang beeinflussen.

Kronos verschlang eines Tages seine Kinder. Zeus entkam diesem kannibalischen Akt als einziger, weil seine Mutter Rhea ihn versteckte und dem Vater stattdessen einen in ein Wickeltuch verpackten Stein überließ. Die Zeus-Geschichte bleibt wichtig, weil sie das Überleben von Pluto möglich gemacht hat. Zeus wurde von seiner Mutter nach Kreta gebracht und wuchs dort unter Ziegen auf. Als er stark genug war, zog er gegen den Vater in den Kampf und zwang ihn, seine Geschwister wieder herauszugeben. Die drei Brüder besiegten Kronos. Jeder hatte mit seiner Waffe einen besonderen Anteil daran: Pluto näherte sich mit der Tarnkappe und Kronos konnte nicht bemerken, wie der Sohn ihm heimlich die Waffen wegnahm, Poseidon griff Kronos mit dem Dreizack an, und Zeus traf ihn mit dem Blitz.

Nachdem Kronos ausgeschaltet war, teilten die drei Brüder die Welt und den Kosmos unter sich in Herrschaftsbereiche auf: Zeus wurde der König des Götterstaates und stand den zwölf Göttern vor, die auf dem Olymp residierten. Als Inbegriff höchster geistiger und physischer Potenz wurde er zum Himmelsgott. Das Meer wurde Poseidon zugeteilt, und Pluto wurde Herrscher des Schatten- und Totenreiches. Dieser von den Menschen ungeliebte und gefürchtete Gott hat sein Reich nur selten verlassen – und wenn, dann wollte niemand etwas mit ihm zu tun haben. Deshalb zeigt er sich »oben« nur mit der Tarnkappe und nimmt sich rücksichtslos, was er haben will. Bei ihm gibt es kein Entkommen. Wen er im Visier hat, der ist ihm ausgeliefert, umso mehr, als man nicht erkennt, aus welcher Richtung er angreift. So raubte er auch Kore (Persephone) und zwang sie, seine Frau zu werden und mit ihm in der Unterwelt zu leben.

Welche Aussagekraft diese gleichnishaften Geschichten haben, hat Bernd A. Mertz in seinem Buch *Liebe, Opfer und Magie*[2] deutlich gemacht: »Hades (Pluto) wirkt also im Innersten, und wenn er an die Oberfläche kommt, benutzt er auch noch häufig die Tarnkappe – ein Hinweis, wie schwer die plutonischen Kräfte, die in jedem Menschen leben, zu erkennen sind. Die Tarnkappe verhindert dabei nicht nur, dass andere diese Kraft durchschauen und analysieren, sondern auch, dass der Horoskopeigner seine Kräfte selbst klar zu erkennen vermag. Man durchblickt die eigene Tarnung dieser Kräfte nur mit großer Mühe.«

Übrigens, die Tarnkappe, die Pluto trägt, ist aus Hundehaut. Dies gibt einen Hinweis auf eine Verbindung von Mars und Pluto. Mars steht für die Kopfzone und Pluto gilt als der Herrscher des Totenreiches. Die Tarnkappe schafft einen Bezug zum Hund, der den Zugang zum Totenreich bewacht. Er hat drei Köpfe. Kerberos hat aufzupassen, dass nur Gestorbene hereinkommen und keine Seele das Reich der Schatten wieder verlässt. Hiermit verbindet sich noch eine andere Interpretation, weil Pluto nicht nur der gefürchtete Totenherrscher ist, sondern auch der Besitzer und Regent aller Schätze, die tief in der Erde verborgen sind: Wasser, Erdöl, Feuer, Magma, Energie, Kohle, Mineralien und auch Edelmetalle. In der Tiefe der Erde sitzen zudem neue Lebensenergien. Die Wurzeln der Bäume holen sich ihre Kraft aus dem Boden, und aus der Erde keimen die Pflanzen, von denen sich der Mensch ernährt.

Dieses Reich ist abgeschottet, nicht nur durch Kerberos, sondern auch durch den Strom Styx, der die Reiche der Lebenden und der Toten voneinander trennt. Jeder Verstorbene wird von Charon, dem Fährmann, hinübergerrudert. Damit er dies tut, wird er mit einem Obulus für diesen letzten Dienst bezahlt. Den Toten hat man deshalb eine Münze auf die Zunge gelegt.

Das Plutonische spielt sich in der Tiefe ab: Welche Schätze schlummern in der Erde, welche Gewalten brodeln darin, welche Gefahren tun sich explosiv auf? Pluto steht auch für das, was in der Tiefe der Seele des Menschen vorgeht – vor allem in der finalen Zeit unseres Lebens. Abgrundtiefe Ehrlichkeit wird zum Maßstab, nach dem unser »tätiges Leben«, wie Goethe es nennt, gemessen wird.

Das Plutonische teilt zu oder nimmt weg. Pluto steht auch für Macht und lebt sie aus – in der Oberwelt, auf der Erde. Und die Erde haben sich die neuen Götter-Herren als ihre gemeinsame Einflusssphäre freigehalten. Hier kann jeder beeinflussen, wo und wie er will.

In der Unterwelt der Erde oder im Unterbewusstsein des Menschen sitzt der tiefe Ernst des Lebens. Dies ist aber kein Untergangswissen, sondern die gebündelte Konzentration auf das Weiterführende. Denn die tief in der Erde und tief in uns angelegten Schätze, Potenziale und unerlösten Polaritäten drängen in die Oberwelt, ins Bewusstsein. Sie wollen sich aktivieren und sich im Sichtbaren erfüllen. Ja, sie wollen sich sichtbar machen. Sie wollen wirken, weil sie sind. In welcher Pol-Qualität dies geschieht, beweist sich an unserer geistig-seelischen Fortentwicklung. Das ist die individuelle und kollektive Evolution, die Spirale von unten nach oben, aus dem Dunkel zum Licht, vom Gespaltenen ins heile Ganze.

Als Einzige hat es Persephone, die Frau von Pluto, geschafft, den Weg wieder zurück ins Licht, ins Leben zu finden. Und wie? Sie hat sich noch im Totenreich durch eine List ihrer Mutter Demeter, die sie wieder auf die Erde zurückholen wollte, in ein Bild von Adonis so sehr verliebt, dass sie den gefährlichen Weg nach oben auf sich nahm und auch wirklich auf die Erde zurückgefunden hat. So wurde die Göttin des Todes auch zur Göttin der Wiedergeburt.

Pluto und Persephone – aus der Macht des Ich in die Liebe zum Du: Ist das der Weg nach oben ins Licht? Wird daraus das heile Ganze? Lässt sich Evolution überhaupt erdenken? Nein. Aber sie lässt sich erahnen.

GEWALTIGE SONDERLINGE: URANUS, NEPTUN, PLUTO UND GROSSE HISTORISCHE WENDEN

Die sogenannten Transsaturnier – Uranus, Neptun und Pluto – sind die drei Sonderlinge in unserem Planetensystem. Dabei wissen wir noch wenig über sie, wenn wir die Zeit, in der wir sie kennen, mit den rund 6000 Jahren vergleichen, in denen Sonne, Mond und die fünf lange bekannten Planeten Merkur, Venus, Mars, Jupiter und Saturn sowohl astronomisch als auch astrologisch benannt und erforscht sind.

Uranus wurde am 13. März 1781 von Friedrich Herschel entdeckt. Die Neptun-Entdeckung folgte am 24. September 1846 durch Johann G. Gull, Astronom an der Berliner Universität. Und schließlich folgte als vorerst letzter Planet in unserem Sonnensystem Pluto, der im Percival-Lowell-Observatorium in Arizona/USA am 18. Februar 1930 von Clyde Tombaugh nach einer mehrmonatigen akribischen Suche zwischen Zehntausenden von Sternen registriert wurde. Man ließ sich allerdings bis zum 13. März 1930 Zeit, um erst dann die wissenschaftliche Welt von dem Sensationsfund zu informieren. Das Datum fiel mit dem Geburtstag von Percival Lowell zusammen, der das Institut begründet und persönlich auch schon seit 1905 nach dem unsichtbaren Transneptunier gesucht hatte. Nach komplizierten Bahnabweichungsuntersuchungen des Neptun hatten die Astronomen nach über 20-jähriger Sucharbeit tatsächlich Erfolg gehabt.

Diese drei Transsaturnier gelten in der astrologischen Methodik als entwicklungsgeschichtliche Messpunkte, beziehen sich also auf globale, kollektive und multikulturelle Epochen. Dies hat mit ihren extrem langen Durchlaufzeiten durch den Tierkreis beziehungsweise ihrer Umlaufbahn um die Sonne zu tun.

Verweildauer der Transsaturnier in den einzelnen Tierkreiszeichen (Durchschnittswerte)

Uranus	7 Jahre	Gesamtdurchlauf 84 Jahre
Neptun	14 Jahre	Gesamtdurchlauf 168 Jahre
Pluto	21 Jahre	Gesamtdurchlauf 246 Jahre

Die international verwendete Definition für die Qualität dieser Licht- und Messpunkte als Bewegungspunkte am Himmel ist für

Uranus	= das Umschwungbewirkende
Neptun	= das Grenzüberschreitende
Pluto	= das Gestaltwandelnde

Diese Begriffe sind Wortschöpfungen von Thomas Ring, einem deutschen Astrologen, der die sogenannte revidierte Astrologie der Neuzeit wesentlich mitgeprägt hat. Sein Hauptwerk ist die vierbändige *Astrologische Menschenkunde*, mit der er das traditionelle Weltbild der Astrologie in das zeitaktuelle Denken eingegliedert hat. Nach erfahrungswissenschaftlichen Grundsätzen hat er die Planeten als Sinnbilder beziehungsweise Messpunkte für die Grundenergien des Lebens beschrieben und damit, zusammen mit Paul Choisnard, Bruno und Luise Huber, Karl Ernst Krafft, Herbert von Klöckler, Michel Gauquelin, Wolfgang Döbereiner und viele andere, eine empirisch fundierte Entsprechungslehre zwischen Makrokosmos und Mikrokosmos geschaffen.

In der Astrologie gilt: Je langsamer sich ein Prinzip durch den Zodiak (Tierkreis) bewegt, desto prägender ist es. Es übernimmt voll die Hintergrundqualität des Zeichens, in dem es für mehrere Jahre steht und überträgt sie auf die Ausdrucksebenen im Leben.

Je langsamer es sich bewegt, desto dominanter und nachhaltiger sind die Auswirkungen. Das ist bei politischen und ideologischen Strömungen nachzuverfolgen, bei militärischen Konfrontationen, bei philosophischen oder religiösen Prioritäten. Desgleichen gilt es für soziale und soziologische Lebensstrukturen oder bei Naturbelastungen, die dann eher große Flächen beziehungsweise Erdteile langzeitlich und oft wiederkehrend betreffen. Das wird noch ausführlich in den nachfolgenden Kapiteln belegt.

In der Phase um 1781, als Uranus entdeckt wurde, befanden sich Europa und die Welt bereits in einem vehementen Umschwung:

1769 Napoleon wird auf Korsika geboren; er wird die Geschicke Europas entscheidend mitbestimmen.

1775 Beginn des nordamerikanischen Unabhängigkeitskrieges gegen England; er dauert bis 1783. Gründung und Unabhängigkeitserklärung der USA (1776) und Deklaration der Menschenrechte (1789)

1778 Europa im Krieg, weil der österreichische Kaiser Joseph II. sich Bayern einverleiben wollte und Preußen mit Russland dies durch militärische Intervention verhindert hat

1779 Frankreich und Spanien versuchen vergeblich, die Engländer aus Gibraltar zu verjagen, um dort eine politische Wende herbeizuführen.

1781 Kaiser Joseph II. leitet für die damalige Zeit sensationelle Reformen ein: Die Leibeigenschaft wird aufgehoben, die Folter wird abgeschafft, die Religionsfreiheit wird eingeführt.

1789 Beginn der Französischen Revolution mit dem Sturm auf die Bastille am 14. Juli und der Verkündung der Menschenrechte

Dies sind umschwungbewirkende Großereignisse in den damaligen politischen Brennpunkten der Weltentwicklung, die mit der Entdeckung von Uranus zusammenfallen. Bei den drei Transsaturniern zeigen sich die Ereignisse immer in einem zeitlich weiteren Umfeld, eben weil diese Prinzipien sich immer viele Jahre in einem bestimmten Segment des Zodiak aufhalten.

Übrigens, Pluto war zu jener Zeit im Segment Wassermann. Das dem Wassermann zugeordnete Prinzip ist neben Saturn auch Uranus. Das Gestaltwandelnde war also im Segment des Umschwungbewirkenden. Die oben skizzierte weltgeschichtliche Entwicklung während der Entdeckungsphase des Uranus bestätigt die astrologische Entsprechung.

Bei Neptun, der 1846 entdeckt wurde, beweist sich das Grenzüberschreitende in der nachfolgenden Übersicht politisch-wirtschaftlicher Weichenstellungen, epochaler technischer Entdeckungen und weltweiter Forschungsexpeditionen mit dem Ziel, aus den bestehenden Gegebenheiten völlig neue Wege zu erschließen beziehungsweise die grenzüberschreitende, globale Vernetzung zu schaffen.

1844 Tibet wird zum ersten Mal durchquert.

Erfindung des Telefons

1846 In England werden Zölle aufgehoben und damit der Weg für den Freihandel freigemacht.

1846 Es gelingt erstmals, eine Äthernarkose einzusetzen.

Carl Zeiss gründet in Jena die Zeisswerke, die heute marktführend in der Erforschung und Entwicklung von optischen Geräten sind, die sichtbar machen, was ohne sie unbekannt bliebe.

1847 John Franklin verunglückt tödlich auf einer Nordmeer-Expedition bei der Suche nach einer Passage durch das Nördliche Eismeer.

Siemens wird als Elektrofirma gegründet.

In England gelingt die erste Chloroformnarkose.

Marx und Engels veröffentlichen ihr *Kommunistisches Manifest* und schaffen damit die Grundlage zur internationalen Ideologie des kommunistischen Sozialismus. »Arbeiter aller Länder, vereinigt euch!«

Aufhebung des politischen Konservatismus in Europa: Demokratien entstehen unter anderem in Deutschland und der Schweiz.

In Frankreich wird die Elektrotherapie praktiziert.

Otto Lilienthal schwingt sich mit seinem Fluggerät in die Luft und begründet damit die Flugindustrie.

Weltweiter Ausbau der Telegraphen-Verbindungen

Erfindung der Wasserturbine, Beginn der industriellen Stromerzeugung

Pluto war zum Zeitpunkt der Neptun-Entdeckung im Widder. Hier ist das Prinzip Mars, die ichbezogene Energie- und Willensleistung, bestimmend. Zum Grenzüberschreitenden kommen nun noch die gestaltwandelnden Kräfte der individuellen Willensleistung. Das sind die Forscher, Pioniere und politisch-gesellschaftlichen Vorkämpfer. Seit etwa 1840 und damit im Umfeld der Entdeckung des Neptun beziehungsweise seiner harmonischen Aspektverbindung zu Pluto (60°, Sextil) folgen Jahrzehnte des industriellen Fortschritts und der gesellschaftlichen Neustruktur, die von diesen Persönlichkeiten geprägt werden.

Und mit welchen historischen Paukenschlägen bringt sich Pluto selbst in den Jahren unmittelbar vor und nach seiner Entdeckung 1930 in die Planetenreihe ein?

1928 Das Bakterien tötende Penicilin wird von Alexander Fleming entdeckt. Es revolutioniert die bis dahin üblichen Behandlungsmethoden in der Medizin.

1929 Der Young-Plan regelt die Wiedergutmachungsleistungen der Deutschen aus dem Ersten Weltkrieg.

An der New Yorker Börse brechen die Kurse dramatisch ein und lösen eine Weltwirtschaftskrise bis etwa 1933 aus.

1930 Der Reichstag in Berlin wird aufgelöst. In den Neuwahlen dominieren neben den Nationalsozialisten mit Adolf Hitler auch die Kommunisten.

Die DIN-Norm wird eingeführt. Daraus ergibt sich eine starke Kosten- und Preisreduktion auf allen Gebieten.

In dieses Jahr fallen auch der Einsatz des ersten Schnelldampfers, der erste Ozeanflug von Ost nach West, die Beendigung des 18 km langen Appenintunnels, die Inbetriebnahme des damals größten Schiffshebewerks Niederfinow, die erste drahtlose Fernsehübertragung und der Einsatz der größten Dampfturbine (USA).

1931 Schließung von zwei Großbanken in Österreich und Deutschland und daraufhin teilweiser Zusammenbruch des gesamten Bankensystems, dabei zeitweilige Schließung der Banken für den Geldverkehr

See- und Erdbeben in Neuseeland mit vielen Toten und Zerstörungsfolgen

Stalin baut seinen Einfluss in Russland aus.

Gandhi verstärkt seine gewaltlosen Proteste gegen die britische Kolonialmacht.

Großer Aufschwung in der Kunststofftechnik und -anwendung

1932 Regierungskrise in Deutschland; der Reichstag wird aufgelöst.

Weltweite Zollgesetze

Kommunistische Unruhen und Militärputsch in Spanien, Zwangsenteignung von Großgrundbesitzern

Kriege in mehreren Staaten Südamerikas

In Japan wird der Ministerpräsident von Offizieren ermordet.

1933 Hitler wird Reichskanzler. Der Brand des Reichstages wird dazu benutzt, politische Gegner auszuschalten. Konzentrationslager werden errichtet, in denen bis 1945 schätzungsweise 8 bis 10 Millionen Menschen kaserniert wurden und mehr als die Hälfte davon umgekommen ist. Eine öffentliche Verbrennung der Bücher »entarteter« Autoren in Berlin beendet das freie Schriftstellertum in Deutschland. Künstler, Wissenschaftler und Politiker verlassen das Land (bis 1939 sind es etwa 60 000).

Erste Tuberkulose-Schutzimpfung

Die Weltwirtschaftskrise klingt langsam ab.

Gletscherrückgang auf allen Erdteilen. Die Antarktis hat eine Erwärmung von minus 17,6 °C auf minus 8,6 °C zu verzeichnen. Die Tierwelt zieht sich mehr in polare Regionen zurück. Ein möglicher Klimawandel wird weltweit zum journalistischen und politischen Thema.

1934 Gesetze zum Schutz der nationalsozialistischen Diktatur werden erlassen; der berüchtigte Volksgerichtshof betreibt Willkürjustiz.

1935 Die zunehmende staatliche dirigistische Reglementierung zeigt sich in einer Vielzahl von Gesetzen und Erlassen, so zum Beispiel durch die Arbeitsdienstpflicht, die Wehrpflicht, das antijüdische Blutschutzgesetz. Die Hakenkreuzfahne wird offizielle Staatsflagge.

Stalin lässt Schauprozesse durchführen, in denen er die leninistisch-bolschewistischen Anhänger liquidiert.

Japan startet militärische Offensiven in Nordchina.

1936 Beginn des Spanischen Bürgerkrieges

1939 Beginn des Zweiten Weltkrieges mit dem Einmarsch deutscher Truppen in Polen

Diese Übersicht über die analogen Zuordnungen beziehungsweise historischen Entsprechungen der planetaren Großentdeckungen der Neuzeit führt uns zu der Analyse von Pluto-Auslösungen in ihrem historisch-strukturellen Kontext.

PLUTO-RHYTHMEN: ASTROLOGIE UND HISTORISCHE FAKTEN DER VERGANGENHEIT

Bevor wir Pluto im zurückliegenden Durchlauf durch den Schützen und in der aktuellen Periode im Steinbock beschreiben, wollen wir noch einmal in der Zeit zurückgehen. Die historische Ereignisanalyse startet hier mit der Rückschau bis zu jener Zeit, in der Pluto in das Zeichen Widder eingetreten ist. Der Tierkreis beginnt mit Widder und endet mit Fische. Dementsprechend markiert man eine neue Epoche, wenn ein Langsamläufer in das Zeichen Widder eintritt. Für einen Umlauf durch den Zodiak benötigt Pluto 246 Jahre, für den Sonnenumlauf 248 Jahre.

Mit diesem historischen Aufriss der Neuzeit soll belegt werden, in welcher Weise und durch welche Ereignisse sich die plutonischen Energien in den einzelnen Zeichen manifestieren. Daraus ergeben sich glaubwürdige Rückschlüsse beziehungsweise Vorausblicke, welche Zeitqualitäten und Auswirkungen wir bei Pluto im Steinbock zu erwarten haben – diese Analyse wahrscheinlicher zukünftiger Tendenzen schließt sich dann in Teil 2 des Buches an.

Pluto im Widder: 1821 bis 1853

Widder-Energie ist vorwärtsdrängend. Mit kreativer Ungeduld wird geforscht und gefunden. Das noch nie Dagewesene übt eine besondere Faszination aus. Es geht um das wirklich Große. Der Feinschliff ist nicht gefragt, sondern der große Wurf. Das Rad des Lebens – global, kollektiv und auch für jeden Einzelnen – wird durch mutige Entscheidungen gedreht. Nachteile im Kleinen ordnen sich der gewollten Fortentwicklung im Großen unter. Die Widder-Qualität bewegt die Welt.

Dies bezieht sich in den Ausdrucksformen des Lebens auch auf das Individuum; in der Psychologischen Astrologie gehören zum Widder-Zeichen die Führungspersönlichkeiten, die mit Courage und Pioniergeist andere Menschen leiten und auch bereit sind, die Verantwortung für die Konsequenzen zu übernehmen. »Mir nach, damit Ihr Urlaub keine Pleite wird!« – so könnte der Slogan eines Widder-Reiseveranstalters lauten.

Forscher, Pioniere, wagemutige Unternehmer im aufbrechenden Industriezeitalter, geniale Künstler von Goethe bis Beethoven haben die Welt geprägt – und plutonisch-langsam, aber unaufhaltsam verändert.

Die politischen Ereignisse

Diese Jahrzehnte zwischen 1821 und 1853 sind durch Revolutionen und Demokratiebewegungen geprägt. Die Portugiesen revoltieren gegen ihren König und zwingen ihn, eine demokratische Verfassung zu unterschreiben. Die Griechen erheben sich gegen die Türken, und in Amerika machen sich 1822 Peru, Brasilien und Mexiko unabhängig. Revoltierende Sklaven erzwingen in Schwarzafrika die Gründung der Republik Liberia. 1823 beginnt in Spanien eine Revolution. Der Kolonialismus bricht in Süd- und Mittelamerika in sich zusammen. Holland, Spanien, Frankreich und Großbritannien werden in militärische Konflikte gezogen, die Unabhängigkeitsbestrebungen zu unterdrücken suchen. Gleichzeitig werden neue Kolonien gegründet, beispielsweise in Westaustralien, Sumatra, Algerien.

1825–1830 Gegen den Zaren Nikolaus I. gibt es einen Putschversuch.

Europa brennt. Überall brechen in diesen Jahren Revolutionen aus. Belgien wird unabhängig (1830), im gleichen Jahr gibt sich die Schweiz eine demokratische Verfassung. Auch in Frankreich bricht im Juli 1830 eine Revolution aus. In Polen beginnt der Warschauer Aufstand.

1833	Großbritannien schafft in seinem Herrschaftsbereich die Sklaverei ab. Fünf Jahre später werden in Nordamerika alle Indianerstämme östlich des Mississippi vertrieben und in einem »Zug der Tränen« in Reservate zwangsumgesiedelt.

Und dann fällt in diese Widder-Phase des Pluto das europäische Schicksalsjahr 1848:

Januar	Revolten in Sizilien
Februar	Aufstände in Frankreich, Ausrufung der Republik
März	Revolution in Österreich, Metternich dankt ab und flüchtet nach England.
	Die Deutsche Nationalversammlung wird in die Paulskirche in Frankfurt einberufen, um eine Verfassung auszuarbeiten.
April	Wahlen zur Nationalversammlung in Frankreich
Mai	Dänemark besetzt Schleswig-Hostein. Massenaufstände in Paris, Neapel und in der Toscana
Juni	Aufstände in Prag und Paris
Juli	Eröffnung des Reichstages in Wien
September	Aufstand in Frankfurt
Oktober	Aufstand in Wien
November	Die Verfassung der 2. Französischen Republik wird verkündet.

Dezember Die preußische Nationalversammlung wird aufgelöst.

Die Schweizer Kantone verabschieden eine gemeinsame Verfassung, die Schweiz wird Bundesstaat.

In diesem politisch und wirtschaftlich dramatischen Jahr veröffentlichen Karl Marx und Friedrich Engels das *Kommunistische Manifest* und schaffen damit die ideologischen Voraussetzungen für die gesellschaftliche Trennung zwischen Kapitalisten und Proletariern. Die Unterscheidung zwischen ausgebeuteten Werktätigen und herrschenden Industrie-Familiendynastien verfestigt sich und führt schließlich zum Weltkommunismus und seiner klassenkämpferischen Lagerbildung.

Die radikale Neuordnung der Welt setzt sich auch 1849 mit Widder-Vehemenz fort, gleichzeitig wehren sich die etablierten konservativen Machtverwalter mit brutaler Kraft gegen die Reformen. Garibaldi verjagt zwar den Papst, muss sich selbst aber gegen die Franzosen behaupten, welche die päpstliche Machtposition wiederherstellen. Preußische Truppen schlagen in Dresden einen Aufstand nieder, gleichzeitig flieht der Großherzog von Baden vor rebellierenden Soldaten. In Ungarn wird die revoltierende Armee von Österreichern und Russen besiegt.

Auch typisch für plutonisch wirkende Energien sind Massenbewegungen und Kollektivverhalten: Die Goldfunde in Kalifornien lösen einen *gold rush* aus und führen zu Massenauswanderungen in Europa; die Menschen fliehen vor den unsicheren politisch-wirtschaftlichen Verhältnissen und der wachsenden Armut in eine Glück verheißende Zukunft.

Kunst und Kultur in der Widder-Zeit des Pluto

Die vorwärtsdrängenden, ins Risiko oder zumindest ins unbekannte gesellschaftspolitische und wirtschaftliche Neuland führenden plutonischen Energien aus der Widder-Zeitqualität sind nicht unähnlich der Schütze-Zeit, die uns Pluto bis Anfang 2008 beschert hat. Beide Zeichen sind dem Feuer-Element zugeteilt:

das Unmögliche möglich machen wollen und schnelle Ergebnisse schaffen – das ist der dahinter stehende Geist. Der rasche Fortschritt ist wichtiger als organisches Wachsen.

Diese Aufbruchstimmung zeigt sich in der ersten Hälfte des 19. Jahrhunderts auch in der Kunst und Kultur. Um nur einige wenige Beispiele zu nennen: Ludwig van Beethoven führt die Musik zu einer bis dahin ungeahnten Ausdruckskraft des Subjektiven und Idealistischen; Richard Wagner macht die Gattung Oper zu einem wahren Gesamtkunstwerk in der gleichberechtigten Verbindung aller Künste; Caspar David Friedrich, der romantische Maler, wirkt wegweisend mit der neuartigen Ausschnitthaftigkeit seiner Motive; Johann Wolfgang von Goethe vollendet seinen epochalen *Faust*; Heinrich Heine ist nicht nur romantischer Dichter, sondern auch Wegbereiter eines engagierten Journalismus; Honore de Balzac erarbeitet ein höchst umfangreiches Werk, das nicht zuletzt den französischen realistischen Roman begründet. Aufbruch auf allen Gebieten.

Pluto im Widder – auf einen Blick

- Revolutionen und Demokratiebewegungen bestimmen das historische Geschehen.
- Forscher, Pioniere, mutige Unternehmer und geniale Künstler prägen und verändern die Welt nachhaltig – Widder-Kräfte wagen den Aufbruch.
- Die Idee des Kommunismus schafft eine klassenkämpferische Lagerbildung zwischen Werktätigen und Industrie-Familiendynastien.
- Plutonische Massenbewegungen und widderhafter Aufbruch: Auswanderungen aus Europa, Goldrausch in Amerika

Damals wie heute folgt auf die plutonische Verweildauer in einem Feuer-Zeichen der Wechsel in ein Erd-Zeichen. 2008 ist es Steinbock, diese Konstellation wird bis 2023/24 wirksam sein, wie noch ausführlich gezeigt wird. Damals war es Stier.

Jedem Tierkreiszeichen im Zodiak ist eine bestimmte Grundqualität zugeordnet und als Element symbolisiert.

Feuer	Widder, Löwe, Schütze
Erde	Stier, Jungfrau, Steinbock
Luft	Zwillinge, Waage, Wassermann
Wasser	Krebs, Skorpion, Fische

Pluto im Stier: Juli 1850 bis April 1884

34 lange Jahre durchwandert Pluto das Zeichen Stier, wobei es eine Eintritts- und Austrittsphase zu berücksichtigen gilt. Pluto-Ingresse (Wechsel in ein neues Zeichen) vollziehen sich stets in langsamen Pendelbewegungen. Meist wird er bei 1 bis 3 Grad wieder rückläufig und kehrt vorübergehend in das vorherige Zeichen zurück. So ist es auch 1850/51, als Pluto in den Stier eintritt und wieder in den Widder zurückpendelt. Auch am Ende eines Zeichens ist das so, deshalb überlappen sich die Zeitangaben der Pluto-Aufenthalte in allen Zeichen. Bei Pluto im Steinbock ist 2008 das »Pendeljahr« beim Eintritt und 2024 beim Übergang in den Wassermann.

Dem Feuer folgt, wie oben gezeigt, die Erde, also ist das Zeichen Stier mit dem Element Erde verbunden. Was bedeutet dies für den Pluto-Durchgang durch dieses Zeichen? In diesen Jahrzehnten werden die Errungenschaften der ersten Hälfte des Jahrhunderts genutzt und gefestigt. Nach dem Aufflammen des Neuen kommt eine Phase des »irdischen« Sicherns. Wer besitzen will, muss Sicherheiten für den Besitz schaffen.

1856 Internationale Seerechtsverträge

1859 Der Deutsche Nationalverein wird gegründet mit dem Ziel, einen demokratischen Bundesstaat unter preußischer Leitung zu schaffen.

1860 England und Frankreich besetzen Peking und Teile von China.

1862 Lasalle gründet den Deutschen Arbeiterverein, eine Vorstufe der Gewerkschaftsbewegung in Deutschland.

1864 Karl Marx gründet in London die Erste Internationale und ist bis 1872 Leiter dieser Arbeiterbewegung.

In Frankreich wird das Streikrecht beschlossen.

1865 In den USA wird der Bürgerkrieg beendet. Die Sklaverei wird abgeschafft.

1866 Bismarck schickt Preußen in den Krieg gegen Österreich, der mit dem Frieden von Prag endet. Seit dieser Zeit ist Österreich von Deutschland abgetrennt.

1871 Deutsche Truppen fallen in Frankreich ein und besetzen Paris. Das Elsass wird deutsch.

Der Deutsche Reichstag beschließt die Verfassung und Bismarck wird der erste Reichskanzler (der »Eiserne Kanzler« bis 1890).

»Wacht auf, Verdammte dieser Erde« – zum ersten Mal ertönt das Kampflied der Internationalen Arbeiterbewegung.

1879 In Frankreich, Spanien und anderen Ländern werden Arbeiterparteien gegründet.

Bismarck verschärft seine Politik der internationalen Schutzzölle.

Deutschland und Österreich vereinbaren einen gegenseitigen Nichtangriffspakt.

1881 Strikte Neutralität zueinander vereinbaren Deutschland, Österreich und Russland. Deutschland, Österreich und Italien schließen den »Dreibund«.

1884 Beginn der Kolonialaktivitäten Deutschlands in Afrika

Die gesetzliche Unfallversicherung wird in Deutschland eingeführt.

Die wirtschaftliche und gesellschaftliche Situation

Die Stier-Jahrzehnte im 19. Jahrhundert sind geprägt durch den Gründergeist des beginnenden Industriezeitalters. Die Unternehmen haben familiennahe Strukturen und werden von den Unternehmern patriarchalisch geführt. Frühkapitalistische Systeme bestimmen die Gesellschaft und führen in ein Klassendenken, auf dessen einer Seite die vermögenden Kapitalisten stehen, die sich aus Großgrundbesitzern, vermögenden Kaufmannsfamilien und talentierten Unternehmern zusammensetzen. Auf der anderen Seite stehen die werktätigen Arbeitnehmer, die sich schon bald als ausgebeutet betrachten, so zum Beispiel durch fehlenden Kündigungsschutz, fehlende Versicherungen, ungeregelte, überlange Arbeitszeiten, Kinderarbeit und schlechte Bezahlung.

Das gestaltwandelnde Prinzip Pluto im Erdzeichen Stier wird die gesamte Dauer seines Aufenthaltes in diesem Segment die Besitz- und damit Lebensverhältnisse weltweit regeln. Die Stier-Struktur setzt immer die höchste Priorität darauf, das eigene Leben sicher zu machen. Das Lebensgenießerische (Prinzip Stier) braucht die Fülle an materiellen Werten, um sich das »gute Leben« auch leisten zu können. Alles ist nur möglich, wenn man hat – und davon viel. Es ist systembedingt für die Stier-Qualität, dass man das Gewonnene, die Substanz für sich schützt und sichert. Teilen mit anderen, das schließt sich dann aus.

So zeigt es sich in jenen Jahrzehnten, dass die restriktiven Kräfte der Restauration mit allen Mitteln versuchen, erneut konservative Zustände herbeizuzwingen. Gleichzeitig ist die Welt und jeder darin von der Idee erfasst, Sicherheiten durch Besitz zu schaffen. Staaten kolonialisieren und beuten aus. Viele Europäer wandern nach Amerika und Australien aus, weil sie das Goldfieber erfasst hat. Jeder versucht sein Glück, reich zu werden. Parallel dazu wird die Kluft zwischen Arm und Reich immer breiter. Das Gefälle zwischen Großbürgertum und Arbeiterklasse wird steiler. Soziale Spannungen spalten die Gesellschaft. Das Gestaltwandelnde zeigt eine Perspektive auf, aber die noch herrschende Klasse versucht, eine sozial-progressive Entwicklung zu verhindern, indem sie die bestehenden Machtstrukturen festigt, beispielsweise durch die Politik des »Eisernen Kanzlers«, Fürst von Bismarck.

Es passt auch gut in die Symbolik von Erd-Element und Pluto als Herrscher der Unterwelt (Hades), dass in dieser Epoche elementar wichtige Bodenschätze entdeckt und systematisch abgebaut werden, wie zum Beispiel Kohle, Eisenerz und Mineralien. Bergwerke entstehen. Stollen werden immer tiefer getrieben.

Landflächen werden in großem Stil bebaut, die Natur wird »besetzt« durch Straßenbau und Eisenbahn oder Industrieanlagen. Wer sich nicht wehren kann – Mensch oder Natur – wird rücksichtslos benutzt. Die Sklaverei in Afrika und Amerika, die Ausbeutung in den Kolonien und die egoistisch-rücksichtslose Self-made-man-Mentalität sind die Extreme einer machtbrutalen Profitgier. Die Weißen, die Landnehmer, die Macher – sie kommen und reißen die Welt an sich.

Kunst und Kultur in der Stier-Zeit des Pluto

In der Kunst wird bereits sichtbar, wohin die Evolution will: Die starren Formen lösen sich auf. In der Musik führen Richard Wagner und Giuseppe Verdi die Oper auf jeweils völlig unterschiedliche Weise zu neuen Höhepunkten – einheitliche Formen gibt es nicht mehr. Auch Impressionisten wie Paul Cezanne, Edgar Degas oder Camille Pissarro machen sich frei vom Korsett des Herkömmlichen und bereiten die neuen Sichtweisen vor, die sich dann in der nächsten Phase mit Pluto in Zwillinge offensichtlich dokumentieren werden. Die Literatur bringt in der Stier-Zeit unter anderem den Naturalismus hervor – beispielsweise mit Emile Zolas Werken –, eine Orientierung auf das stierhaft Irdische, das greifbare Leben.

Pluto im Stier – auf einen Blick

- Beginn des Industriezeitalters
- Nationale Gesetze und internationale Abkommen regeln und stabilisieren das bislang Erreichte – typisch für die erhaltende Kraft des Stiers.
- Das Gefälle zwischen Großbürgertum und Arbeiterklasse wird steiler. Mensch und Natur werden rücksichtslos benutzt: Der Kolonialismus, die Sklaverei, die Ausbeutung der Industriearbeiter, der Bau von Straßen, Eisenbahnen und Industrieanlagen sind Beispiele dafür.

Pluto in Zwillinge: Juli 1882 bis Mai 1914

Einem Zwillinge-Geborenen darf man alles verbieten, nur nicht, dass er lernen darf, was er lernen möchte. Und wichtig ist ihm auch die grenzenlose Freiheit des Denkens und Kommunizierens. »Es gäbe weniger Kriege, wenn die Menschen mehr miteinander reden würden«, das ist eine für Zwillinge typische Ansicht. Denn Kommunikation und freie Mobilität sind die Grundpfeiler für die Zwillinge-Lebensgestaltung.

In jenen Jahrzehnten der Industrialisierung in Europa und der globalen Vernetzung von Handelsbeziehungen wird es unabdingbar wichtig, Verkehrsverbindungen herzustellen. In Europa und Amerika entsteht ein gigantisches Netz von Straßen- und Schienenwegen.

Nichts ist so gut, als dass es nicht noch verbessert werden könnte – auch dies eine Zwillinge-Erkenntnis. Pluto greift sie auf und stellt alles in Frage, was aus der Ära im Stier kommt. Forschung und Wissenschaft, Technik und Erfindungen erleben eine Hoch-Zeit. Die Kommunikationsformen und der Informationsaustausch erreichen eine neue Dimension. Zeitungen werden gedruckt, drahtlose Kommunikation über Telegraphen ist möglich und die technische Neuerung, bewegte Bilder zu produzieren, markiert den Anfang einer weltweiten Filmproduktion. Die technische Revolution und die wissenschaftlichen Erkenntnisse schaffen in jener Zeit die Voraussetzungen für den Standard des 21. Jahrhunderts. In jenen Pluto-Jahren in Zwillinge ist das Auto konstruiert worden (1886), 1903 gab es einen ersten verkehrstechnisch ernst zu nehmenden Flug – und welche Perspektiven haben sich durch die Entdeckung der Radioaktivität und der Röntgenstrahlen (1895) ergeben!

Um die Jahrhundertwende zeigen sich unter anderem folgende Ereignisse:

1882 In New York wird das erste Elektrizitätswerk der Welt gebaut.

Weltausstellung in Moskau

1883 Weltausstellung in Amsterdam

Carl Benz und Gottlieb Daimler konstruieren den 4-Takt-Motor und legen damit den Grundstein für die totale Mobilität beziehungsweise zum Bau eines weltweiten Straßennetzes für das Automobil.

1886 Die Freiheitsstatue in New York wird eingeweiht.

1889 Weltausstellung in Paris. Aus diesem Anlass und zum Gedenken an den hundertsten Jahrestag der Französischen Revolution wird der Eiffelturm eingeweiht, mit seinen 300 Metern damals der höchste Turm der Welt.

1893 Weltausstellung in Chicago

1894 Weltausstellung in Antwerpen

1899 Durch Elster und Geitel wird die Radioaktivität durch Spaltung von Atomen entdeckt. Dies ist der Beginn der Kernphysik.

Der Hirnforscher Ernst von Bergmann operiert am offenen Gehirn und methodisiert die Hirnchirurgie.

Das Welteisenbahnnetz umfasst bereits 275 000 km.[3]

1900 Max Planck entdeckt die Quantentheorie und stellt die Physik auf völlig neue Grundlagen.

Die erste U-Bahn der Welt fährt durch Paris.

In Friedrichshafen am Bodensee hebt der erste Zeppelin ab.

1901 In der Unterwäschemode für die Dame wird in Deutschland alternativ zum Korsett der Büstenhalter angeboten, was einen Proteststurm gegen den angeblichen Verfall der Sitten auslöst.

1903 Die Brüder Orville und Wilbur Wright fliegen mit ihrem Fluggerät 50 Meter weit (in 12 Sekunden) und begründen damit die Geschichte der Luftfahrt.

1905 Albert Einstein entwickelt die Relativitätstheorie.

1906 Wirtschaftskrisen in den USA und Deutschland

1907 Sven Hedin durchquert Tibet und Persien.

1909 In London kreiert ein Friseur die erste Dauerwelle.

Die erste Internationale Luftfahrt-Ausstellung wird in Frankfurt durchgeführt.

Das erste Verkehrsrecht für Kraftfahrzeuge wird verabschiedet, auch das Gesetz gegen unlauteren Wettbewerb.

1910 Einheitswährung in Deutschland; die Goldmünze wird von der Reichsbank als offizielles Zahlungsmittel eingeführt.

Internationale Modewelle für Damen mit gekürzten Röcken und Hütetrend

Aufstände in Österreich gegen soziale Missstände, italienisch-türkischer Krieg, Militärputsch in Griechenland, Revolution in China, Umsturz in Mexiko und allgemeine Aufrüstung verschärfen die politische Großwetterlage.

1912 Der als unsinkbar geltende Luxusdampfer Titanic stößt mit einem Eisberg zusammen und geht unter.

Krupp produziert rostfreien Stahl.

Der Assuan-Staudamm (1907 gebaut) wird erweitert.

Es gelingt der erste Fallschirmabsprung aus einem Flugzeug.

1914 Der österreichische Erzherzog Franz Ferdinand und seine Frau Sophie fallen in Sarajewo einem Attentat zum Opfer. Dies löst den Ersten Weltkrieg aus, der bis 1918 dauert.

Kunst und Kultur in der Zwillinge-Zeit des Pluto

Das künstlerische Schaffen in den Pluto-Jahrzehnten der Zwillinge-Zeit erlebt weltweit eine ungeahnte Produktivität. In diesen Jahren tritt das Generalgesetz des Lebens klar hervor: Alles ist Rhythmus und die Welt ist Vielfalt. In diesem globalen Pluralismus gilt nur ein Sowohl-als-auch – jedes Festhalten am Entweder-oder muss scheitern. Optimierte Verkehrs- und Transportwege, die intensivierten globalen Handelsbeziehungen und auch die weiterentwickelte Drucktechnik machen es mehr als jemals zuvor in der Geschichte der Menschheit möglich, Philosophien, Geisteshaltungen und künstlerische Ausdrucksformen auszutauschen.

In der Musik ragen in jenen Jahren so unterschiedliche Komponisten wie Peter Tschaikowski, Richard Strauss, Anton Bruckner oder Alban Berg heraus. Die Bildende Kunst wird durch Persönlichkeiten wie Georges Braque, Vincent van Gogh, Max Liebermann, Claude Monet, Auguste Renoir oder Auguste Rodin geprägt. Aber auch Henri Toulouse-Lautrec, Eduard Munch, Käthe Kollwitz und die Blaue Periode von Pablo Picasso machen auf sich aufmerksam. In das Vernetzungsprinzip der Zwillinge passt gut, dass sich auch in der Kunst gesinnungsnahe Menschen zusammentun und gemeinsame Stilrichtungen in ihren Werken dokumentieren: Die »Brücke« und der »Blaue Reiter« sind Beispiele dafür.

1896 bis 1910 ist die Zeit des Jugendstils, eine Stilrichtung, die in alle Bereiche hineinwirkt – nicht nur in die Malerei oder Architektur, sondern auch in die Mode, Möbelfertigung, Inneneinrichtung und in das Design von Gegenständen des täglichen Bedarfs. Wieder dominiert eine neuartige Vielfalt und kommunikative Vernetzung.

Es passt in die Folgerichtigkeit der astrologischen Interpretation, dass sich mit Pluto in Zwillinge eine außergewöhnliche Dichte literarischen Schaffens ergibt und sich darin das gesellschaftskritische Denken einer jungen Schriftstellergeneration deutlich spiegelt; Henrik Ibsen, Gerhart Hauptmann und Thomas Mann seien als Beispiele dafür genannt. Die Gründerzeit und das Großbürgertum werden in ihrem messianischen Wahn der heilen und besseren Welt entblößt. Pluto und Zwillinge erscheinen immer dort auf dem Plan, wo versucht wird, Zustände als unabdingbar, endgültig oder nicht veränderbar festzuzurren. Die Literatur jener Zeit deckt dies auf.

Pluto in Zwillinge – auf einen Blick

- Die globale Vernetzung von Verkehrswegen und Handelbeziehungen prägt die Epoche.
- Die drahtlose Kommunikation und die Fototechnik der »laufenden Bilder« werden möglich – eine Revolution im für Zwillinge so wichtigen Austausch.
- Die medizinische und physikalische Forschung erlebt einen enormen Aufschwung.
- Literarische Vielfalt und beginnende Medienindustrie zeigen: Das Sittenkorsett des Großbürgertums wird verworfen und durch eigenwillige, individuelle Lebens- und Kunstformen abgelöst.

Pluto im Krebs: September 1912 bis Juli 1939

Dem Segment Krebs ist Herkunft und Milieu zugeordnet. Daraus lässt sich auch der Schwerpunkt Heimat, Heim und Familie ableiten. In einem kollektiveren Sinn bezieht sich dies ebenso auf Vaterland, Nationalgefühl und Volks- beziehungsweise Gruppenzugehörigkeit. Das Krebs-Zeichen steht auch für Stimmungen und emotionale Richtungswechsel. Alles wird »beseelt«.

Wichtig ist für das Krebs-Prinzip auch, die Umwelt zu sichern, damit alle störungsfrei leben und jede soziale, Konflikte verursachende Schieflage vermieden wird. Natur- und Tierschutz gehören in diese ökologische Ausgewogenheit ebenso wie Volksgesundheit, Nahrung und Ernährung.

Das Prinzip Pluto in diesem Zeichen bedeutet für die historischen Abläufe, dass die Menschen in fundamentale Themen ihrer Lebenssicherung eingebunden werden. Die Frage heißt dann: Welches Kollektiv schützt und gibt dem Einzelnen seinen die Existenz sichernden Platz? Patriarchalische Strukturen versprechen emotionale Geborgenheit.

1914 Der Erste Weltkrieg entzündet sich an der Ermordung des österreichisch-ungarischen Thronfolgers Franz Ferdinand und seiner Frau Sophie.

1918 Waffenstillstand von Compiègne. Die deutschen Truppen müssen sich auf das rechtsrheinische Ufer zurückziehen. Deutschland hat den Krieg verloren.

Der Spartakusbund wird als »Kommunistische Partei Deutschlands« gegründet.

1919 Die Deutsche Nationalversammlung wird neu gewählt und in Weimar einberufen. Das nationale Symbol wird die Schwarz-Rot-Gold-Flagge.

In Versailles wird der Friedensvertrag unterzeichnet. Später folgt der Vertrag von St. Germain (mit Österreich).

1921 Frauen emanzipieren sich mit einer Skandalfrisur, dem »Bubikopf«.

1922 Die Sowjetstaaten bilden eine Union und begründen die UdSSR.

1923 Frankreich besetzt das Ruhrgebiet.

Inflation in Deutschland. Jeden Tag klettern die Preise für Grundnahrungsmittel in astronomische Höhen. Für einen einzigen US-Dollar erhält man zeitweise 4,2 Billionen Mark.

1925 Die Konferenz von Locarno hat zum Ziel, den Frieden zu sichern und das Nachkriegseuropa zu stabilisieren.

1927 In Deutschland gibt es erstmals ein umfassendes Lebensmittelgesetz.

Die Arbeitslosenversicherung wird eingeführt und zudem ein Kündigungsschutzgesetz bei Schwangerschaft.

1928 In Berlin gibt es die erste Messe für Ernährung und Lebensmittel – ein Vorläufer der »Grünen Woche«.

1929 Kursstürze an der New Yorker Börse lösen eine weltweite Wirtschaftskrise aus.

1932 Die Weltwirtschaftskrise erreicht mit 30 Millionen Arbeitslosen weltweit den Gipfelpunkt.

Vitamin C und D können synthetisch hergestellt werden.

1933 Durch das Ermächtigungsgesetz kommt Adolf Hitler an die Regierung.

Klimaforscher registrieren eine deutliche Erwärmung der Erdoberfläche. Gletscher gehen weltweit zurück, und die arktische Tierwelt wandert zu den Polen.

1934 In Dresden wird ein Krankenhaus eröffnet, in dem ausschließlich nach Naturheilmethoden behandelt wird.

1935 In Deutschland wird ein Gesetz für den Naturschutz erlassen.

1938 Österreich wird nach Abstimmung in das Deutsche Reich eingegliedert. Hitler fordert ultimativ, dass die Tschechoslowakei das Sudetenland an Deutschland abgibt und lässt deutsche Truppen einmarschieren.

Mit der »Kristallnacht« eskalieren die antijüdischen Ausschreitungen.

1939 Hitler gibt den Befehl zum Einmarsch in Polen und beginnt den Zweiten Weltkrieg.

Kunst und Kultur in der Krebs-Zeit des Pluto

Das Bewahrende (Krebs) und das Gestaltwandelnde (Pluto) erzeugen in ihrem Zusammenwirken eine Spannung. Künstler fühlen sich meist stark dem Wandel zugetan, suchen sich in jener Epoche aber Themen, die mit Herkunft, Heimat, Zugehörigkeit zu tun haben. Im Musikleben wird in den USA und dann auch in Europa der Jazz immer bedeutsamer. Seine Wurzeln hat er in den Farbigen-Kapellen von New Orleans, die um ihre Identität ringen. Carl Orffs *Carmina Burana* erlebt 1937 ihre Uraufführung, eine wiederum ganz andere Art, sich bezüglich der eher kollektiven Herkunft Ausdruck zu verschaffen.

In den 20er- und 30er-Jahren sind das deutsche Volkslied und der Volkstanz sehr beliebt. Über den »Wandervogel«, die Pfadfinderbewegung und später die staatlich verordnete Jugendbewegung (BDJ, BDM) entfaltet sich das Liedgut, das zunehmend romantisierenden, zuweilen auch deutsch-nationalen Zuschnitt bekommt.

Mary Wigman leitet im Ballett eine revolutionäre Veränderung mit dem Ausdruckstanz ein, der den Spitzentanz ablöst – individueller, beseelter Ausdruck über den Körper, ganz nach Krebs-Art.

Bewegung kommt auch in die Archtiektur jener Zeit, die ja dem Krebs ganz allgemein sehr nahe steht. 1919 gründen Walter Gropius, Lyonel Feininger und andere die Architektenschule »Staatliches Bauhaus«. Sie wird zum Zentrum der modernen Kunst und ist keinesfalls nur auf die Architektur begrenzt. In Stuttgart (Weißenhof) entsteht eine Mustersiedlung als Vorbild für eine moderne Wohnsiedlung.

1929 wird der Stummfilm vom Tonfilm abgelöst. Es beginnt eine Hoch-Zeit für Filmproduktionen, die immer wichtiger wird, um Arbeitsplätze zu schaffen. Kurz nacheinander entstehen *Der Blaue Engel, Im Westen nichts Neues* und *Die drei von der Tankstelle.* 250 Millionen Kinobesucher werden weltweit gezählt.[4] Unterhaltung in heimeliger und doch öffentlicher Atmosphäre, Mitfühlen, Mitleiden, Mitlachen werden immer wichtiger.

Das literarische Schaffen in den 15 Jahren nach dem Ersten Weltkrieg bis zur Hitler-Herrschaft ist dynamisch. Die Künstler gehen voran und zeigen der Gesellschaft Wege auf, wie sie sich vom Trauma des Krieges befreien und Neues aufbauen kann. In der deutschsprachigen Literatur reicht der Bogen von Rainer Maria Rilke über Stefan Zweig bis zu Alfred Döblin. Franz Kafka schreibt 1924 seine letzte Erzählung (*Hungerkünstler*) und stirbt noch im gleichen Jahr.

1933 werden in Berlin in einer öffentlichen Bücherverbrennung die Werke unliebsamer beziehungsweise jüdischer Autoren vernichtet. Damit ist es mit der schriftstellerisch-künstlerischen Freiheit in Deutschland bis nach dem Ende des Zweiten Weltkrieges 1945 vorbei. Deutsche Autoren wandern ins Exil ab und schreiben dort. 1935 findet in Paris ein Schriftstellerkongress statt, der Literatur und Kultur verteidigen und ihnen krebsgemäß die Heimat erhalten will. Gleichzeitig wird der Deutsche Autorenverband PEN verboten.

Was bedeuten diese Tendenzen für uns heute?

Das Gestaltwandelnde des Pluto und das Krebs-Prinzip des Bewahrens haben sich seit 1912 heftig ineinander verbissen. Plutonische Energien stehen für Evolution. Und die setzt sich durch.

Was haben diese Jahrzehnte mit uns heute zu tun? Scheinbar nichts. Die Welt zeigt sich erholt. Neue Strukturen wurden geschaffen. Das Alte ist vorbei. Einen Hitler wird es in Deutschland nicht mehr geben. Doch der »Schwarze Freitag« vom 24. Oktober 1929 wiederholt sich 2008 mit dem Zusammenbruch des internationalen Bankensystems und einer Finanzkrise, welche die Weltwirtschaft in die Rezession stürzt.

Die astrologische Erkenntnismethodik zeigt bei ihren Deutungsmechanismen grundsätzlich auf, dass die gegenüberliegenden Zeichen im Zodiak – also Widder/Waage, Stier/Skorpion oder im aktuellen Fall Krebs/Steinbock immer in einem bestimmten Spannungsverhältnis zueinander stehen. Die eine Struktur kann ohne die andere nicht, oder beide Strukturen vermischen sich.

Pluto im Krebs steht demnach unter einem gewissen Einfluss des Steinbock, wie umgekehrt Pluto im Steinbock von der Strukturbeschaffenheit des Krebs mitgeprägt wird. Was das heißt, wird in den Kapiteln ab Seite 104 ausführlich abgehandelt. Hier verweise ich nur darauf, dass die Jahrzehnte von 1912 bis 1939 zwei Weltkriege, die Weltwirtschaftskrise und den Abschied von der Reichsmark gebracht haben – dazu noch die Schreckensherrschaft des Hitler-Regimes.

In der polaren Abhängigkeit zwischen Krebs und Steinbock könnten sich für die Jahre 2008 bis 2023 parallele Schreckenstendenzen abzeichnen. Schon in der Übergangszeit von Pluto in den Steinbock 2008 schockt wie erwähnt die weltweite Finanzkrise.

Pluto im Krebs – auf einen Blick

- Familie, Heim, Heimat und Vaterland bekommen als Krebs-Tendenzen eine herausragende Bedeutung, die sich bis zu aggressiven nationalsozialistischen Auswüchsen steigert.
- Patriarchalische Strukturen vermitteln in der Gesellschaft emotionale Geborgenheit.
- Nahrung und Ernährung werden zum Maßstab für die Volksgesundheit, natürliche Lebensformen gewinnen ein breites Interesse.

Pluto in Löwe: Oktober 1937 bis Juni 1958

Mit Löwe definiert sich in der astrologischen Erkenntnismethodik ein klarer Führungsanspruch. Die Macht ist in diesem Segment das dominierende Prinzip. Sie kann sich aus der Übersicht und dem besseren Durchblick rechtfertigen, sie kann auch von großer Verantwortung zur Sache und zum Menschen getragen sein. Macht auszuüben ist an sich nichts Verwerfliches, wenn geklärt ist, aus welchen Motiven sie eingesetzt wird. Führt sie ins Bessere für das Gemeinwohl, dann ist sie gerechtfertigt.

Wer Macht beansprucht, hat deshalb zuerst seine Motive zu bereinigen. Führen heißt, die Verantwortung zu übernehmen und sich mit ganzer Kraft dem Prinzip des Guten zu widmen. Führen ist Dienen. Führen aus Verantwortung, Macht nutzen, um Vorhaben voranzubringen – dies benötigt Kompetenz in der Sache, psychologisch-motivierende Qualitäten und die Organisationsfähigkeit, die richtigen Prozessketten zu bilden. Führung und Macht müssen Sicherheit geben. Deshalb sind Glaubwürdigkeit, Überzeugungsstärke und auch ein vernünftiges Maß an Sendungsbewusstsein Voraussetzung, dass andere sich diesem Führungsanspruch anvertrauen können. Und: Macht auszuüben erfordert unbedingte Integrität. Wer sie hat, wird seine Verantwortung mit Würde tragen. Die Würde wird zur persönlichen Kontrollinstanz für jeden, der Macht hat.

Wer die Dinge nur ein einziges Mal sagen will und erwartet, dass alles sofort wahrgenommen und total umgesetzt wird, der hat das Prinzip des Führens nicht wirklich verinnerlicht. Zum Führen gehört pädagogisches Geschick, und dies ist immer mit geduldigem Nachfassen, Abfragen und Wiederholen des Angestrebten verbunden. Die Menschen ins Boot holen, das ist eine zentrale Aufgabe des Führenden. Abstrafen oder Erzwingen verhindern nur die eigentlich gewollte Freiwilligkeit und Entscheidungsfreiheit.

Alles, was auf dieser Welt erschaffen wird, ist immer in das Dualgesetz eingebunden, das heißt es kann zum Guten dienen oder missbraucht werden. »Jede Medaille hat zwei Seiten.« Immer steckt die gegenteilige Qualität in allem, was wir wahrnehmen. Deshalb gehört es zum Prinzip Löwe, dass sich auch Missbrauch von Führung und Macht manifestieren, dort, wo Führer oder führende Gruppen ungehindert agieren.

Die plutonischen Energien folgen dem Gesetz der Evolution: Alles ist immer und überall in Bewegung – manchmal sanft und manchmal überwältigend wie ein Tsunami. Gleich zu Beginn der Pluto-Zeit in Löwe wird anmaßendes Anspruchsdenken bestraft. Das Kollektiv hat sich die falschen Führer gewählt. Man hat kollektive Tragödien gesät und kollektiven Untergang geerntet. Pluto steht in der klassischen Deutungslehre immer auch für Massenschicksale, denen das individuelle Einzelschicksal brutal unterworfen ist, wie bei Tsunami-Katastrophen, Vulkanausbrüchen oder Erdbeben.

Das Prinzip Pluto wirkt immer total und global. Die Ereignisse sind ausgreifend, die Folgen konsequent. Es lässt keine Ausnahmen zu, sondern schafft den neuen Zustand, indem es abräumt und für das ganz andere Platz macht. Wer sich gegen diese Antriebskräfte stellt, wird zermalmt. Die Evolution des Ganzen dominiert das Individuelle.

Pluto ist der Hüter einer kosmischen Ethik – eine strategische Ordnung, die operative Ordnungskriterien außer Kraft setzt. Wenn andere Prinzipien wie das Sinngebende (Jupiter), das Umschwungbewirkende (Uranus), das Grenzsetzende (Saturn) nichts bewirken konnten, dann ist Pluto die letzte Instanz, ins kosmische Maß zurückzufinden. Seine Energien setzen den ultimativen Schlusspunkt.

Nach dem Zusammenbruch, nach dem Ende des Zweiten Weltkriegs, beginnt eine plutonische Zeit, in der nach den destruktiven wieder die konstruktiven Energien wirken. Das Leben danach und die gesellschaftlichen Strukturen in der Welt haben sich völlig verändert. Eine neue Epoche beginnt weltweit.

1939 bis 1941 Deutsche Truppen fallen überall in Europa in die Nachbarländer ein und besetzen sie. Feldzüge in Nordafrika, auf dem Balkan und im Mittelmeerraum schließen sich an.

1941 Reichsminister und Hitler-Stellvertreter Rudolf Heß springt mit dem Fallschirm über England ab und verhandelt auf eigene Faust mit den Engländern, um eine weitere Kriegseskalation zu verhindern. In Deutschland wird er für geisteskrank erklärt, die Briten nehmen ihn nicht ernst beziehungsweise verhaften ihn.

1942 Der Holocaust in deutschen KZ-Lagern beginnt, in denen bis Kriegsende 1945 viele Millionen Juden und andere Volksgruppen ermordet werden.

Mahatma Gandhi wird in Indien verhaftet und von der Besatzungsmacht England eingesperrt.

1943 Die Schlacht bei Stalingrad bringt deutschen Truppen die schlimmste Niederlage dieses Krieges: 150 000 Gefallene und 90 000 Gefangene. Damit war der Krieg an der Ostfront verloren.

Erste schwere Bombenangriffe auf deutsche Städte wie Hamburg und Berlin

1944 Am 20. Juli wagt Graf von Stauffenberg ein Attentat auf Hitler. Es missglückt. Über 700 Offiziere werden daraufhin der Verschwörung beschuldigt und hingerichtet.

1945 Die USA zünden die erste Atombombe über Hiroshima (Japan) und kurze Zeit später eine zweite über Nagasaki.

Hitler bringt sich in Berlin um. Am 8. Mai kapituliert Deutschland. Im Zweiten Weltkrieg haben rund 55 Millionen Menschen ihr Leben verloren.

Europa und insbesondere Deutschland wird in der Potsdamer Konferenz aufgeteilt und neu geordnet.

1946 Nürnberger Kriegsverbrecher-Prozess mit vielen Todesurteilen für die ehemaligen Minister der Hitler-Regierung

1936 bis 1946 In den USA werden in einer Schutzaktion gegen die Verkarstung des Bodens 22 Millionen Bäume auf einer festgelegten Bandbreite von Nord nach Süd angepflanzt.[5]

Thor Heyerdahl beweist durch seine Floßfahrt von Peru nach Polynesien, dass die pazifischen Inseln von Südamerika aus durch Einwanderer entdeckt und besiedelt wurden.

Ein Düsenflugzeug durchstößt erstmals die Schallgrenze.

Chloramphenicol wird erstmals mit großem Erfolg als Antibiotikum eingesetzt, insbesondere bei Typhus.

1948 Währungsreform in Westdeutschland: 10 Reichsmark sind 1 Deutsche Mark-West. 1 West-Mark entspricht 5 Ost-Mark.

Bodenreform in Ostdeutschland: In 14 Jahren werden 3,1 Millionen Hektar an 500 000 Bauern verteilt.

In Schweden und in den Niederlanden werden bei Herzoperationen künstliche Herzen eingesetzt.

Mahatma Gandhi wird ermordet.

1949 Im Westen Deutschlands entsteht die Bundesrepublik, die sich aus elf Bundesländern bildet.

Die Krebsforschung wird intensiviert. Die Frage lautet, verwandt mit dem Gestaltwandelnden des Pluto: Was führt die Zellstrukturen dazu, in ein nicht mehr konformes Wachstumsverhalten auszuarten?

1950 Ein erster Kardiologenkongress in Paris befasst sich mit den deutlich steigenden Herz-Erkrankungen. Die Herzchirurgie wird weltweit immer häufiger praktiziert.

In Russland wird ein Steppengebiet von rund 6 Millionen Hektar mit Bäumen bepflanzt, um das Klima in Europa zu verbessern.

Die USA zünden die erste Wasserstoffbombe zu Versuchszwecken. Großbritannien hat seinen ersten Atombomben-Versuch.

Erdbeben in Indien mit vielen tausend Toten

1953 In Ost-Berlin demonstrieren am 17. Juni Arbeiter und lösen einen landesweiten Aufstand aus, der von der russischen Besatzungsmacht brutal niedergeschlagen wird.

Russland zündet im Geheimen eine Wasserstoffbombe.

Sturmflut an der Nordsee mit bis zu 2000 Toten

1954 Erstes atomgetriebenes Unterseeboot in den USA; erstes Atomkraftwerk in der Sowjetunion

Die USA verfügen über so viel Uran und Plutonium, dass daraus 35 000 Atombomben gebaut werden könnten. In der Sowjetunion reicht es für 15 000 Bomben.

1956 77 Kernreaktoren sind weltweit in Betrieb. 82 Staaten unterzeichnen einen Vertrag, der die friedliche Nutzung der Kernenergie vorsieht. Weltweit zunehmende Diskussion über die mögliche Schädigung des Klimas durch die Atombombenversuche.

Sowjetische Truppen beenden mit militärischer Gewalt einen landesweiten Aufstand des ungarischen Volkes.

Regierungsmitglieder werden verschleppt und Ministerpräsident Imre Nagy wird hingerichtet. Tausende fliehen nach Österreich, um der Inhaftierung und Deportation zu entgehen.

Kunst und Kultur in der Löwe-Zeit des Pluto

Krieg, Zusammenbruch eines höchst anmaßenden Systems und beginnender Aufbau des Neuen – diese Themen prägen natürlich auch das kulturelle Schaffen. Komponisten wie Igor Strawinsky, Arnold Schönberg, Paul Hindemith oder Bela Bartok suchen in den USA nach neuen Möglichkeiten, ihre Kunst frei auszuüben. In Deutschland wird am Anfang dieser Löwe-Zeit nur noch zugelassen, was der Propaganda und der Motivation der Soldaten dient. Nach dem Krieg dominieren die modernen Kompositionen, wie beispielsweise von Arthur Honegger, Ernst Krenek, Rolf Liebermann, Werner Egk oder Arnold Schönberg. Parallel dazu öffnet sich die Musikwelt verschiedenen Jazz-Stilformen und auch dem beginnenden Pop beziehungsweise der Schlagermusik und dem Chanson.

Während der Kriegsjahre sind es Pablo Picasso, Max Beckmann, Henri Matisse oder Henry Moore, die unbeirrt ihre Malerei verwirklichen, auch Oskar Kokoschka und Marc Chagall gehören zu den kompromisslosen und mutigen Verkündern an der Staffelei. Sie malen, wie sie malen wollen, und nicht, wie es eine Zensur oder ein manipulierter Volksgeschmack es gern hätte, und machen sich damit zu plutonischen Kräften.

Auch in der Literatur ist diese Pluto-Phase zunächst vom Aufbegehren gegen zerstörerische Machtstrukturen geprägt. Zu Beginn des Zweiten Weltkriegs gestalten Schriftsteller wie Anna Seghers, Ernst Jünger, Thomas Mann und Bertolt Brecht die Buchwelt. Albert Camus macht sich zum Chefredakteur einer französischen Widerstandszeitung gegen die deutsche Besatzung. Nach dem Krieg wirkt in Deutschland vor allem die Gruppe 47, der unter anderem Ingeborg Bachmann, Heinrich Böll, Günter

Grass, Hans Magnus Enzensberger, Walter Jens und Martin Walser angehören. Ihr Begründer ist Hans Werner Richter, der für eine frei denkende, neue deutsche Literatur ideologiefreie Schriftsteller zusammenführen will.

Pluto im Löwe – auf einen Blick

- Machtstrukturen dominieren im Großen und im Kleinen.
- Mächtige Führer missbrauchen ihre Position, kollektive Kriegstragödien und der Holocaust stürzen die Welt in einen Abgrund.
- Nach dem Zweiten Weltkrieg: demokratischer Wandel, Wiederaufbau und erster Wohlstand. Die Welt erholt sich langsam und sucht einen neuen Umgang mit der Löwe-Energie, jetzt als Macht für eine neue Weltordnung.

Pluto in Jungfrau: Oktober 1956 bis Juli 1972

Wer im Zeichen Jungfrau geboren ist, ist immer im Dienst – für sich oder für andere. Man lernt sehr schnell sein Programm: Kümmere dich selbst um alles! Nichts geht von allein. Eins kommt aus dem andern und deshalb entscheidet erst die goldschmiedehafte Präzision über das Gelingen. Kein Detail darf man übersehen. Mit einem Mal ist nichts getan. In geduldiger Wiederholung hat man sich der Dinge anzunehmen und dabei kleinste Schritte zu beachten. Zum Davonlaufen? Im Gegenteil: Dranbleiben! Nachhaltigkeit und Ausdauer sind gefordert.

Es ist die Chance, ein kosmisches Schlüsselgesetz bei sich zu integrieren: Der Kosmos kennt nur organisches Wachsen. Aus jeder Ursache – und sei sie noch so klein – erwächst ein folgerichtiges Nächstes. Jede Aktion hat eine Reaktion – und dies absolut konsequent. Im Handeln die Folgerichtigkeiten einkalkulieren und wissen, welche Auswirkungen sich für wen, wann und wo ergeben. So lautet das Werdeprogramm im Jungfrau-Zeichen. In diese Zeitqualität begibt sich das Gestaltwandelnde im genannten Zeitrahmen.

Aufbauen, Pflegen, Erhalten – das sind die Wachstums-Aktivitäten einer Jungfrau-Epoche. Und so fällt in die 50er-Jahre die Aufbauphase nach den gewaltigen Zerstörungen. Zu dem Zeitpunkt, an dem Pluto in das Zeichen Jungfrau eintritt, kommt es zu einer ersten Blütezeit in Deutschland mit dem schon legendären »Wirtschaftswunder«. In dieser Zeit ist einer des anderen Dienstleister durch das, was er an Fertigkeiten mitbringt. Das Prinzip des Dienens erfüllt sich. Die besten Chancen hat, wer hat, was andere brauchen.

Die Kommunikation ist für die Jungfrau-Struktur das elementare Mittel, Wachstum zu bilden. Im Zodiak gibt es für die Kommunikation zwei ausgeprägte Zugehörigkeiten: Zwillinge und Jungfrau. Während im Zeichen Zwillinge die Kommunikation durch einen Lern- und Informationstrieb gesteuert ist, der sich überall dort auftut, wo sich Unbekanntes anbietet, ist die Kommunikation in der Jungfrau zielorientierter. Die Jungfrau-Geborenen überlegen zuerst, welche Informationen wem nützen und zu welchem Ergebnis sie führen – und dann erst wird kommuniziert. Jungfrau-Geborene schaffen kommunikative Vernetzung.

Die Pluto-Jungfrau-Zeit ist geprägt von Ereignissen, welche die Welt tief erschüttert und auf Jahrzehnte geprägt hat: In Berlin wird die Mauer errichtet und trennt den Westteil vom Ostteil der Stadt. Gleichzeitig werden die Grenzbarrieren entlang der Demarkationslinie ausgebaut. Der amerikanische Präsident John F. Kennedy fällt einem Attentat zum Opfer ebenso wie später sein Bruder Robert und der farbige Bürgerrechtler Martin Luther King. In Amerika entsteht in den frühen Sechzigern eine kulturelle Gegenbewegung zum Vorherrschenden, die in ihrer Kernzeit von 1965 bis 1971 geheuchelte Wohlstandsideale anprangert und sich von bürgerlichen Tabus befreit. In der Anfangszeit dieses neuen Lebensstils, der von San Francisco und New York ausgeht, überwiegen die idealistischen Aspekte für mehr Menschlichkeit und ein Leben in Frieden. »Make love, not war!«, ist die Maxime der Flowerpower-Bewegung, die parallel zur Hippie-Bewegung entstanden ist.

Aus einer relativ kleinen Gruppierung von Gesinnungsfreundschaften, die 1967 den »Summer of Love« propagiert haben, wird schnell eine weltweite Massenkultur der Jugend. Natürlich leben und zurück zur Natur, das sind ebenso bevorzugte Lebensformen wie Konsumverzicht, Emanzipation der Frau und antiautoritäre Erziehung der Kinder.

Die Hippie-, Flowerpower- und später die 68er-Bewegung wehren sich gegen die bürgerliche Leistungsgesellschaft mit all ihren Tabus und Zwängen. In New York (Greenwich Village) oder in San Francisco bilden sich neue Bohème-Viertel, in denen sich der neue Lebensstil auslebt – auch mit den negativen Auswirkungen durch Drogenmissbrauch, Arbeitslosigkeit und Verwahrlosung.

In der Endphase versammeln sich 400 000 Menschen etwa 150 Kilometer von New York entfernt zum musikalischen Höhepunkt jener Jahre: dem Woodstock-Festival. Eine Million hatten sich auf den Weg gemacht, waren aber auf den blockierten Zufahrtswegen steckengeblieben. 32 Bands spielten Folk, Rock, Soul und Blues. Vertreten waren The Who, Quill, Joe Cocker, Jimi Hendrix, Mountain, Santana, Joan Baez, Iron Butterfly und andere.

Das erfolgreichste Musical jener Zeit ist *Hair*, das 1968 in New York uraufgeführt wurde. Es ist der Höhepunkt der Popkultur. Inhaltlich formuliert es die Unzufriedenheit und Unruhe der jungen Generation. »Hair ist die künstlerische Antwort auf die Frage nach dem Sinn der Unruhen der Jugend«, sagt Ron Williams. Kein anderes Musical drückt die Hoffnung auf ein neues Zeitalter derart deutlich und mitreißend aus. Das zeigt auch das Sehnsuchtslied »Aquarius«, das auf das beginnende Wassermann-Zeitalter verweist:

When the moon is in the Seventh House
and Jupiter aligns with mars
then peace will guide the planets

and love will steer the stars.
This is the dawning of the age of Aquarius
the age of Aquarius.
Aquarius!
Aquarius!

Während bei Hippies und Blumenkindern die Selbstverwirklichung des Menschen zum Ideal erklärt wird, dominieren in der 68er-Zeit die gesellschaftlich-politischen Aktivitäten. Aus den Friedensbewegungen und leidenschaftlichen Initiativen gegen den Vietnam-Krieg werden fanatische Aktionen gegen die herrschende Klasse. Den tragischen Höhepunkt erlebt Deutschland in den zu Ende gehenden 60er-Jahren mit den Aktivitäten der RAF und noch bis 1977 mit der Entführung des Arbeitgeberpräsidenten Hanns Martin Schleyer, der Entführung einer Lufthansa-Maschine nach Mogadischu und den Selbstmorden der inhaftierten RAF-Mitglieder Baader, Meinhof, Ensslin und Raspe.

So ordnend und strukturierend die Pluto-Jungfrau-Zeit auch ist – der Aufbau in Ost und West war nach dem Ausbluten der Völker nur dadurch möglich –, wird in jenen Jahren deutlich, wie selbstgefällig-autoritär die Elterngeneration der Jugend ihren Konservatismus aufgezwungen hat. Diese Einbahnstraße zum »richtigen Leben« aber wurde zur Initialzündung für Protest und Revolution.

Die historischen Besonderheiten im Überblick:

1958 Zweimal treffen sich Adenauer und de Gaulle, sie besiegeln eine enge Kooperation zwischen Deutschland und Frankreich.

In diesem Jahr beginnt die Düsenflugzeit für die Zivilluftfahrt.

Die »Pille« wird international zum Verhütungsmittel Nr. 1.

1961 John F. Kennedy wird Präsident der USA.

Mit der Unabhängigkeit von 17 Staaten endet die Kolonialzeit in Afrika.

Nach der Massenflucht von über 30 000 Bewohnern der DDR wird die berüchtigte Mauer in Berlin und entlang der »Zonengrenze« gebaut. Die Welt steht am Rand eines Dritten Weltkrieges, weil der Dialog zwischen Ost und West abbricht.

1962 Bis zu diesem Jahr wurden 133 unbemannte Satelliten von den USA und der Sowjetunion in den Weltraum geschickt.[6]

1963 UN-Generalsekretär U Thant und US-Präsident Kennedy starten eine weltweite Aktion gegen den Hunger in der Dritten Welt.

Die Rockefeller-Stiftung stellt 37 Millionen Dolllar für die internationale Forschung bereit.

Unterzeichnung des deutsch-französischen Freundschaftsvertrags zwischen Adenauer und de Gaulle in Paris

BRD und DDR treffen Vereinbarungen über Familienzusammenführungen.

John F. Kennedy fällt in Dallas einem Attentat zum Opfer.

1968 Der Reformkurs in der Tschechoslowakei wird durch die militärische Intervention der Sowjetunion und der Warschauer-Pakt-Staaten gestoppt. Es kommt im ganzen Land zu Demonstrationen und bürgerkriegsähnlichen Zuständen. Die Regierung wird verhaftet. Der Reform-Präsident Alexander Dubček wird nach Russland deportiert und misshandelt.

Der US-amerikanische Bürgerrechtler und Pastor Martin Luther King wird in Memphis erschossen.

1969 Bundeskanzler Willy Brandt spricht sich für mehr Verständigung zwischen Ost und West aus. Walter Ulbricht (Vorsitzender des Staatsrates der DDR) schlägt bessere Beziehungen zwischen beiden deutschen Staaten vor.

Jan Pallach verbrennt sich auf dem Prager Wenzelsplatz aus Protest gegen die sowjetische Besatzung. Massenflucht aus der CSSR. Über 50 000 Tschechen suchen im Westen eine neue Heimat.

Verhandlungen über eine Begrenzung des Wettrüstens zwischen den USA und der Sowjetunion, Ratifizierung des Atomsperrvertrags in den USA und der Sowjetunion

Apollo 11 landet mit drei US-Astronauten auf dem Mond. Die USA schicken Sonden zum Mars, die Sowjetunion zur Venus.

1970 Bundeskanzler Willy Brandt bietet der DDR Gewaltverzicht an und signalisiert die Anerkennung der Zwei-Staaten-Realität. Erstes innerdeutsches Gespräch zwischen Brandt und Willy Stoph in Erfurt

Gewaltverzichtsvertrag zwischen Westdeutschland und der Sowjetunion

1971 Friedensnobelpreis für Willy Brandt

1972 75 Staaten unterzeichnen Verbot von ABC-Waffen.

Die Baader-Meinhof-Gruppe wird gefasst. Im Umfeld kommt es zu Entführungen, Morden und Geiselnahmen.

Der sogenannte Grundvertrag zwischen der BRD und der DDR wird geschlossen. Er regelt den Reiseaustausch unter bestimmten Bedingungen.

Kunst und Kultur in der Jungfrau-Zeit des Pluto

Komunikation ist das Schlüsselwort dieser Zeit. Dabei bildet das Aufarbeiten des Vergangenen die Basis für neues Wachstum. So zeigt es sich insbesondere in der Literatur jener Jahre: Keine Lust-Literatur, sondern gesellschaftlich tief verankerte Themen der vorhergehenden Jahre werden unter einer plutonisch sich verwandelnden neuen Lebenssicht gefiltert. Es ist geradezu symbolisch für die Pluto-Zeit im Zeichen Jungfrau, wenn die UNESCO das Jahr 1972 zum »Jahr des Buches« erklärt – das letzte der 16 Pluto-Jahre in der Jungfrau. Die Transformation des Denkens in einer neuen Zeitepoche – literarisch erfasst und in Form gebracht. Heinrich Böll, Max Frisch, Friedrich Dürrenmatt, Siegfried Lenz, Günter Grass, Martin Walser, Alfred Andersch und andere gestalten dies in ihren Werken ebenso wie Simone de Beauvoir, Sean O'Casey, Samuel Beckett oder Eugene Ionesco.

Eine Standortbestimmung der zeitgenössischen Musik, die genau in dieser Jungfrau-Zeit erfolgt, wird von den Liebhabern dieser Stilrichtung bei den Musiktagen in Donaueschingen und den Musikfestspielen in Darmstadt beobachtet. Aufbruchstimmung nach Sichtung und Ablehnung des Alten zeigt sich vor allem auch in der Unterhaltungsmusik: Der Free Jazz erreicht die europäische Musikszene. In Deutschland erregt die erwähnte Aufführung des Musicals *Hair* in München wegen der Nacktszenen viel Aufsehen. Parallel dazu setzt die Pop-Musik mit Psychedelic-Underground neue Akzente, ebenso wie die Experimentelle Musik, die sich 1968 in Berlin mit Raum-Musik, Visueller Musik, Elektronik- oder Computer-Musik präsentiert. Man wagt sich zudem an bislang utopische Großprojekte: In Brasilien wird 1960 die neue Hauptstadt Brasilia nach dem Entwurf von Lucio Costa gebaut. Mitten im Urwald entsteht eine gigantische Stadt nach modernsten städteplanerischen Erkenntnissen.

Pluto in Jungfrau – auf einen Blick

- Jungfrau steht für Wachstum durch Aufbauen, Pflegen und Erhalten. So bringen der intensive Wiederaufbau und das Wirtschaftswunder Deutschland wieder unter die führenden Industrienationen.

- Durch den Mauerbau in Berlin vertieft sich die deutsche Teilung, die Konfrontation zwischen der westlichen Welt und dem sogenannten Ostblock verschärft sich.

- In den USA und Westeuropa sucht sich die Jugend neue Werte: Die kulturelle Gegenbewegung der Hippies und Blumenkinder sowie die terroristischen Tendenzen der RAF zeigen die friedlichen und die aggressiv-kämpferischen Tendenzen dieser Pluto-Jungfrau-Zeit.

Pluto in der Waage: Oktober 1971 bis August 1984

Pluto pendelt sich durch die Zeichen, und so kommt es bei den Übergängen wie bereits beschrieben zu Rückwärts- und Vorwärtsbewegungen, die gerade beim Neueintritt oder Verlassen eines Zeichens zu zeitlichen Überschneidungen führen. So war Pluto schon im Herbst 1971 in der Waage, ist in die Jungfrau zurückgependelt und erst 1972 definitiv in der Waage geblieben.

Diese Pendelbewegungen am Anfang und Ende des Übertritts in ein anderes Zeichen gelten bei allen Pluto-Übergängen im Zodiak. In den Übergangszeiten zerrt das Neue am Alten, das nicht weichen will. Deshalb sind diese Puffermonate besonders ereignisreich.

Ein Leitstrahl durch die Pluto-Zeit in der Waage ist die Gleichberechtigung. Dies gilt für politische Strukturen zwischen Drittländern und den Industriestaaten ebenso wie für sozial-gesellschaftliche Verhältnisse bis hinein in die Familie und gewiss auch für das Miteinander von Mann und Frau, ihre Gleichstellung im Beruf und die Positionierung der Frau gegenüber dem Mann.

Die ethischen Voraussetzungen verändern sich sehr stark. Die Menschen fangen an, sich und ihr soziales Umfeld in einen neuen Bezug zu bringen. Das Individuum beansprucht mehr Akzeptanz in der Gesellschaft. Man will sich individuell ausleben und erwartet, dass dies zumindest respektiert, wenn nicht sogar verstanden wird. Es mag überraschend sein, dass gerade in der Waage diese Ansprüche vehement, bedingungslos und sogar mit Gewalt durchgesetzt werden, wie auch die Eskalation der Terrorakte 1972 in Deutschland zeigt. Es ist Augenwischerei zu glauben, in der Waage-Qualität sei alles nur Friede, Freude und Eierkuchen. Der Waage gegenüber steht im Zodiak das Zeichen Widder. Diese Polziehung ist mit zu berücksichtigen. Das zentrale Widder-Merkmal ist die kämpferische Energie und das ungeduldige Vorwärtsdrängen. Erobern ist wichtiger als Bewahren.

So kann es nicht ausbleiben, dass Pluto energisch das Hauptthema für die 16 Jahre Waage-Zeit, nämlich gelebte Gleichberechtigung, realisieren will. Alle Beziehungsformen sind auf dem Prüfstand. Da ändern sich Motivation, Einstellung und Sinnsuche bei jeder Art von Partnerschaft. Die Substanz, die eine Partnerschaft bis dato bestärkt hat, kann sich erschöpfen. Oft kommt eine veränderte Erwartungshaltung von einem der Partner hinzu und schon stellt sich die bisherige Stabilität in Frage. Über einen längeren Zeitraum wurde beobachtet, registriert und bewertet, bevor jetzt neue Endgültigkeiten errungen werden. Man fordert nun deutlicher ein, was sich zu ändern hat.

Und genau in diesem Prozess gerät die Gleichberechtigung außer Kontrolle. Autoritatives Verhalten schafft ein Ungleichgewicht. Die Partnerseite wird dominiert, vielleicht auch manipuliert. Die Kommunikation ist gestört. Man verfügt, droht mit Gegenmaßnahmen und wendet sogar Gewalt an, um ungeduldig das Ergebnis einzufahren. Argumentiert wird dann meist anders als man handelt. Man schiebt Gerechtigkeitsprinzipien nach vorn, um die eigennützige Verhaltensweise zu verbrämen. Dies führt, wie die Pluto-Jahre in der Waage zeigen, zu großen Ungerechtigkeiten und Rücksichtslosigkeiten.

Wenn die plutonischen Wandlungskräfte erkannt und verantwortungsbewusst eingesetzt werden, dann bringen sie Erkenntnisse, was im Eigenen zu ändern ist, damit sich die Ausgewogenheit wieder einstellt. Unter US-Präsident Nixon bildet sich der Begriff der »friedlichen Koexistenz«. Die Kontakte zur Sowjetunion intensivieren sich. Nixon beendet auch den mörderischen Vietnam-Krieg. Dies geschieht zu Beginn der Pluto-Zeit in der Waage, 1972/73.

Im Westen entspannen sich die politischen Beziehungen zu China. Die Machtblöcke kommen sich näher. Margaret Thatcher durchbricht in Europa eine Männerdomäne und wird 1979 die erste weibliche Ministerpräsidentin, die Premierministerin in Großbritannien.

Einzelinteressen gruppieren sich in terroristischen Vereinigungen – iranische Studenten besetzen die amerikanische Botschaft in Teheran. Im Umfeld der Festnahme der Baader-Meinhof-Gruppe kommt es zu Morden, Entführungen und Geiselnahmen, um die Inhaftierten freizupressen. Ohne Rücksicht auf unbeteiligte Menschen wird brutal für die eigene Sache gehandelt. Dramatisch verläuft auch der Überfall palästinensischer Terroristen 1972 auf die israelische Olympiamannschaft in München oder die Ermordung des italienischen Politikers Aldo Moro durch italienische Terroristen.

Das plutonische Lernprogramm für die Welt von 1971 bis 1984 lautete, nicht die persönlich-einseitige Beurteilung mit allen Mitteln durchzusetzen, sondern gemeinsam Wege zu finden, wie Menschen, Völker und Staaten in einem aktiven Miteinander bestmöglich zusammenleben.

Wandlungskräfte in der Waage-Zeit schaffen Platz für künstlerische Kreativität, soziale Ausgewogenheit und wirtschaftliches Verflechten weltweit. Geraten die Dinge aus dem Gleichgewicht, gewinnen einzelne Gruppeninteressen die Oberhand und andere kommen zu kurz. Wo gemeinsames Wachsen möglich gewesen wäre, entsteht stattdessen ein radikaler Bruch.

Wer die Waage-Zeit des Pluto historisch überfliegen möchte, kann sich an den nachfolgenden Daten orientieren. Pluto-Rhythmen bringen keine jahrhundertelangen Zeitalter, wie wir sie von Lemurien oder Atlantis her kennen. Die plutonischen Wandlungskräfte bilden vielmehr Epochen, die nur ein bis drei Jahrzehnte andauern. Sie zeigen in ihrer Eigendynamik eine klare Trennschärfe zueinander. Die wichtigsten geschichtlichen Daten belegen das.

1973 Ägypten und Syrien greifen Israel von Süden und Norden gleichzeitig an. Diesen »Jom-Kippur-Krieg« gewinnt Israel.

Zum ersten Mal findet eine Konferenz für Sicherheit und Zusammenarbeit in Europa (KSZE) in Helsinki statt.

Willy Brandt besucht Israel und erklärt die Neutralität Deutschlands im Nahostkonflikt.

Nordirland entscheidet sich für den Verbleib bei Großbritannien. Daraufhin vermehren sich die blutigen Auseinandersetzungen mit der IRA.

Als Außenminister der USA beginnt Henry Kissinger seine viel beachteten und lang andauernden Friedensreisen in alle Teile der Welt, vor allem in den Nahen Osten.

1975 Überfall auf die deutsche Botschaft in Stockholm mit Toten und Verletzten, verübt von Mitgliedern der Baader-Meinhof-Gruppe

Terrorakte mit vielen Toten in Tel Aviv, verübt von der PLO, fast zeitgleich werden in Paris und Wien die türkischen Botschafter von kurdischen Terroristen ermordet.

Trotz Waffenstillstand fällt die nordvietnamesische Armee in den Süden des Landes ein. Zwei Millionen Menschen sind auf der Flucht und entfesseln ein Chaos in den Nachbarländern.

1976 USA und Sowjetunion einigen sich auf eine Reduktion der Atombombenversuche.

Friedensnobelpreis an Amnesty International

Als eine politische Sensation wird weltweit die spontane »Friedensreise« des ägyptischen Präsidenten Sadat nach Israel gewertet.

Schwerste Anschläge und Morde der Baader-Meinhof-Gruppe. Ihre Anführer Baader, Meinhof und Ensslin begehen im Gefängnis Selbstmord, nachdem es gescheitert war, sie durch die Entfürung einer Passagiermaschine nach Mogadischu freizupressen. Eine deutsche Antiterror-einheit (GSG 9) hat die Maschine gestürmt und die Passagiere befreit.

1978 Der sowjetische Ministerpräsident Breschnew besucht die Bundesrepublik und schließt ein Wirtschaftsabkommen bei gleichzeitigen Garantien für eine Friedenspolitik.

1979 Friedensvertrag zwischen Israel und Ägypten

Umsturz im Iran. Der Schah flieht mit seiner Familie ins Exil. Der Schiitenführer Ayatollah Khomeini kehrt aus dem Pariser Exil nach Teheran zurück und gründet eine islamistische Republik. In den Folgejahren entstehen dadurch militärische Konflikte; Geiselnahmen und Botschaftsbesetzungen in Teheran und London mit Toten und Verletzten.

1980 Der Aufstand polnischer Werftarbeiter in Danzig und deren Forderung nach einer unabhängigen Gewerkschaft löst in Polen eine Staatskrise aus. Es droht eine Invasion der Truppen des Warschauer Pakts. Die USA zeigen militärische Präsenz und verhindern so eine weitere Eskalation.

Die Sowjetische Armee besetzt Afghanistan. Dies führt zu einem Stopp der internationalen Abrüstungsverhandlungen.

1981 In Nordirland kommt es zu Unruhen, weil mehrere IRA-Inhaftierte durch einen Hungerstreik sterben.

Der südafrikanische Bischof Desmond Tuto erhält den Friedensnobelpreis für sein Eintreten gegen die Rassentrennung.

1984 Das wichtigste Jahr für die deutsche Friedensbewegung, 600 000 Teilnehmer bei den Ostermärschen

Kunst und Kultur in der Waage-Zeit des Pluto

Gleichberechtigung der unterschiedlichsten Stile prägt die Kulturlandschaft. Das internationale Musikschaffen bestimmen Leonard Bernstein, Rolf Liebermann und Carl Orff ebenso wie Vertreter des Jazz, Pop, Rock und Musical. 1981 findet in Moskau die erste Ballett-Olympiade statt. John Neumeier schafft sich in Hamburg als Choreograph einen Namen. Herbert von Karajan wird zum berühmtesten Dirigenten seiner Zeit und reist mit »seinem« Orchester, den Berliner Philharmonikern, in alle Konzert-Metropolen der Welt. Die Rolling Stones starten 1982 im Central Park in New York eine Erfolgstournee der ganz anderen Art, die sich in Europa fortsetzt. 1984 wird für die Beatles in ihrer Geburtsstadt ein Rock-Museum eröffnet.

Selbstverständliches Nebeneinander nach Waage-Art auch in der bildenden Kunst – viele Retrospektiven scheinen zeigen zu wollen, was zuvor mit plutonischer Kraft erkämpft werden musste. Da ist 1973 die viel beachtete Chagall-Ausstellung in Moskau, im gleichen Jahr die gigantische Gedächtnisausstellung zum Tode von Pablo Picasso in Berlin. In Paris wird in einer Retrospektive das Werk von Salvador Dali gezeigt und in New York das von Edward Hopper. Eine Kunstausstellung der besonderen Art ist 1981 die Tut-ench-Amun-Grabkunst-Sammlung, die in den USA und in Europa zu sehen ist. 20 bis 30 Millionen Besucher kommen zu diesem deshalb einmaligen Ereignis, weil die ägyptische Regierung entschieden hat, die Grabbeigaben kein weiteres Mal außerhalb von Ägypten zu zeigen.

In der Literatur sind es weiterhin Schriftsteller wie Thomas Bernhard, Heinrich Böll, Günter Grass, Siegfried Lenz, Peter Härtling oder Max Frisch, die an den Spitzen der Bestsellerlisten stehen. Die deutsche Literatur wird zudem bereichert von Peter Handke, Walter Kempowski, Martin Walser, Ingeborg Bachmann, Christa Wolf und weiteren, die die Vielfalt jener Zeit prägen.

Das Progressive, das ganz Andere, wird sich radikaler zeigen, wenn Pluto durch das Zeichen Skorpion zieht. Erkenntnisreiche Analysen führen zu klaren Konsequenzen. Bisherige Sichtweisen sind überholt. Die Lebensrichtlinien verändern sich im anstehenden Zeichenwechsel rapide. »Wer zu spät kommt, den bestraft das Leben«, sagt Michail Gorbatschow.

Pluto in Waage – auf einen Blick

- Der Leitstrahl in dieser Zeit ist die Gleichberechtigung. Waagehafte Ausgewogenheit wird zumindest thematisiert und angestrebt – zwischen Nationen der sogenannten Ersten und der Dritten Welt, zwischen einzelnen Gesellschaftsschichten und den Geschlechtern.
- Das Individuum beansprucht mehr Akzeptanz und Freiheit – alle Beziehungsformen sind auf dem Prüfstand.
- Die Gerechtigkeitsprinzipien müssen allerdings oft als Alibi für eigennützige und sogar aggressive Verhaltensweisen herhalten – wie die Terrorakte um die Baader-Meinhof-Gruppe beispielhaft zeigen.
- Im Ausgleich der Interessen gemeinsam Wege finden, das ist das Lernprogramm dieser Zeit.

Pluto im Skorpion: November 1983 bis November 1995

Während dieser Phase, in der sich Pluto in seinem »eigenen Haus«, das heißt in dem ihm zugeordneten Tierkreiszeichen, seinem Heimatzeichen, befindet, sind die Ereignisse besonders nachwirkend und zeichensetzend. Das »Stirb und werde« des Skorpion bestimmt die globalen Entwicklungen.

In den zwölf Jahren, in denen Pluto sich im Skorpion aufhält, wird die Welt erstmals mit der Immunschwäche AIDS konfrontiert. In schneller Folge finden Kongresse statt, Erhebungen werden erstellt und Statistiken gefertigt. Dieses tödliche Acquired Immune Deficiency Syndrome tritt erstmals in Afrika auf und verbreitet sich rasend schnell.

Alle Tierkreiszeichen haben zu ihren psychologischen Entsprechungen auch Zuordnungen zum Organismus. Mit dem Skorpion verbindet sich die Genitalzone. Pluto hat übrigens, wie schon früher erwähnt, mehrere Namen – darunter Hades oder Aides. Eine Wortassoziation zu Aids liegt auf der Hand.

Ein historisches Großereignis ist der Zusammenbruch der Sowjetunion und der Zerfall des Ostblocks, in dessen Folge der Kommunismus als machtpolitische Ideologie abgeschafft wird. Die Öffnung des Eisernen Vorhangs und die Wiedervereinigung Deutschlands, die sich mit dem Mauerfall am Abend des 9. November 1989 faktisch vollzogen hat, schaffen eine neue Dimension des Miteinander in Europa.

Bevor Pluto 1983 ins Skorpion-Zeichen eingetreten war, verschärften sich die Auseinandersetzungen zwischen Ost und West: Amerikanische Atomraketen werden in Europa stationiert. Sowjetische Militärs lassen ein koreanisches Zivilflugzeug mit 269 Passagieren abschießen.

Nach dem Tod der sowjetischen Präsidenten Andropow und Tschernenko innerhalb von nur einem Jahr vollzieht sich im Kreml ein entscheidender Politikwechsel durch die Präsidentschaft von Michail Gorbatschow.

Die Nuklearwaffen werden reduziert, und zwar bei beiden Supermächten USA und Sowjetunion. Nach innen leitet Gorbatschow mit Perestroika und Glasnost ein fundamentales Umdenken ein, vor allem bei der Jugend. Die Sowjetunion bricht als Wirtschaftsmacht zusammen, was auch zur Folge hat, dass die von ihr abhängigen Staaten des Warschauer Pakts sich nach Westen orientieren, um wirtschaftlich weiter zu existieren.

Zwei weitere Ereignisse prägen die Pluto-Jahre im Skorpion: 1986 explodiert die Challenger-Rakete schon kurz nach dem Start, und im gleichen Jahr erlebt die Welt den Super-Gau des ukrainischen Atomkraftwerks Tschernobyl.

1985 Europaweiter Weinskandal, ausgehend von Österreich und Italien, wo Weine mit verbotenen Zusätzen gepanscht werden.

Rassenunruhen in Südafrika mit vielen Toten

1986 Die WHO stellt fest, dass weltweit etwa 50 Millionen Menschen an AIDS erkrankt sind.

Der Reaktorunfall von Tschernobyl verstrahlt weite Teile Europas. Man rechnet mit Spätfolgen, die möglicherweise mehr als 100 000 Menschen das Leben kosten.

Durch einen Unfall in einem Chemiewerk in Basel wird der Rhein bis zur Mündung vergiftet. Tausende Fische verenden.

1989 In Leipzig versammeln sich 150 000 Menschen in und vor der Nikolaikirche, um für die Freiheit zu beten und friedlich zu demonstrieren. Es folgen jeden Montag Gottesdienste und Versammlungen Tausender in und vor der Kirche, die sich bald auf andere Städte der DDR ausweiten.

Am 9. November, um 19 Uhr, fallen die Grenzsperren zwischen Deutschland West und Deutschland Ost. In Berlin versammeln sich Hunderttausende und überklettern die Berliner Mauer. 40 000 DDR-Bürger siedeln in der Folge in die Bundesrepublik um.

Die kommunistischen Regierungen der Warschauer-Pakt-Staaten geraten unter Druck. Volksaufstände in Polen, Tschechoslowakei, Bulgarien, Rumänien und Ungarn kündigen das Ende der kommunistischen Vorherrschaft der Sowjetunion und damit auch den Zerfall des Ostblocks an. Die Volksaufstände verlaufen weitgehend unblutig. Nur in Rumänien kommt es zu heftigen Auseinandersetzungen, die 70 000 Menschen das Leben kosten. Ein Schnellgericht verurteilt den Ministerpräsidenten Ceausescu und seine Frau zum Tod.

Volksaufstand auch in Peking und anderen chinesischen Städten. Die Forderungen nach mehr Freiheit und Demokratie führen zu einem blutigen Massaker auf dem Platz des Himmlischen Friedens.

1990 Einheit Deutschlands am 3. Oktober
Erdbeben im Iran mit 50 000 Toten

Krieg auf dem Balkan, Jugoslawien zerfällt.

Der Irak überfällt Kuweit, der Golfkrieg beginnt.

1991 Die Sowjetunion wird offiziell aufgelöst und in die GUS – Gemeinschaft Unabhängiger Staaten – überführt. Der Staatskommunismus nach marxistisch-leninistischen Vorstellungen ist beendet.

Der Irak verseucht im Golfkrieg den Persischen Golf mit einer Milliarde Liter Öl und löst damit die größte Ölpest aller Zeiten aus. Gleichzeitig setzt er 500 Ölquellen in Brand, die eine gigantische Luftverschmutzung verursachen.

Heftige Vulkanausbrüche auf den Philippinen und in anderen Teilen Asiens beeinträchtigen die Atmosphäre.

1992 3000 Tote bei einem Seebeben vor der Insel Bali

Bill Clinton ist neuer Präsident der USA.

1994 50 km lang ist der Eurotunnel, der unter dem Ärmelkanal verläuft und in diesem Jahr dem Verkehr übergeben wird.

Bei Überschwemmungen sterben in Nepal über 1000 Menschen.

Vor dem Bürgerkrieg im afrikanischen Ruanda fliehen an einem einzigen Tag 250 000 Menschen. Insgesamt fordert der Krieg über eine halbe Million Opfer.

1995 General Mladic und Serbenführer Karadzic lassen in der bosnischen Stadt Srebrenica 8000 Männer erschießen. Karadzic wird erst 2008 in Belgrad verhaftet und an das Kriegsverbrechertribunal in Den Haag ausgeliefert. Mladic hält sich versteckt.

Kunst und Kultur in der Skorpion-Zeit des Pluto

Das unter Pluto in der Waage Vorbereitete erhält in der Kunst dieser Pluto-Skorpion-Jahre klareren Ausdruck. Die kreative Freiheit wird nicht mehr in Frage gestellt, die Öffnung des Eisernen Vorhang tut das Ihre dazu, Welten, Menschen und Stilrichtungen zu verbinden.

Elvis Presley erlebt anlässlich seines 50. Geburtstags weltweite Anerkennung für seine Popmusik. Mega-Popkonzerte, die 12, 16 oder mehr Stunden dauern, reisen um den Globus. Eine Konzertsensation der besonderen Art ist der gemeinsame Auftritt der in ihrer Zeit weltbesten Tenöre Placido Domingo, José Carreras und Luciano Pavarotti in einem Open-Air-Konzert in Rom vor Tausenden von begeisterten Zuhörern. Charles Aznavour wird 1987 mit dem Französischen Nationalpreis für seine Chansonkunst geehrt. Erstmals dirigiert Kurt Masur bei den Salzburger Festspielen und wechselt von Leipzig als Leiter des Philharmonischen Orchesters nach New York.

Im Kunstschaffen dieser Pluto-Skorpion-Zeit macht der Verpackungskünstler Christo auf sich aufmerksam, als er 1985 in Paris die Pont Neuf einhüllt. In Paris wird das erste Modemuseum eröffnet. 1994 wird in Bonn die Avantgardekunst osteuropäischer Künstler präsentiert. In Johannesburg gibt es 1995 erstmals eine Sammelausstellung afrikanischer Maler – Vielfalt und Öffnung als Zeichen einer neuen Ära.

Pluto im Skorpion – auf einen Blick

- Glasnost und Perestroika bringen ein fundamentales Umdenken in Ost und West. »Stirb und werde« heißt das passende Prinzip des Skorpion.
- Das historische Großereignis ist der Zusammenbruch der Sowjetunion. Mit der Wiedervereinigung Deutschlands ordnet sich die Weltpolitik neu.
- Das massive Auftreten der Immunschwächekrankheit AIDS und der atomare Super-Gau in Tschernobyl alarmieren die Weltgemeinschaft.

DIE WELT IM EXPANSIONSRAUSCH: DIE PLUTO-JAHRE IM SCHÜTZEN VON 1995 BIS 2007/08

Der gerade zu Ende gehenden Phase soll etwas mehr Raum gewidmet werden, da sie uns allen noch stark im Gedächtnis ist und das entscheidend geprägt hat, was uns derzeit erwartet. Nachdem die Skorpion-Jahre die plutonische Wandlungskraft sehr radikal sichtbar gemacht haben – der Kommunismus ist abgeschafft, die Weltmacht Sowjetunion zerfallen, die beiden deutschen Staaten wiedervereinigt –, zeigt die plutonische Schütze-Zeit den Aufbruch in eine neue Dimension der Menschheit.

Europa wird zur dritten Kraft in der Welt. Der Euro löst die nationalen Währungen im größten Teil des Kontinents ab. Wenige Jahre zuvor war es noch undenkbar, dass ein deutscher Urlauber in Griechenland, Italien, Spanien, Frankreich oder Belgien mit einheitlichem Geld bezahlen kann.

Der Anschlag auf das World Trade Center als Symbol der amerikanischen Wirtschafts-Großmacht und die daraus entstehende Polarisierung zwischen dem Islam und der übrigen Welt haben die Erde mit furchtbaren Kriegen im Irak und in Afghanistan und mit weltweiten Terrorakten überschattet.

Die gigantische Globalisierung in Politik und Wirtschaft hat jedes Maß verloren. Feindliche Übernahmen und durch rigorosen Wettbewerb aufgezwungene Fusionen kennzeichnen diese Schütze-Zeit. Und gegen Ende dieser Ära bekommen schon die »Verschleißthemen« dieser exzessiv-expansiven Gesellschaft eine bedrohliche Aktualität: Klimawandel, Energieverknappung und Nahrungskrise.

Pluto im Schützen verändert die Wertvorstellungen. Man sieht die Dinge groß, und so wagt man zu fragen: Was ist der Sinn und Nutzen des Bisherigen? Geht es nicht auch ganz anders? Diese Fragen richten sich an den Einzelmenschen ebenso wie an Gemeinschaften und Staaten. Hier sind auch Gruppen miteinbezogen, die sich bestimmten ethischen Wertevorstellungen, politischen Ideologien oder philosophisch-religiösen Richtungen verschreiben. Wenn das Plutonische dort ansetzt, dann wird der Lebenssinn nicht nur neu definiert, sondern zu einem Sendungsbewusstsein dynamisiert.

Es ist in der psychologischen Interpretation des Schütze-Zeichens bekannt, dass Schütze-Geborene gern »schulmeistern«. Dies überträgt sich auch auf das Verhalten in der Gruppe. Neue Denkrichtungen führen dann leicht in konfliktbereite Aktivitäten. Begriffe wie »Kreuzzug«, »Achse des Bösen« oder »Ungläubige« zeigen die verständnislose Aburteilung des jeweils anderen Lagers.

Die Schattenqualität von Schütze ist die Selbstgerechtigkeit. Ihm fehlt es an persönlicher Kritikfähigkeit. Er hinterfragt sein Handeln nicht mehr und ist unfähig, die eigenen Grenzen zu erkennen. Maßlosigkeit kann um sich greifen. Das Leben folgt den für das Ego geschaffenen Regeln, und die anderen werden nach der eigenen, subjektiven Norm beurteilt: Es hat so zu sein, wie ich es haben will! Die Demut fehlt. Anmaßung und Rechthaberei überwiegen. Wer sich für unfehlbar hält, wird aus fanatischen Überzeugungen heraus die anderen zwingen wollen, sich unterzuordnen. So lebt sich das unerlöste Schütze-Prinzip.

Die Licht-Seite von Schütze ist jedoch seine Toleranz und Verständnisfähigkeit. Die Andersartigkeit hält er aus. Weltoffen und kontaktmutig wendet er sich dem noch Fremden zu. Schütze möchte lernen und sich bereichern durch das, was er noch nicht kennt. Diese innere Offenheit hat etwas sehr Ehrliches und Begeisterungsfähiges. Im Austausch der Polaritäten zu gemeinsamen Zielen und Idealen finden und sie verwirklichen, das sind die Schütze-Qualitäten einer positiven Grundhaltung. Selten geht dem Schütze-Geborenen sein Optimismus verloren. Von den zwei Basisgruppen unter den Menschen – den Problemsuchern und den Chancenfindern – gehört er zweifelsohne zur letzteren Gruppe. »Es wird schon gut gehen, weil es bisher immer gut gegangen ist.« Man geht voran, verschafft sich Luft und verliert auch im schlimmsten Wetter nicht die Hoffnung, dass morgen ein anderer Himmel sein wird.

Dies gilt auch für die Jahre ab 1995. Hoffnungen kommen auf, Chancen zeigen sich. Selbst in einkommensschwachen Strukturen spricht man von der »Ich-AG« oder bastelt an Selbständigkeiten, um eine berufliche Existenz mit ausreichendem Einkommen aufzubauen.

Der Aufbruch zu neuen Ufern, getragen von innerer Selbstüberzeugtheit, auf dem richtigen Weg zu sein – das ist Schütze-Verhalten. Ob man sich in eine Idee verrannt hat, zeigt sich erst an den Widerständen, die sich aufbauen. Und dann wird sich beweisen, dass nicht der das gute Ende auf seiner Seite hat, der meint, im Recht zu sein, sondern ganz einfach der Stärkere. Schütze-Zeiten werden voller Konflikte sein, wenn Gerechtigkeit verloren geht. Missachtung treibt auf die Barrikaden.

In Schütze-Jahren des Pluto kann die Welt entweder zu neuen Gemeinsamkeiten finden und kreativ an einer »neuen Welt« arbeiten, die sich in gerechter Gleichheit und großer Freiheitlichkeit vereint, oder es kommt zu rücksichtslosem Einfordern verlorengegangener Rechte. Dann reißt es die Menschen aus ihrem Scheinfrieden. An allen Ecken und Enden dieser Welt wird sichtbar, wo Menschen zu kurz kommen. Die Welt wird übersät mit kriegerischen oder terroristischen Greueltaten. Ob Al Qaida, die revolutionären Gruppierungen in Kaschmir, auf Sri Lanka, im türkischen Kurdengebiet, in Tschetschenien, im Baskenland oder in Burma – überall werden Machtstrukturen bekämpft, um die eigene Ohnmacht loszuwerden.

Bei allem großen Wollen von Politikern und Wirtschaftsmagnaten baut sich parallel ein scheinheiliges Verhalten auf, das mit Heuchelei und unehrenhaftem Verhalten sein Vorteilsdenken verschleiert. Die Informationen über Bereicherungen der leitenden Manager, die sich gegenseitig die Millionen-Abfindungen zuschieben, liegen nur kurze Zeit zurück – so beispielsweise bei der Mannesmann-Übernahme durch Vodafone. Auch die Schwarzgeld-Kassen bei VW und Siemens sind die Beweise für ein trotziges Aufbäumen gegen die Vorgaben des Wettbewerbs. Man leugnet ab, was nicht ins eigene Konzept passt. Konzessionslos werden die eigenen Ziele verfolgt, und dabei unterwirft man sich keiner ethischen und keiner juristischen Norm.

Die errungene Gipfeleinsamkeit führender Weltunternehmen garantiert eben nicht auch ein vorbildliches, dem volkswirtschaftlichen Gemeinsinn verbundenes Management. Das Gegenteil tritt ein: Die Sonderstellung verleitet zu verwegener Rekordsucht auf Kosten der Wettbewerber. Die Sucht nach Größe treibt immer weiter ins ethische Abseits. Der erreichte Erfolg wird zur Startmarke für die neue, noch höhere Gewinnmaximierung. Glücksritter setzen alles auf eine Karte und riskieren abzustürzen. Bisher geht die Risiko-Rechnung auf, denn die meisten haben bei diesen Vabanque-Aktionen mehr verdient als verloren. Ethischer Gesichtsverlust und Karriereende zählen nicht bei so viel Profit.

Das Gestaltwandelnde hat in der Schütze-Zeit nicht vermocht, die Welt auf eine höhere Ebene zu heben. Bei sechs und schon bald sieben Milliarden Menschen sind die Überlebenszwänge zu groß – Fressen oder Gefressen werden. Die Welt steckt in einem dramatischen Verdrängungswettbewerb.

Pluto im Schützen zeigt in den Ansätzen durchaus, wie Probleme friedlich zu lösen sind. Es fehlt nicht an Vorbildern aus Politik, Wirtschaft und Kunst. Erdbeben, Tsunamis, Dürrekatastrophen, Fluchtbewegungen haben auch gezeigt, dass die Welt sich wenigstens vorübergehend als Gemeinschaft erlebt und zusammensteht, um die Not aufzulösen.

Egoistisches Wollen zu überwinden und die Konzepte für die großen Fernziele der Menschheit auf diesem Planeten zu entwerfen, das ist die Aufgabe in den Jahren, in denen Pluto durch den Schützen zieht. Nicht allein im Stofflich-Materiellen expansiv zu sein, sondern über den egoistischen Tellerrand hinaus eine andere Bewusstheit zu schaffen, die einer sozialen Gerechtigkeit.

Die Welt ist noch meilenweit von einem Optimum entfernt, und doch hat die Schütze-Pluto-Zeit wenigstens die Fenster geöffnet, das globale Miteinander wahrzunehmen. Nirgendwo auf der Welt kann heute jemand etwas tun, was nicht beobachtet und bewertet wird.

Die Verantwortung für die Gemeinschaft ist gewachsen. Die UNO, der Internationale Gerichtshof in Den Haag, Menschenrechtskommissionen, Amnesty International und das sehr dichte Kommunikationsnetz der Medien decken auf, was ethischen Lebensnormen widerspricht. Wo lebenserhaltende Grundbedürfnisse nicht mehr gelebt werden können, da ist die Weltgemeinschaft zur Stelle. Ob ein Despot im Sudan oder ein Kriegsverbrecher auf dem Balkan – das Verhalten wird nach einer globalen Lebensethik bewertet. Wer sich lebensfeindlich und menschenverachtend verhält, wird gestellt und muss sich verantworten. Tribunale gab es schon immer, aber in der Pluto-Schütze-Phase werden sie institutionalisiert – nicht mehr nur national, sondern zunehmend nach einer internationalen Rechtssprechung.

Frühere Pluto-Schütze-Zeiten im Vergleich zur gerade vergangenen Schütze-Phase

Besonders aufschlussreiche Informationen zur gerade abgelaufenen Schütze-Zeit bringen die historischen Geschehnisse aus anderen Jahrhunderten, in denen sich Pluto ebenfalls im Schützen aufgehalten hat.

Zunächst ist die Zeit von 1749 bis 1762 für die hier dargestellten Zusammenhänge interessant: Im Zeitalter der Aufklärung Mitte des 18. Jahrhunderts setzt sich der Philosoph Voltaire in seinen Schriften für die Toleranz des Denkens ein und ermahnt zur Vernunft gegenüber dem religiösen Fanatismus. Auf den Schlachtfeldern des fernen Amerika entscheidet sich zwischen Engländern und Franzosen, wie dieses weite Land aufgeteilt wird. Und ganz am anderen Ende der Welt baut China seine Vormachtstellung aus, indem es Tibet, die Mongolei und Turkestan besetzt und dem Großreich einverleibt.

Mehr als 60 000 Tote in einer einzigen Katastrophe ist in der Mitte des 18. Jahrhunderts ein unvorstellbares Ereignis – und doch geschieht es. Betroffen ist 1755 Lissabon, eine Wirtschaftsmetropole ersten Ranges und Handelskreuz zwischen Europa und Amerika. In Europa sind die Menschen im Schockzustand. Die Kirchen warnen vor der rücksichtslosen Ausbeutung in Übersee und vor der Gottferne, die der Wohlstand und die exzessive Lebensweise verursacht haben.

Einen weiteren Pluto-Bogen früher (1502 bis 1516) entdeckt Amerigo Vespucci, dass Nord- und Südamerika miteinander verbunden sind und zusammen einen eigenen Kontinent bilden. In Vorderasien etabliert sich ein neues Großreich unter der Herrschaft der Osmanen, und in Europa baut sich eine soziale Krise auf, die 1524 zu den Bauernkriegen führt. Parallel dazu wird Deutschland durch die Reformation erschüttert. Sie wird durch eine zunehmende Verweltlichung und eine profitorientierte Materialisierung der Kirche ausgelöst. Die Glorifizierung und propagierte Unfehlbarkeit des Papstes und sein protziges Verhalten mit dem zur Schau getragenen Reichtum wird in den verarmenden Bevölkerungsschichten der Handwerker und Bauern nicht mehr verstanden. Mit dem »Ablasshandel«, durch den man seine Sünden nach einer festgelegten Gebührenordnung mit Geld abgelten kann, erreicht die Empörung ihren Siedepunkt. Martin Luther hat ihn mit den 95 Thesen von Wittenberg proklamiert und damit der Volksmeinung entsprochen.

Das Aufbäumen gegen die soziale Schieflage und der rigorose Widerstand gegen die Herrschenden haben Martin Luther jahrelange Gefangenschaft auf der Wartburg bei Eisenach gebracht. Die desolate Situation im Volk ist damit nicht beseitigt. Durch völlig falsche Einschätzung in Rom kommt es zu einem Fehlverhalten des Klerus, des Kaisers und der regional herrschenden Adelsherren. Dadurch wechseln noch mehr Menschen ihre Glaubensrichtung und wenden sich von ihrer Kirche ab. Es kommt zu Aufständen und schließlich zum besagten Bauernkrieg.

Diese Trennung von der papstorientierten Kirche spaltet die Gesellschaft in Gesamteuropa in ein katholisch-konservatives und in ein protestantisches Lager. Vielleicht ist diese revolutionäre und verwirrende Neuorientierung vergleichbar mit Kapitalismus und Kommunismus. Politik, Wirtschaft, Gesellschaft und Kultur verändern sich.

Mit dem Protestantismus hat sich auch das tägliche Leben radikal verändert. Die Bekenntnisse zu der alten oder neuen Glaubensrichtung polarisieren das Leben bis hinein in die Familien. Die zwei großen Kriege (Bauernkrieg 1524/25 und Dreißigjähriger Krieg 1618 bis 1648) brechen aus, weil die konservativen

Machtgruppen (Kirche und Adel) keine Reformen zulassen. 400 Jahre später ist es der »Kalte Krieg«, der zwischen dem Kommunismus und dem Kapitalismus, zwischen dem Ostblock und dem Westen erbittert geführt wird. Der »Eiserne Vorhang«, die Berliner Mauer, die Teilung Deutschlands, die nukleare Aufrüstung, der Vietnam-Krieg und viele andere Ereignisse halten die Welt zwischen 1945 und 1989 in Atem. Und bis heute gibt es die beiden Lager, das Westliche und das Konservativ-Kommunistische mit China, Nordkorea, Kuba, Somalia und anderen.

Mit Pluto im Schützen erschüttert im 16. Jahrhundert und wieder 1995 bis 2007/8 ein religionsphilosophischer Konflikt die Welt. Beide betreffen die Auseinandersetzung zwischen dem Islam und der christlichen Religion. Deren Anhänger werden zu »Ungläubigen« deklariert, die zu bekehren oder zu vernichten sind – so wird es auch heute in Internet-Botschaften propagiert. Betrachtet man die historischen Abläufe mit den nachfolgenden Jahrzehnten im 16. Jahrhundert, dann wird deutlich, dass in der Jetzt-Zeit der gegenwärtige Prozess noch lange nicht abgeschlossen ist.

Auch in der mittelalterlichen Pluto-Epoche im Schützen erschüttert die Welt ein Erdbeben von besonderem Ausmaß und Bezug: Die Weltmetropole Konstantinopel, die Hauptstadt des vorderasiatischen Großreiches der Osmanen, wird zerstört. Etwa 15 000 Menschen kommen bei dieser Katastrophe um. Beide Ereignisse, das Erdbeben von Lissabon und das von Konstantinopel, betreffen die Wirtschafts- und Machtzentren der damaligen Welt. Ein Vergleich zum Erdbeben im japanischen Kobe und auch der Anschlag auf das World-Trade-Center drängt sich auf, weil beide Katastrophen ebenfalls in eine Pluto-Phase im Schütze-Zeichen fallen.

Die Ereignisse 1995 bis 2007/8

In der gerade zu Ende gegangenen Pluto-Zeit im Schützen lassen sich in den nachfolgenden Ereignisfakten weitere Parallelen finden, die das typisch Plutonische in der Schütze-Konditionierung erkennbar machen:

1995 Massaker in Srebrenica, 8000 Bosnier werden erschossen.

Der israelische Ministerpräsident Rabin fällt einem Attentat durch einen ultra-rechten Juden zum Opfer.

1996 Die größte europäische Werft, die Vulkan AG in Bremen, geht in den Vergleich. Es gibt Verhaftungen wegen Verdachts auf Veruntreuung.

Die Daimler-Benz AG erleidet einen Rekord-Verlust von 6 Milliarden Mark, was den Rücktritt des Aufsichtsrats zur Folge hat.

Jährlich werden weltweit etwa 16 Millionen Hektar Regenwald durch Rodung vernichtet.[7]

1997 Die USA ist der weltgrößte Waffenproduzent und Saudi-Arabien der größte Abnehmer. Insgesamt beläuft sich die internationale Waffenproduktion auf über 40 Milliarden US-Dollar.

Eine Million Teilnehmer bei der Love-Parade in Berlin

Illegale Einfuhr BSE-verseuchter Rinder aus England und Tötungsaktion von 5000 Tieren in Deutschland

Starke Zunahme islamistischer Überfälle auf westliche Einrichtungen oder Bürger aus westlichen Staaten, so auch bei einem Attentat auf eine Touristengruppe im ägyptischen Luxor mit 60 Toten

China baut den größten Staudamm der Welt.

Große Schäden bei Erdbeben in Italien, Tornados in Mexiko, Cholera-Seuche in Mosambik

1998 Krieg gegen den Irak unter der Führung der USA und Großbritanniens

Nur teilweise ist ein freiwilliger Verzicht auf das Klonen von Menschen durchzusetzen. Von 40 Mitgliedsstaaten im Europarat verpflichten sich nur 19.

Der deutsche Aktienindex DAX steigt erstmals in seiner Geschichte über die Traummarke von 5000 Punkten.

Grenzkontrollenfreier Verkehr zwischen Deutschland, Österreich und Italien

Die Deutsche Bank und die Bankers Trust fusionieren zur weltgrößten Bank.

Öl-Explosionskatastrophe in Nigeria mit 700 Opfern, mehrere Erdbeben in Afghanistan mit etwa 9000 Toten, Flutwelle in Polynesien mit etwa 3000 Toten. Ein Hurrikan fegt über Mittelamerika und den Süden der USA, mehrere tausend Tote.

Bombenanschläge islamistischer Terroristen auf zwei US-Botschaften in Afrika, mit 200 Opfern. Daraufhin fliegen US-Kampfjets Vergeltungsangriffe im Sudan und in Afghanistan.

1999 Drei japanische Großbanken bilden zusammen die aktuell größte Finanzgruppe der Welt.

Erdbeben in der Türkei mit 17 000 Opfern, Erdbeben in Taiwan mit 2000 Toten, 30 000 Tote bei Unwetter in Venezuela

Die gesamte EU-Kommission tritt nach Korruptionsvorwürfen geschlossen zurück.

Korruptionsvorwürfe gegen den russischen Präsidenten Boris Jelzin, der daraufhin zurücktritt.

2000 Schmiergeld- und Korruptionsskandal bei der CDU, Rücktritt von Helmut Kohl als Ehrenvorsitzendem, Rücktritt von Wolfgang Schäuble als Parteivorsitzendem

In den USA entsteht der weltgrößte Rüstungskonzern.

2001 Al-Qaida-Anschlag mit zwei Passagier-Flugzeugen auf das World-Trade-Center in New York. Beide Wolkenkratzer stürzen in sich zusammen. Über 3000 Menschen kommen um. Ein weiteres Flugzeug wird in das Pentagon in Washington gesteuert. Ein dritter Anschlag misslingt, das Flugzeug stürzt nahe Pittsburgh ab.

Erdbeben in Indien mit 20 000 Toten, Tausende von Toten bei einem Erdbeben in Afghanistan

Amerikanische und britische Luftangriffe auf Stellungen der Taliban in Afghanistan. Das Taliban-Regime wird gestürzt.

2003 Der Internationale Strafgerichtshof in Den Haag wird gegründet, um Kriegsverbrechen, Verbrechen gegen die Menschlichkeit und Völkermord abzustrafen.

Erdbeben im Iran mit 35 000 Toten; in Algerien sterben bei einem Beben 1500 Menschen.

Der Irak-Krieg beginnt mit einer Großoffensive einer internationalen Truppen-Allianz. Der umfassende Kampf gegen den islamistischen Terrorismus ist in voller Schärfe entbrannt. Nach drei Wochen ist der irakische Widerstand gebrochen. Die alliierten Truppen besetzen das Land. Bald aber gibt es Untergrundkämpfe, Selbstmordanschläge und rivalisierende Kämpfe zwischen

Sunniten und Schiiten. Das Land kommt bis heute nicht zur Ruhe.

2004 Die EU wird um zehn Länder erweitert und umfasst jetzt 25 Mitgliedsstaaten.

148 Menschen sterben, als eine ägyptische Passagiermaschine ins Mittelmeer stürzt.

Al-Qaida-Anschläge in Madrid. Bomben explodieren in zwei Zügen: über 200 Tote.

In der Krisenregion Darfur im Sudan werden 1,8 Millionen Menschen vertrieben und 70 000 getötet.

Tausende Tote gibt es in diesem Jahr bei insgesamt vier Hurrikans (Florida/Karibik) und 10 Taifunen (Japan). Ein Unwetter auf den Philippinen fordert 1400 Opfer.

Eine Mars-Sonde setzt auf der Oberfläche des Planeten einen Roboter aus. Aus den Schürfproben lässt sich nachweisen, dass es auf dem Mars einmal Wasser gegeben hat.

In Südkorea wird erstmals auf der Welt ein menschlicher Embryo geklont.

In der nordossetischen Stadt Beslan besetzen tschetschenische Terroristen eine Schule. Bei der gewaltsamen Befreiung der 1150 Kinder werden 365 Menschen getötet.

Am zweiten Weihnachtsfeiertag reißt ein Tsunami (Seebeben) Südostasien in eine Katastrophe. In der Flutwelle unvorstellbaren Ausmaßes sterben über 230 000 Menschen.

2005 Deutschland stürzt immer tiefer in eine Wirtschaftskrise, über fünf Millionen Arbeitslose werden gezählt. Opel will

10 000 Arbeitsplätze abbauen, die Telekom verringert ihren Personalbestand bis 2008 um 32 000 Mitarbeiter und die Inflationsrate erreicht den höchsten Stand seit vier Jahren. Die Deutsche Bank will trotz Milliardengewinnen 6400 Stellen, die Hypo-Vereinsbank 2400 Jobs streichen.

In Deutschland wird tonnenweise verdorbenes Fleisch entdeckt, das durch kriminelle Machenschaften in die Nahrungskette geschleust werden sollte.

Eine Weltraumsonde landet nach sieben Jahren Flug auf dem Saturn-Mond Titan.

In Brandenburg wird der schlimmste Fall von Kindstötungen in Deutschland (neun getötete Babys) aufgedeckt.

Der Hurrikan »Katrina« verwüstet die Mississippi-Region. New Orleans ist im Ausnahmezustand. 1300 Menschen sterben.

87 000 Menschen kommen bei einem Erdbeben in Pakistan um.

2006 Die NASA startet eine Sonde zum Pluto.

5500 Tote bei einem Erdbeben auf der Insel Java

Die Fußball-Weltmeisterschaft in Deutschland wird zu einem völkerverbindenden Freudenfest.

33 Tage dauert der Libanon-Krieg, ausgelöst durch die Entführung von zwei israelischen Soldaten, deren Leichen erst 2008 von der Hisbolla übergeben werden.

In Deutschland bricht das Stromnetz zusammen und Millionen von Haushalten sind in ganz Europa für Stunden ohne Strom.

Die Ladenschlusszeiten in Deutschland werden gelockert.

25,6 Milliarden Euro bezahlt der Stahlriese Mittal Steel für eine Firmenübernahme, um Marktführer zu werden. Das gleiche schafft Linde, Deutschland, für 12 Milliarden Euro, um sich im Bereich Industriegase an die Spitze zu setzen. Die BASF investiert für eine Übernahme fünf Milliarden und BAYER kauft Schering für 16,5 Milliarden Euro.

2007 Europa erlebt durch einen Orkan (»Kyrill«) Angst und Schrecken mit 47 Toten und immensem Sachschaden (3,5 Milliarden Euro).

Deutschlands Wirtschaft erlebt eine neue Wachstumsphase. Die Arbeitslosigkeit sinkt rapide.

Die Preise für Benzin, Heizöl und Strom sind 2007 in Deutschland so hoch wie noch nie. Das Fass Rohöl erzielt Rekordpreise.

Weltweit erfolgen Rückrufe von über 40 Millionen chinesischen Spielwaren-Artikeln, weil sie giftig sind.

Mega-Übernahme in der Banken-Branche: Für 71,1 Milliarden Euro übernimmt Royal Bank of Scotland die Niederländische ABN Amro-Bank.

Aufgrund des zusammenbrechenden US-Immobilienmarktes kommen international renommierte Großbanken in eine existenzbedrohende Schieflage.

Der Klimawandel wird zum Top-Thema in diesem Jahr. Der G8-Gipfel in Heiligendamm und die Klimaschutz-Konferenz auf Bali setzen Alarmzeichen bezüglich der drohenden Klimakatastrophe.

Kunst und Kultur in der Schütze-Zeit des Pluto

Schützehaft expansiv geht es auch in der Kunst zu. Aber nicht Gigantomanie, sondern das Austesten des Möglichen und die Freude an der groß-artigen Kreativität scheinen bestimmend. Ein paar Beispiele: Zum 250. Geburtstag von Wolfgang Amadeus Mozart gibt es 2006 einen weltweiten Opern-Boom. Allein in Salzburg werden alle 22 Mozart-Opern aufgeführt. Ein Weltereignis ist die mit großem Aufwand inszenierte Oper *Turandot* von Giacomo Puccini, dirigiert von Zubin Mehta, in Peking; Gesamtkosten 15 Millionen Dollar.

Ob *Jekyll & Hyde* in Bremen oder *Saturday Nigth Fever* in Köln oder *Cyrano* in Schwäbisch Hall – überall boomt das Musical. Daneben ist die Rap- und Rock-Szene hochaktiv. Gerockt wird bei der Pop-Konzert-Serie *Live Earth*, die 2007 um den Globus zieht und für einen besseren Klimaschutz eintritt.

In der Bildenden Kunst verblüfft Christo 1995 damit, dass er den Reichstag in Berlin einhüllen lässt. Zwei Wochen dauert dieses Spektakel. Hunderttausende sind angereist, um dieses gigantische Gebäude-Paket zu erleben. Viel beachtet wird in Berlin auch die dreiteilige Ausstellung *Das 20. Jahrhundert: ein Jahrhundert Kunst in Deutschland.*

Ein Meisterwerk architektonischer Restauration ist die 1945 völlig zerstörte und 2005 aus einem Schuttberg wieder neu erstandene Frauenkirche in Dresden. Die 130 Millionen Euro für den Wiederaufbau werden von Spendern aus der ganzen Welt aufgebracht. Die Kirche gilt als internationales Symbol der Versöhnung und des Neubeginns. Symbolhaft für die Pluto-Zeit im Schützen ist auch der »Brückenschlag« zwischen Dänemark und Schweden, über den seit 2000 der Verkehr rollt. Symbolcharakter dieser Schütze-Zeit hat ebenfalls das Holocaust-Mahnmal in Berlin. Der amerikanische Architekt Peter Eisenman hat dafür 2700 Betonstelen nahe dem Brandenburger Tor aufstellen lassen.

Im Theater machen 2005 die schützehaft ausufernden Inszenierungen von Hebbels *Nibelungen* mit einer Aufführungszeit von sechs Stunden und *Orgien, Mysterien, Theater* von Hermann

Nitsch, der seine Zuschauer für sieben Stunden beansprucht, Schlagzeilen.

Die Literatur erlebt entscheidende Jahre. In der Bundesrepublik werden 1998 insgesamt etwa 80 000 Buchtitel verlegt. Die höchste Anerkennung erhält 1999 Günter Grass mit dem Nobelpreis für Literatur. Sein Schriftsteller-Kollege Siegfried Lenz wird im gleichen Jahr mit dem Goethe-Preis der Stadt Frankfurt ausgezeichnet. Der bekannteste Literaturkritiker seit rund 50 Jahren, Marcel Reich-Ranicki, erhält den Hölderlin-Preis. Überraschend wird dann 2004 die österreichische Schriftstellerin Elfriede Jelinek mit dem Literatur-Nobelpreis geehrt. Die sechs umfangreichen Bände *Harry Potter* von Joanne Rowling schlagen seit ihrem Erscheinen alle Verkaufsrekorde. Allein der sechste Band erzielt einen Erlös von rund 45 Millionen Euro.

Pluto im Schütze – auf einen Blick

- Innerhalb Europas öffnen sich die Grenzen. Die Euro-Einführung bringt ein Zusammenwachsen der Nationen, lässt zugleich aber wucherhafte Preiserhöhungen zu.

- Eine gigantische Globalisierung bestimmt schützehaft die Wirtschaft, feindliche Übernahmen sind an der Tagesordnung. Deutlich spürbarer Klimawandel, Energieverknappung und Nahrungsmittelengpässe zeigen sich als unübersehbare Bedrohung für die gesamte Menschheit.

- Die ersten Tendenzen der Weltgemeinschaft, die Probleme friedlich und gemeinschaftlich anzugehen, werden sichtbar: beispielsweise bei Hilfsaktionen für Katastrophenopfer, der Strafverfolgung für Kriegsverbrecher und auf internationalen Umweltgipfeln.

TEIL 2:
DER ZEICHENWECHSEL

PROPHETISCH ODER METHODISCH? GRUNDLAGEN DER VORAUSSAGEN FÜR DIE PLUTO-STEINBOCK-ZEIT

In diesem Teil des Buches werden die Zeitqualität und die wahrscheinlichen historisch-gesellschaftlichen Strömungen dargestellt, die wir in der Gegenwart und der näheren Zukunft erleben werden. Gerade in einer so bedeutsamen Zeit, in der sich viele der bestehenden Strukturen als nicht zukunftstauglich erweisen, wollen wir wissen, wie es mit uns und der Erde weitergeht. Die Astrologie kann dazu präzise Angaben machen, auch wenn sie es uns natürlich nicht abnimmt, den Weg durch die Zeit selbst zu gehen.

Die astrologische Erkenntnismethodik unterscheidet mit klarer Trennschärfe zwölf Grundstrukturen, die Tierkreiszeichen, und zehn Grundmuster von Zeitqualitäten, die Prinzipien. Diese wirken in vielfach belegten Folgerichtigkeiten ineinander. Mehr als die jahrtausendealte Tradition der Astrologie überzeugt dabei die intensive Erforschung der Methodik seit Beginn des 20. Jahrhunderts und die Herleitung ihrer Messergebnisse. Wer sich die Mühe macht, die Forschungsergebnisse internationaler Astrologie-Experten einzusehen, die alle wichtigen Lebensbereiche und jedes Ereignis kritisch überprüfen, Daten analysieren, Zyklen vergleichen und Auswirkungen in Relation zu den vorausdatierten Tendenzbeschreibungen astrologisch-methodischer Berechnungen bringen, der findet eine »zwingende Logik«: Aus den überprüfbaren, zeitnahen Ergebnissen und den weit in die historische Vergangenheit zurückreichenden faktenbezogenen Erfahrungen ist es rational nachzuvollziehen, wie die astrologischen Berechnungen die Struktur und Qualität einer bestimmten Zeit präzise definieren.

Als Rhythmuslehre integriert die Astrologie die Zyklentheorie und berechnet die Zeitpunkte des Wechsels und der neuen Inhalte. Der astrologische Blick in die Zukunft ist nichts anderes als eine methodische Folgerichtigkeit. Die Aussagen in den folgenden Kapiteln geben diese wieder.

UMFASSENDER STRUKTURWANDEL: PLUTO IM STEINBOCK 1516 BIS 1532 UND 1762 BIS 1778

Der aktuelle Durchlauf des Pluto durch das Zeichen Steinbock ist natürlich nicht der erste Transit dieser Art. Sehr interessant für die Einschätzung unserer Gegenwart und Zukunft ist es, frühere Pluto-Steinbock-Phasen anzuschauen: Auch im 16. und im 18. Jahrhundert erlebten die Menschen eine solche Zeitqualität, wie sie uns gegenwärtig herausfordert.

Der Pluto-Durchlauf von 1516 bis 1532

Steinbock ist mit seinem Herrscher Saturn dem Grund und Boden zugeordnet. Die Landwirtschaft und die Bauern sind besonders angesprochen. Und kaum ist Pluto 1516 in den Steinbock eingetreten, gibt es in England neue Gesetze, welche die Weide- und Landwirtschaft zum Nachteil der Bauern regeln. Der Niedergang des Bauernstandes ist dadurch vorprogrammiert. Es gibt heftigen Widerstand in der Landbevölkerung. Um einen Vergleich zu heute zu ziehen: Vielerorts wird festgestellt, dass die Böden ausgelaugt und vergiftet sind, Millionen Menschen hungern, die Energien werden knapp. Auch unser heutiger Umgang mit dem steinböckisch Erdigen fordert dringend ein rigoroses Umdenken.

Am besagten Anfang des 16. Jahrhunderts erheben sich im südlichen Deutschland die Bauern und fordern soziale Verbesserungen. Später entwickelt sich aus diesen Protesten der Bauernkrieg (siehe ab Seite 85). Ohnehin rumort es im deutschen Kaiserreich, das seit 1493 Maximilian I. regiert. In die Geschichte ist er als »letzter Ritter« eingegangen – ein Symbol einer Zeit, die im Traditionalismus und Konservatismus steckengeblieben ist.

Der »Ablasshandel« der katholischen Kirche, mit dem sie die Gutgläubigkeit der Menschen missbraucht, ist politisch-sozialer

Zündstoff im ganzen deutschen Land. Martin Luther führt deshalb erbitterte Streitgespräche mit Persönlichkeiten der Politik und dokumentiert seine Ablehnung schließlich in den 95 Thesen am Kirchenportal der Schlosskirche in Wittenberg. Diese Aktion vom 31. Oktober 1517 gilt als der Beginn der Reformation in Deutschland. Von diesem Zeitpunkt an zerfallen die deutschen Christen in zwei Lager: Katholiken und Protestanten. Aus dem ursprünglichen, deutschen Protest gegen den Ablasshandel wird eine weltweite politisch-religiöse Bewegung gegen den Papst und seine Unfehlbarkeit.

Getreu der plutonischen Wandlungskraft im strukturgebenden Zeichen Steinbock sind die Reformen nicht mehr aufzuhalten. In den deutschsprachigen Gebieten kommt es zu Aufständen der sozial Schwächergestellten, die sich gegen die herrschenden Adligen und den überreichen, einflussreichen Klerus richten.

Martin Luther wird vom Papst mit dem Bann belegt, was aber nicht verhindern kann, dass die Reformation sich weiter ausbreitet und schließlich 1524 mitverantwortlich für den Beginn des Bauernkriegs ist. Kirche und Adel verteidigen mit allen Mitteln ihren Besitz und ihre Macht. Es kommt zu grausamen blutigen Kämpfen, welche die Adligen noch einmal für sich entscheiden können. Das Land kommt jedoch nicht zur Ruhe, wie auch die sektiererische Protestbewegung der Wiedertäufer zeigt. Die Reformation spaltet das Land, die Fürstentümer und die Städte.

Martin Luther übersetzt die Bibel aus dem Lateinischen in eine deutsche Hochsprache, die jeder verstehen kann. Theologisches Gedankengut wird so erstmals zum Gemeingut für jeden Christen. Er fordert ein allgemeines Schulwesen für alle Kinder, denn Schulen gehören bislang zu den Klöstern und sind den Adeligen vorbehalten. Und mit diesen Reformforderungen ist es noch nicht genug: Nachdem die Kirche den Ablasshandel auf Grund der wütenden Proteste eingestellt hat, prangert Luther auch das unseriöse Kaufmannstum im Handel und bei den Geldverleihern an. Er verfasst Aufrufe und Schriften gegen den Wucherhandel. Darin lassen sich leicht Parallelen zu heute ableiten: Denken wir an die Geschäftspraktiken der Banken, die Finanzkrise, die Korruption, Schmiergeldaffären, an verdeckte Konten oder mafiöse Managementpraktiken. Pluto im Steinbock damals und Pluto im Steinbock heute.

Für einen Vergleich ist auch interessant, dass damals das Geld ebenso knapp ist wie heute: Selbst Kaiser Karl V. kann seinen Geldbedarf nicht mehr decken. Er muss dem Augsburger Bank- und Handelshaus der Welser das gesamte Venezuela abtreten, um einen Kredit zu erhalten.

Ein weiteres Problem der damaligen Zeit: Panik löst in Europa der Türkenvormarsch nach Westen aus. Die Belagerung von Wien wird plötzlich zur apokalyptischen Bedrohung für die politisch-christlichen und gesellschaftlichen Strukturen des Abendlandes. Die Bedrohung geht von mächtiger werdenden islamischen Strömungen aus. Auch das ist heute ein brisantes Thema.

Die herrschende Klasse der Adligen und der immer noch mächtigen Kirche wird von den protestantischen Neudenkern vehement bekämpft. Protestantische deutsche Fürsten widersetzen sich im Schmalkaldischen Bund sogar dem Kaiser. Keine Autorität – weder die geistliche, noch die weltliche – wird mehr akzeptiert. Alle spüren, dass das Alte ausgedient hat und sich das System vollständig ändern muss, wenn die Menschen wieder mehr Zufriedenheit finden wollen.

Alles, was sich aus der Tradition in die Gegenwart geschoben hat, wird hinterfragt. Selbst in der Medizin kommt es zu einem konflikthaften Umschwung, als Paracelsus in Basel seine neue Heilkunde veröffentlicht und gleichzeitig öffentlich Bücher der scholastischen Medizin verbrennt.

In dieser Pluto-Steinbock-Zeit kommen Deutschland und Europa einfach nicht zur Ruhe. Immer wieder sind es neue Ideen, die kämpferisch vorgetragen werden – alle mit dem Ziel, die bestehende Ordnung durch ein fortschrittlicheres Denken und Handeln zu ersetzen. Mehr soziale Gerechtigkeit, mehr Mitbestimmung für bislang unterdrückte Schichten und mehr Umverteilung bei den Lern- und Berufschancen werden laut und unerbittlich eingefordert.

Die Phase 1762 bis 1778

Im Vergleich zur vorangehenden Epoche scheint diese Pluto-Steinbock-Zeit ruhiger zu verlaufen: keine Kirchenspaltung, keine Bedrohung des Abendlandes. Dennoch verändert sich das Gesicht der Welt: Das herausragende plutonische Ereignis in diesen 17 Jahren ist die Gründung der Vereinigten Staaten von Amerika. Nachdem der Siebenjährige Krieg 1763 zu Ende gegangen ist, baut England als der große Gewinner seine Vormachtstellung vor allem in Übersee aus. Es wird auf dem nordamerikanischen Kontinent zur vorherrschenden Macht und ist auch weltweit die dominierende Kolonialnation, nachdem Frankreich seine indischen Kolonien, Kanada und Louisiana an die Engländer verloren hat und auch Spanien eine Kolonie, nämlich Florida, an England abtreten musste. Die Weltmächte positionieren sich neu.

Die Engländer erheben Steuern in ihren amerikanischen Kolonien, und die Kolonisten antworten mit dem Boykott englischer Waren. Das führt 1775 zum amerikanischen Unabhängigkeitskrieg. Ein Jahr später folgt die Unabhängigkeitserklärung mit der Charta der Menschenrechte. Damit ist der plutonische Zeichen- und Zeitwandel vollzogen. Neue Strukturen prägen die Welt, und Amerika wird zum hoffnungsvollen Neubeginn für Tausende von Einwanderern, die aus den politischen und wirtschaftlichen Schwierigkeiten in ihren europäischen Heimatländern ausbrechen.

Auch Russland befindet sich in einem sich langsam vollziehenden, aber unaufhaltsamen Umbruch, seit Katharina II. auf den Thron stieg. Es folgt eine wirtschaftliche Blüte, die Industrialisierung beginnt und das Sozialsystem wird erneuert: Russland festigt seinen Platz unter den Weltmächten. Und auch in Österreich setzt Joseph II. grundlegende Reformen durch und leitet eine Ära des aufgeklärten Absolutismus mit mehr Freiheiten und Rechten für das Volk ein.

FAZIT: Pluto im Steinbock im 16. und 18. Jahrhundert

- Beide Epochen bringen Innovation und unaufhaltsamen Strukturwandel. Das Plutonische stellt in der Verbindung mit Steinbock alles Überkommene in Frage.
- Das Leiden im Alten wird nicht mehr hingenommen. Das Neue wird durchgesetzt – und sei es mit Krieg und Gewalt.
- Die gesamte Welt – die Machtverhältnisse, die Wirtschaft, das Soziale, das Denken – alles wird neu gestaltet und in eine völlig andere, bisher unbekannte, aber lebensfähige Zukunft geführt.
- Diese historischen Pluto-Steinbock-Zeiten zeigen, wie grundlegend sich bis 2024 auch unsere Welt heute umgestalten wird.

DIE WELT STELLT SICH NEU AUF: PLUTO WECHSELT VOM SCHÜTZEN IN DEN STEINBOCK

Seit dem 26. Januar 2008 sind die Zeiten der Gigantomanie endgültig vorüber. Die übereilte Globalisierung der Märkte ist gestoppt. Die Fusionen zu immer noch mächtiger werdenden Weltkonzernen stoßen an ihre Grenzen. Die nächsten 16 Jahre werden zeigen, dass das Denken in Milliarden gegen die strengen neuen Maßstäbe der Vernunft und der Machbarkeit steht.

In der Übergangszeit 2008, in der Pluto zwischen Schütze und Steinbock hin- und herpendelt, bis er definitiv am 27. November 2008 in den Steinbock übersiedelt, werden risikofreudige Spekulanten alles daran setzen, das Ruder noch einmal herumzureißen, obwohl sie wissen, dass es bereits gebrochen ist. Die Hypotheken-Gaunereien in den USA zeigen es deutlich. Nicht nur profitgeile, sondern auch machtgierige Öl-Machenschaften zwingen die Weltwirtschaft zudem in einen Abschwung. Keiner will den Teufel an die Wand malen und von Rezession reden, aber die Maßlosigkeit im Anspruchsdenken hat ein Ende.

Die Steinbock-Grundformel: Reduktion auf das Unverzichtbare

Daraus bildet sich ein neues Strukturbild für die Welt. Die Spielregeln des Lebens werden neu geschrieben. Und weil nach 14 Jahren unter dem Motto »Alles ist möglich« keiner mit einer Reduktion seines Anspruchsdenkens einverstanden ist, werden sich die staatliche Autorität und auch andere Verantwortung tragende Kollektive wie beispielsweise UNO, Gewerkschaften, Kirchen oder Gerichtshöfe einschalten, um das Unvermeidliche durchzusetzen. Das Individuelle und Private wird sich für lange 16 Jahre nicht mehr so frei entfalten, wie es noch zu Skorpion- und Schütze-Zeiten gängig war.

Es werden sich neue Interessensgruppen bilden, weil der Einzelne hofft, in und mit der Gemeinschaft seine persönlichen Freiräume zu retten. Solche Gruppierungen werden Druck machen – Druck auf andere, die anderes wollen. Polaritäten bauen sich auf. Es ist nicht auszuschließen, dass nicht nur Boykott-Verhalten der Gruppen untereinander, sondern auch gewaltorientierte Auseinandersetzungen folgen. Man spricht davon, seine Rechte zu sichern – in Wirklichkeit aber kämpft man um eine Besitzstandswahrung. Ein brutaler Egoismus stellt sich gegen das soziale Gewissen. Die Profiteure der zurückliegenden Jahre werden verzweifelt und konflikthaft versuchen, konservative Strukturen zu zementieren und sogar neue der gleichen Art zu etablieren.

Das Rad der Evolution dreht sich weiter. Auf Falsches folgt die Korrektur zum Richtigen. An diesem Punkt steht die Welt heute. Im Weg und Weiter liegt die Chance, all das zu sanieren, was marode ist.

In der Wirtschaft baut sich ein sozialer Kapitalismus auf, der die Unternehmensführungen neu ausrichten wird. Global-kollektive Anstrengungen, bezogen auf alle Aktualitäten in Umwelt, Wirtschaft, bei militärischen Konflikten und im Sozialverhalten schaffen Ausgewogenheit beziehungsweise Lösungen für Gemeinschaftsaufgaben; zum Beispiel soll laut UN-Beschluss die Armut in der Welt bis 2015 halbiert sein.

Werte und Ziele bestimmen sich neu. Das Notwendige wird deutlich. Klarheit und Struktur stehen gegen Abenteuer und Risiko. Idealisten und Visionäre fassen nur schwer Tritt im politischen Geschäft. Das Zweckorientierte gewinnt die Wählerstimmen. Erfolg hat, wer pragmatisch handelt und Nägel mit Köpfen macht. Quadratisch, praktisch, gut – der Slogan eines deutschen Schokoladenherstellers passt auch zu den Normen dieser Pluto-Periode im Steinbock.

Jongleure, die auf dem Seil tanzen oder Kaninchen aus dem Hut zaubern, haben kein Publikum mehr. Nur feste Werte und solides Verhalten zählen. Das Woher und Wohin muss glaubwürdig sein. Man will zurückverfolgen und herleiten, wie mit Lebensmitteln, mit Kapital, mit Energiequellen umgegangen wird:

Woher kommen sie, was lösen sie aus und wer trägt die Verantwortung? Diese »Spurensuche« schafft Verhaltenssicherheit. Qualität wird neu definiert und konsequenter eingefordert. Wer da überführt wird, nur heißen Wind zu produzieren oder sich auf Kosten der anderen zu bereichern, katapultiert sich selbst heraus aus der politischen, wirtschaftlichen und gesellschaftlichen Akzeptanz. Qualität fordert Kompetenz und Eigenverantwortung von jedem Einzelnen.

In der Reduktion auf das Unverzichtbare steckt auch die positive Komponente, sich zu verdichten. Je konzentrierter, desto wirkungsvoller. Wer es schafft, das Wesentliche zu leben oder zu produzieren, findet in der Steinbock-Zeit seinen Langzeiterfolg. Und Erfolg haben, heißt, das Richtige tun.

Das Richtige tun = das Wesentliche tun

Die Bewertungskriterien werden in diesen etwa 16 Jahren unbestechlicher und sachbezogener. Machtvolle Ordnungsstrukturen gewährleisten, dass alles belegt wird und die Vorgaben eingehalten werden.

Die kollektiven Regeln bestimmen auf allen Ebenen das gesellschaftliche Miteinander. Die Standards für Waren, die Einkommen von Managern, die Lauterkeit der Preispolitik, die Aufgabenverteilung für Mann und Frau in der Familie, bei der Erziehung oder im Beruf, Ethik- und Sozialverhalten am Arbeitsplatz, die multikulturelle Integration – nur einige Ansätze, wo sich soziologisches Miteinander neu ausrichtet an gemeinsam erarbeiteten Codices, aus denen Gesetze beziehungsweise Richtlinien werden.

Staatliche Autorität bestimmt mit, was das Richtige und damit auch das Wesentliche sowohl für die Gemeinschaft als auch für den Einzelnen ist. Es wird sich zeigen, ob rechtsstaatliche Prinzipien vorherrschen oder wann und wo zu viel staatliche Kontrolle die Persönlichkeitsrechte verdrängt.

Schnell wird in jedem Fall aufgedeckt, was den Normen widerspricht. Wer sich Oberflächlichkeit leistet, steckt in der Sackgasse – als Arbeitnehmer ebenso wie als Selbständiger. Eine gesicherte Existenz erfordert in diesen 16 Jahren besonders viel Kompetenz und Qualität. Die Prüfkriterien sind streng.

Die Motive des Handelns liegen offen. Keiner stiehlt sich aus der Verantwortung. Blender, Scharlatane und Parasiten werden zur Rechenschaft gezogen. Es wird auf- und abgerechnet. Das Verdeckte kommt ans Licht. Die über 2000 Adressen deutscher Kontoinhaber bei Liechtensteiner Banken sind ein Zeichen, die Regressforderungen des Siemens-Aufsichtsrats an frühere Vorstände ein anderes. Verschwommenes oder betrügerisches Verhalten wird offengelegt, öffentlich geächtet und bestraft.

Das gleiche gilt für Kriegsverbrecher wie Karadzic, der zum Zeitpunkt des Wechsels von Pluto aus dem Schützen in den Steinbock aufgegriffen und an den Internationalen Gerichtshof nach Den Haag überstellt wird, am 29. Juli 2008.

Die Maßstäbe für Führungspersönlichkeiten und Vaterfiguren werden strenger. Die Öffentlichkeit bestimmt mit. Kontrollinstanzen bilden sich auch hier. Wer andere führt – sei es als Politiker oder als Arbeitgeber –, wird sich dem Kollektiv gegenüber zu verantworten haben. Falsche Autoritäten werden enttarnt. Wer sich nimmt, was anderen gehört, verspielt seine Karriere, seinen Ruf und auch seinen Wohlstand. Der Staat holt sich über seine Gerichtsbarkeit zurück, was ihm beziehungsweise seinen Bürgern zusteht. Soziale Gerechtigkeit wird hier ebenso praktiziert wie in Mindestlohn-Gesetzen, speziellen Steuern für »Reiche« oder in Regelungen für Eltern, damit sich berufliche Entfaltung und die Verantwortung für die Erziehung der Kinder für beide Elternteile gleichermaßen ergibt.

Der bereits erwähnte deutsche Astrologe Thomas Ring beschreibt die Steinbock-Qualität, die mit und durch Pluto bis 2023/24 einen so bestimmenden Akzent setzt, mit »Rechtwinkligkeit an Leib und Seele«. Winkelscharfe Korrektheit und verantwortungsvolles Zweckhandeln bringen die Welt wieder ins Lot. Mit Klarheit, Direktheit und Konsequenz wird das geändert – Pluto als Gestaltwandelnder –, was nicht zu den neuen Steinbock-Strukturen passt. Dabei wird nichts übersehen. Es gilt: im Kleinen das Große entdecken.

Leistung und Disziplin entscheiden. Prioritäten werden neu gesetzt. Nur das Praktische und Machbare zählt. Realismus und Vernunft werden zu Schlüsselqualitäten der neuen Zeit. Dabei wird mit voller Konzentration auf das Wesentliche gearbeitet. Theorien sind out, Taten sind in. Man respektiert nicht mehr die, die nur reden, sondern nur die, die handeln. Das Zwanghaft-Expansive der vergangenen 13 Jahre wandelt sich in ein Innehalten. Die Menschen besinnen sich auf ihr wirkliches Können. Sie strengen sich an, Qualität zu schaffen. Der Leistungswille wird zu einem herausragenden Persönlichkeitsmerkmal, zu einer Tugend, die stolz macht.

Die Renaissance der Bescheidenheit

Mit Pluto im Steinbock beginnt das, was als Renaissance der Bescheidenheit diese rund 16 Jahre dauernde Periode kennzeichnet. Die Realität holt jetzt alle ein. Wer in der Schütze-Zeit zu viel gewollt, das heißt seine persönliche Meßlatte zu hoch gelegt hat, wird in der Steinbock-Periode ganz schnell feststellen, wie hoch hinaus er wirklich kann. Die Begrenzungen zeigen sich dann auf vielen Ebenen, zum Beispiel in Karriere-Stopps, finanziellen Engpässen, Partnerkonflikten oder einer gesundheitlichen Problematik.

Der ausbeuterische Umgang mit der Natur und den Rohstoffen zeigt auch an anderer Stelle, wo der Mensch das Maß verloren hat. Jetzt schlagen die kosmischen Kräfte zurück. Wenn der Mensch die Ressourcen aufbraucht, ohne neue zu (re)generieren, dann wird er konsequent seine Energiequellen verlieren und durch den Klimawandel auch seine Überlebenschancen. Wo Wettergewalten das Leben bedrohen und wo es nichts mehr zu essen gibt, weil nichts mehr zu ernten ist, da ist menschliches Leben schnell zu Ende.

Was sich im Globalen abspielt, ist immer die Leitqualität für den Einzelnen, und was sich beim Einzelnen tut, ist ein Modell für das Ganze. In der Steinbock-Zeit von Pluto wird dieses gestaltwandelnde Prinzip Konditionierungen schaffen, durch die der Mensch noch mehr in die individuelle Verantwortung geführt wird – vielleicht wider Willen aus Erfahrung, vielleicht aber durch eine wachsende Bewusstheit. Die gelebte Verantwortung für das eigene Tun wird leitbildlich. Jeder vertritt mit dem, was er vorlebt, das System, die Norm, die Ordnung des Ganzen.

Das Bewusstsein schärft sich. Alles ist mit allem verbunden. Aus jedem Tun ergibt sich ein »Nächstes«. Wer zum Beispiel den abgefallenen Auspuff auf der Straße liegen lässt, riskiert einen Unfall für das nachfolgende Auto. Das Verhalten des Einzelnen wird mehr noch als bisher an den Auswirkungen bewertet, die es für die anderen haben wird. So entsteht das Bewusstsein, seinen persönlichen Beitrag für »eine bessere Welt« zu leisten. Da zeigt sich schnell, was Sinn macht und was konsequent zu verändern ist.

Keiner kann sich entziehen, an Verbesserungen mitzuwirken. Das Plutonische im Steinbock ist nüchtern und faktentreu. Die Zeit macht absolut klar, was zu tun ist. Nichts regelt sich mehr von allein. Handeln geht nur noch mit viel Rücksicht auf das Ganze. Viele begreifen das schnell, andere werden in Steinbock-Zeiten abgestraft, bis sie ihr Fehlverhalten korrigieren.

Die Reaktionszeit von der Ursache zur Wirkung verkürzt sich extrem. Der Aktion folgt jetzt immer schneller die Reaktion. Die Konsequenz in der Durchführung wird zum Qualitätsmerkmal einer Zeitepoche. Sie schafft Klarheit und Ordnung. Neue Strukturen lösen die alten Ziele ab.

Willst du die Welt gestalten, gestalte dich!

Der Mensch wird sich bis 2023/24 selbst mehr in die Pflicht nehmen. Das Kollektiv schafft sich die Instanzen, die den Weg vorgeben. So weiß jeder, was zu tun ist. Reglementierungen bestimmen zunehmend, was der Einzelne tun kann oder lassen muss. Kontrollen werden feinmaschiger. Keiner entkommt. Die Regeln sind flächendeckend. Verstöße werden geahndet – konsequent und ohne Pardon. Dies schnell zu verinnerlichen und sich nach den aktuellen Kollektivregeln zu verhalten, ist die neue Cleverness, die schmerzlich-teuere Erfahrungen erspart.

Es wird sich ein tragfähiges »kollektives Gewissen« aufbauen. Wie sich das zeigt, ist zu erkennen, wenn sich die Staatengemeinschaft der Missstände in vielen Ländern annimmt und bei Katastrophen kollektiv hilft, Menschenrechtsverletzungen ahndet, in politischen Konflikten vermittelt oder sich durch eine internationale Rechtssprechung die übergeordnete und verbindliche Kollektiv-Autorität gibt.

Die Interessen der Weltgemeinschaft werden zum verbindlichen Maßstab für alle. Die Einzelinteressen ordnen sich dem Gemeininteresse unter. Dies wird teilweise schon heute wirkungsvoll praktiziert und verstärkt sich in den kommenden Jahren über die kommunalen und staatlichen Regelungen hinaus zu einem internationalen Regelwerk. Die Europäische Union mit ihren Gremien und gesetzgebenden Institutionen in Brüssel und Strasbourg zeigt bereits, welche kollektiven Anstrengungen durch das Gemeinschaftsregelwerk ausgelöst werden.

Unbestechliche Sachtreue gibt Verhaltenssicherheit

Kompetente Sachtreue, ehrliche Direktheit und berechenbare Nachhaltigkeit werden zu Schlüsselqualifikationen, um miteinander zu arbeiten und zu leben. Die Logik des praktischen Menschenverstandes wird zum Kennzeichen von Modernität: Welcher Aufwand steht für welchen Ertrag? Erfolg hat, wer richtig einschätzt, analysiert und sich auf die Vorgehensweise konzentriert. Klarheit und Präzision prägen den Zeitgeist.

Die Römer verbinden in ihrem Kalendersystem den Steinbock mit dem Gott Janus, dem Doppelgesichtigen, und benennen den Steinbock-Abschnitt im Jahreslauf nach ihm: Januar. Janus zeigt sich immer polar – vorn ist sein Gesicht beispielsweise jung und auf der Rückseite alt oder vorn fröhlich und hinten ernst. Diese Polarität steckt auch im Steinbock-Wesen. Die Menschen verhalten sich geordnet, disziplinvoll und kontrolliert, doch Gefühle und Emotionen können sich durchaus auch sehr stark ausleben. Die emotionalen Freiräume sind aber sozusagen vorherbestimmt. Der »Bauchbereich« bleibt zwar wichtig, allerdings nur dort, wo er zugelassen wird. Sobald die Macht der Emotionen Leiden verursacht, wird das analytische Denken abgerufen. Es zählen nur das Wirklichkeitsnahe und die lebenspraktische Realität.

2008 bis 2023/24 sind dennoch keine »kalten« Jahre. Sie werden Experimentierfreude, Lebenslust und emotionale Lebenstiefe bringen – allerdings eingeordnet in das, was Sinn macht. Seriöse Prinzipien werden zum Maßstab für den persönlichen Erfolg. Die generell gültige Lebensmaxime ist auch in dieser Epoche besonders wichtig: die Kultur der Glaubwürdigkeit.

Wem kann ich vertrauen und warum? Daran entscheidet sich, wem man seine Liebe, sein Leben, seine Gesundheit oder sein Geld gibt. Die Steinbock-Zeit wird hier viel Positives entwickeln. In der Schütze-Zeit war eine – oft unbegründete – Hoffnung auf das Bessere vorherrschend. Die Zeit von 2008 bis 2023/24 wird im Vergleich dazu kritisch-nüchtern und regelstreng sein. Diese Jahre werden die Welt stabiler machen. Dafür braucht es Kontinuität. Wer heute sagt und tut, was auch morgen noch richtig ist, der hat den Erfolg auf seiner Seite.

Was sich bewährt hat, ist gut, und was gut ist, darf man übernehmen

Ehrgeizig wird nach den besten Lösungen gesucht: Was hat sich als richtig erwiesen? Jetzt zählt, was erhärtet ist und sich behauptet hat. Dieses Faktendenken mag im Einzelfall kalt und unnachgiebig sein, schafft aber klare Verhältnisse. Originelles, Erstmaliges und Subjektivität können auch gemeinschaftsstörende Initiativen auslösen. Deshalb wird es das Ausgefallene in dieser Epoche schwer haben. Alles hat sich zu bewähren beziehungsweise alles eigenwillig Andere hat sich zuerst den Kontrollinstanzen zu stellen. Nur dort wird entschieden, was welchem Zweck dient. Damit kein Missverständnis entsteht: Das Individuelle wird durchaus einen geschätzten Stellenwert behalten, allerdings nur dann, wenn es deutlich dazu beiträgt, das Leben zu optimieren.

Das umfassende Pluto-Regelwerk ist darauf angelegt, die vorhandenen Lebensnormen dauerhaft zu vervollkommnen. Dies scheint ein Widerspruch in sich selbst zu sein, der sich jedoch in dem geflügelten Wort auflöst: Nichts ist so beständig wie der Wandel.

Modernität in der Steinbock-Ära ist suspekt. Wahrscheinlich verbirgt sich ein konventionelles Verhalten dahinter – argumentativ geschickt in die Jetzt-Zeit transplantiert. Denn das Steinbockhafte ist der Tradition verhaftet. Das hat nichts mit Trachtenkapellen und Schützenvereinen zu tun. Erkennen, wie und warum etwas entstanden ist, das ist die Basis für Grundlagenforschung auf hohem Niveau. Welche Konditionierung ist vorhanden? Die Zukunft baut sich aus den Fakten im Jetzt.

In den gestaltwandelnden Steinbock-Jahren wächst eins aus dem anderen, langsam und kontinuierlich. Das Netz des Lebens wird feinmaschig geknüpft, damit es besonders tragfähig ist und nichts durchschlüpfen kann, was später gebraucht wird. Zeit in der Zeit zu haben, das wird zur Devise bis 2023.

Lothar J. Seiwert liefert mit seinem Buchtitel *Wenn Du es eilig hast, gehe langsam – Das neue Zeitmanagement in einer beschleunigten Welt*[8] einen Slogan für die Art der plutonischen Veränderung in den Steinbock-Jahren. Die Astrologie ergänzt mit einem Symbol: Saturn ist das Leitprinzip des Steinbocks. Was heißt das?

Strukturen geben Halt

In der Kunst des Mittelalters wird Saturn (griech. Chronos) als Beweger des Lebensrades dargestellt, so zum Beispiel in der Kathedrale von Amiens. Zu seinen Attributen gehört das Stundenglas als Zeitmesser. In der Astrologie des Mittelalters wird Saturn zum Hüter der Schwelle, weil er als Himmelskörper damals der letzte sichtbare Planet des Sonnensystems war. Diesseits der Schwelle ist die stoffliche Welt, jenseits öffnet sich eine Dimension des Geistes. In der Hermetischen Philosophie steht Saturn genau in der Mitte zwischen zwei Polen. Hier findet ein Übergang statt. Die beiden Pol-Qualitäten verschmelzen in Saturn. Aus der Vereinigung bildet sich eine neue Potenz: Tradition und Erfahrung werden zu Antriebsenergien, die bestehenden Strukturen zu verbessern und zu verändern. So bilden sich neue Lebensgrundlagen für die Zukunft. Ziel ist, die Welt durch Struktur dauerhaft zu stabilisieren.

Alles, was sich in der Steinbock-Zeit durch die plutonische Energie ändert, soll für lange Zeit gültig bleiben. Dies gelingt, wenn man das richtige Maß ansetzt. Das Saturnische ist also nicht nur Zeitmesser, sondern auch maß-gebend für den Inhalt, die Form und die Intensität dieser Reformjahre.

Konsequentes Handeln mit Augenmaß und ruhiger Hand

Selbststeuerung und Selbstorganisation haben in dieser Zeit das Ziel, so ökonomisch wie möglich mit der vorhandenen Substanz umzugehen. Ob Einzelmensch oder Volksgemeinschaft, alle verfügen über 100 Prozent Zeit, 100 Prozent Energie und 100 Prozent Geld. Wie viel wird prozentual für die einzelnen Vorhaben eingebracht? Der Erfolg baut sich aus einem gekonnten Mischungsverhältnis beziehungsweise einer klaren Abgrenzung nach Wichtigkeit. Prioritäten beanspruchen dabei höhere Anteile als weniger wichtige Vorhaben.

Die schon vorhandenen Angebote, sich in Zeitmanagement, Kybernetik, Bionik auszubilden, werden noch mehr genutzt. Individuell und im Kollektiv wächst die Lernbereitschaft. Die Steinbock-Zeit fordert von jedem, durch methodisches Lernen und Trainieren effektiver zu werden.

In dieser plutonischen Zeit werden rund 16 Jahre Erfahrungen mit dem Bestehenden zeigen, ob diese organisch gewachsenen Grundlagen beibehalten werden oder ob sich eine Veränderung aufzwingt. So können Tradition und Erfahrung zu Antriebsenergien werden, nach anderen tragfähigeren Lebensmustern zu suchen. Man wird aus dem heraustreten, in das man hineingeboren wurde. Neue Lebensphilosophien bringen neue Erkenntnisse mit neuen Lebensformeln. Das braucht Aktivität, Ehrlichkeit zu sich selbst und kraftvolles Durchformen. Es gibt viel zu tun in der anstrengenden Steinbock-Zeit. Die dabei gewonnene Bewusstheit schafft dann die Dynamik, der Welt eine neue Identität zu geben.

DIE AKTUELLE ZEITENWENDE: PLUTO IM STEINBOCK 2008 BIS 2023/24

Der Langsamläufer Pluto beansprucht bei seinen Zeichenwechseln immer eine Übergangszeit, weil er durch »Rückläufigkeiten« wieder in das vorhergehende Zeichen zurückpendelt. Diese rückwärts gerichteten Bewegungen am Himmel entsprechen auch den konservativen Haltekräften im aktuellen Tagesgeschehen. Das vorhergehende Zeichen bestimmt dann noch für eine bestimmte Zeit die Richtung. Das Alte wehrt sich dagegen, zu gehen, und das Neue hat sich noch nicht etabliert.

Das gilt auch für 2008, wo Pluto nach dem Ingress, dem Eintritt in den Steinbock am 26. Januar, vorübergehend in den Schützen zurückwandert. 2023 ist es ähnlich. Nach einem ersten Überwechseln in den Wassermann zieht er sich für Monate in das Zeichen Steinbock zurück, bevor er sich 2024 endgültig im Wassermann festsetzt.

Die Übergangsphase von Schütze in den Steinbock dauert vom 3. April bis 27. November 2008. In dieser Zeit bewegt sich Pluto von 1 Grad Steinbock zurück bis zu 28 Grad Schütze. Am 8. September dreht er dort wieder um und wird »direktläufig«. Endgültig erreicht er Steinbock am genannten Datum Ende November bei 0 Grad, 0 Bogenminuten.

Die Olympiade in China

Die 39. Olympischen Spiele in China illustrieren treffend diese Hin- und Her-Bewegungen: Die Eröffnungsfeier wird schützegemäß gigantisch inszeniert: 15 000 Darsteller, unter ihnen allein 2800 Trommler. In einer meisterhaften Choreographie des Filmemachers und Regisseurs Zhang Yimou, dessen Filme von den Behörden noch vor wenigen Jahren zensiert wurden, werden der Welt – Milliarden schauen an den Fernsehern zu und 91 000 erleben alles im futuristischen Pekinger Olympiastadion – die 5000

Jahre chinesischer Geschichte in einer berauschenden Farbenpracht dargeboten. 30 000 Raketen schießen in den Nachthimmel, bevor die Sportler aus 204 Nationen – so viele wie noch nie bei Olympischen Spielen – in das rot schimmernde »Vogelnest« einziehen. 45 000 Tonnen Stahl sind für dieses hypermoderne Stadion verbaut worden.

Hunderte von Menschen formen sich zu einem fliegenden Kranich oder bilden chinesische Schriftzeichen für »Frieden«. Ein Globus steigt auf. Die Eröffnungsinszenierung ist technisch und künstlerisch auf allerhöchstem Niveau. Überdimensionale Projektionen und zauberähnliche Laser-Effekte versetzen die Zuschauer in helle Begeisterung – ganz besonders, als der dreifache Goldmedaillen-Gewinner von 1984, Li Ning, mit großem technischen Aufwand gesichert, wie ein fliegender Mensch hoch oben am Stadionrand mit der Fackel entlangläuft und das olympische Feuer entzündet. Das Motto dieser Spiele: *Die Welt ein Traum* wird in diesen Stunden wenigstens zur optischen Realität.

Diese Eindrücke sind gewiss mit idealistisch-hoffnungsvollen, freiheitsliebenden und toleranten Schütze-Qualitäten zu verbinden. Auch hier ein »Alles ist möglich«. Gleichzeitig aber zeigen die Ereignisse mit den brutal unterdrückten Demonstrationen in Tibet, den Bombenanschlägen in Nordchina, mit den Verhaftungen am Platz des Himmlischen Friedens, mit dem harten Einsatz der Ordnungskräfte bei den weltweiten Demonstrationen vor chinesischen Botschaften auch sehr ernüchternde Steinbock-Reaktionen. Pluto im Wechsel-Transit vom Schützen in den Steinbock ...

Was in den plutonischen Schütze-Jahren entstanden ist, wird nicht verschwinden, nur weil eine zeitqualitativ andere Epoche beginnt. Im Gegenteil, es wird weiterentwickelt. Eins nach dem anderen, so vollzieht sich die Evolution. Man blendet nicht aus, sondern lernt dazu.

Die Teile der Welt sind sich in den Schütze-Jahren nicht nur näher gekommen, sondern in vielem auch zusammengewachsen. Die multikulturelle, wirtschaftliche und technologische Vernetzung ist da – und wird bleiben. Es wird sich in den Steinbock-Zeiten zeigen, auf welchem Niveau sich die Schütze-Perspektiven durch Steinbock-Qualitäten dauerhaft realisieren. In diesem Prozess wird sich die Welt bewusst, wie zäh der Übergang in die neue Zeit ist. Der Krieg in Georgien, der parallel zu den Olympischen Spielen tobt, oder die legalisierten Bereicherungsdeals der Vorstände beim angestrebten Börsengang der Bahn oder die millionenschweren »Leistungsprämien« im Bonus-System der Bankmanager auch noch mitten in der Bankenpleite zeigen es: Wer die Macht hat, will sie nicht abgeben.

Ein Wertewandel ist unausweichlich

Wenn der Wind der Veränderung weht, bauen die einen Mauern und die anderen Windmühlen. Wie sich dieses chinesische Sprichwort umsetzt, zeigt sich seit Beginn des Jahres 2008 an jedem Tag. Die konservativen Kräfte verteidigen ihre Position. Was sich bewährt hat, ist gut. Weshalb Veränderungen zulassen? Sie reißen nur die Machtstrukturen auseinander. Macht aber gibt Ordnung und auch Schutz. Wenn Macht jedoch missbraucht wird, dann wächst der Widerstand.

Tatsächlich ist in der auslaufenden Pluto-Zeit im Schützen eine Arroganz der Macht in Politik und Wirtschaft entstanden. Mit Beginn des 21. Jahrhunderts und ziemlich zeitgleich mit der Einführung der neuen Einheitswährung Euro beginnt eine Zeit der Gerissenheit. Man nutzt die eigene Macht und verschafft sich den eigenen Vorteil auf Kosten der anderen.

Ob es die profittreibenden Eins-zu-Eins-Quasi-Umrechnungen der Mark in den Euro oder ob es die dreisten Bereicherungen oder Abfindungen von Managern sind – die Beispiele krimineller Beuteenergie sind endlos. Insiderwissen, rigorose Geschäftspraktiken und Wegelagerer-Mentalität wuchern. Datenbanken mit Angaben von Millionen Bürgern werden geklaut und skrupellos zu Geld gemacht – egal ob das Telefonkunden bei der Telekom oder andere Adressdateien sind. Das nur mit der Lupe lesbare Kleingedruckte auf den millionenfach gestreuten Foldern der Mobilfunk-Anbieter macht oft gegenstandslos, was mit verlockenden Zeilen im zentimetergroß gedruckten Aufmacher versprochen wird.

Wer gekonnt irreführen kann, der behauptet sich am Markt. Die Werteskala der Schlüsselqualifikationen von Menschen oder Produkten verschiebt sich in der Schütze-Zeit von Jahr zu Jahr mehr ins Negative. War es zu Beginn noch eine idealistisch ausgerichtete Strömung des »Come together«, so ist es seit 2000 zunehmend die Zeit einer vereinnahmenden und brutalen Raubkatzen-Mentalität. Wer nicht aufpasst, hat den Schaden.

Prof. Dr. Linda Pelzmann, Vorstand der Abteilung für Wirtschaftspsychologie an der Universität Klagenfurt und Verfasserin des Beitrags *Wettkampf der Gerissenheit* in einem MOM-Letter von Prof. Dr. F. Malik[9], bringt es auf den Punkt: »Es kommt nicht darauf an, ob sie das verdiente, gewonnene oder ergaunerte Geld wirklich brauchen. Das ist nebensächlich. Es ist der psychologische Gewinn, nicht der finanzielle, der Menschen zu diesem Wettlauf antreibt ... Es ist also die falsche Frage, ob ein Herr Zumwinkel (Ex-Vorstand der Deutschen Post) die Steuermillionen, die er der Finanz vorenthalten hat, ökonomisch braucht, wo er doch schon so viele Millionen auf dem Konto hat. Die richtige Frage muss lauten, ob er psychologisch mithalten kann mit den anderen, wenn er nicht durch Schlauheit imponiert.«

Mit diesem und allem, was täglich empört – bei Stadtgängen, Einkäufen, Behördenerledigungen, Teuerungen, Qualitätsmängeln oder bewusst unklaren Informationen – ist in der Steinbock-Phase des Pluto bald Schluss. Der Verbraucher wird konsequenter, ist bereit zum Boykott oder zum Konflikt. Sein Wissensstand ist hoch. Er wehrt sich kompetent und intelligent.

Schaumschläger, Jongleure und Scharlatane sind schnell ausgemacht. Plötzlich funktionieren die gerissenen Praktiken nicht mehr. Der Staat wird nachhelfen, wo der Markt es von allein nicht regelt. Natürlich wird es dann umständlich und bürokratisch eng, wie beispielsweise bei den neuen gesetzlichen Bestimmungen für Versicherungsmakler. Da müssen Provisionen aufgedeckt und Informationen zur Person des Maklers und noch vieles mehr offengelegt werden, was zu einer besseren Absicherung des Kunden führt. Alles richtig – und doch muss man sich fragen, warum es so weit kommen musste, dass es für ein ethisches Kaufmannstum erst gesetzliche Regelungen braucht.

In allen Branchen wird der Staat vermehrt eingreifen und gesetzliche Fakten für eine verbesserte Transparenz schaffen. Das geschieht international und ist auch erforderlich für ein Leben mit Ethik und Moral, denn Beispiele aus der Medizin mit Herzklappenschwindelgeschäften, falschen Abrechnungen mit Kassen, Umsatztreibereien mit unnötigen Therapien und Operationen oder die Immobilienpleite in den USA, die auf rigorose Geschäftspraktiken der Banken zurückgeht und Hunderttausende von Familien in wirtschaftliches Unglück stürzt, beweisen, wie weit ethisches Verhalten ins Hintertreffen geraten ist.

Seit 2008 beginnt das Umdenken. Verantwortung trägt man nicht nur für sich, sondern auch für die Kunden und Geschäftspartner. Das Abzocken funktioniert nicht mehr. Klarheit und Qualität im Denken und Handeln sind die neuen Tugenden.

Allerdings wird in der Übergangsphase die egoistische Vorteilsnahme noch raffiniert getarnt oder zeigt sich dreist-aggressiv wie Wespen im August, die noch einmal ausschwärmen, wo doch ihr Ende schon vorprogrammiert ist. Man überbietet sich in gewagten Profit-Kapriolen. Das beweisen die Prozesse im Jahr 2008, in denen aufgedeckt wird, welche Praktiken in Politik und Wirtschaft von Galionsfiguren unserer Gesellschaft skrupellos durchgezogen werden. Doch die Blender stürzen ab.

Nur reelles Verhalten wird durch Erfolg belohnt. Bezahlbare Qualität setzt sich gegen das Schnäppchen-Denken der maximalen Einsackerei durch. Die Bewusstheit für Werte, die bleiben, wächst. Leistung und deren Nachhaltigkeit sind gefragt. Das neue Faktendenken setzt auch erhöhte Maßstäbe für Qualität, Klarheit und Korrektheit.

Ethik und Moral werden von egoistischer Vorteilsnahme immer wieder zurückgedrängt. Bei bald sieben Milliarden Menschen wird es jedoch ohne einen Lebenscodex, durch den jeder einen geschützten Lebensraum findet, nicht gehen. Wäre es anders, würden die Menschen zu Kannibalen und sich gegenseitig auffressen.

Gesetze greifen ein und üben in den nächsten Jahrzehnten eine oft nur schwer zu ertragende Autorität aus. Nur so aber können Staatsführungen ein geordnetes Leben sichern. Eine individuell getragene, innere Verpflichtung jedes Menschen zu einer Ethik des Verhaltens wäre wünschenswert für alle – es wird sie aber nie geben. Aus Überlebensängsten heraus werden ständig egoistische Beutezüge stattfinden – im Großen wie im Kleinen, beim Diebstahl im Supermarkt, beim Völkermord in der Darfur-Region, bei gewaltsamen Übergriffen von Terrorgruppen, bei politischen Kämpfen um die Macht oder beim intriganten Kollegen-Schlechtreden in Millionen von Büros.

Es braucht ganz einfach die übergeordnete Autorität, die abstraft, was ein Leben in Frieden und Freiheit gefährdet. Nur die Angst vor harten Konsequenzen dämmt den Egoismus ein. In der plutonischen Steinbock-Zeit werden sich überall Autoritäten aufbauen. Das Netz der verbindlichen Verordnungen wird enger und greift mehr in die persönliche Lebensgestaltung ein. Individuelles Leben hat sich dem Gemeinwohl noch mehr als heute unterzuordnen.

Globale und nationale Ankläger sind da, wenn dagegen verstoßen wird. In den Anfängen zeigt sich das heute in der Arbeit des Internationalen Gerichtshofs in Den Haag, bei Amnesty International, im Sicherheitsrat der UN und noch anderen, auch nationalen Institutionen. Schwierige Zeiten für Freibeuter!

FAZIT: Allgemeine Tendenzen 2008 bis 2023/24

- Profitgier, Machtmissbrauch und blindes Wachsen und Wuchern haben ausgedient, da sie unser Weiterleben offensichtlich in Frage stellen. Diese Kräfte der alten Ordnung wehren sich eine Zeitlang mit allen Mitteln gegen ihre Abdankung.

- Pluto im Steinbock fordert einen deutlichen Wertewandel hin zu mehr Moral und Ethik, zu einer neuen Kultur des Vertrauens und der kritischen Verantwortung bezüglich des eigenen Tuns.

- Die Pluto-Zeit im Steinbock wird zu einer Epoche der Leistung, Zuverlässigkeit und Nachhaltigkeit: keine Experimente, aber das forcierte Suchen nach Auswegen aus den Bedrohungen.

- Um eine neuartige Kultur des kollektiven Überlebens einzuführen und zu stabilisieren, setzen die staatlichen Organe eine Reihe von strengen Regulierungsmaßnahmen durch.

CHANGE: POLITIK UND GESELLSCHAFT IN DER PLUTO-ZEIT

»Wir leben hier in einer Halligalli-Gesellschaft, und es wird Zeit, wieder über Werte und soziale Verantwortung zu sprechen«, sagt das ehemalige Topmodel Nadja Auermann in einem Zeitungsinterview zu ihrem 37. Geburtstag am 19. März 2008. Sie widmet sich heute vor allem ihren beiden Kindern und engagiert sich für thailändische AIDS- und Tsunami-Waisenkinder.

In diesen Worten wird eine Geistesrichtung erkennbar, die der Pluto-Zeit im Steinbock entspricht. Die Analyse der Ist-Zeit führt zu einer Aufarbeitung der sozialgeschichtlichen Vor-Zeit. Das kann über die zurückliegende Schütze-Zeit hinausgehen und tief in das 20. Jahrhundert zurückgreifen – bis zur Großeltern-Generation und zum Zweiten Weltkrieg.

Die Lebensformen von heute bestätigen sich aus dem, was man anders als bisher haben möchte. Steinbock steht für die Ordnungsprinzipien der Gemeinschaft. In der Steinbock-Phase des Pluto wird nicht revoltiert und gestürzt, sondern es wird analysiert, wie tragfähig der Boden heute für eine lebenswirkliche Zukunft ist.

Die Skorpion- und Schütze-Jahrzehnte haben die Gesellschaft und Politik geformt. Was sich in der »Stirb und werde«-Zeit und in der Alles-ist-möglich-Phase als Substanz herausgebildet hat, gilt es zu bewahren. Nichts darf verwirtschaftet werden, alles soll eine konstruktive, lebenswerte Zukunft eröffnen.

In der Steinbock-Zeit wird bewahrt und nachhaltig fortgeführt, was das Leben sicher macht. Allerdings ist in der Pluto-Phase das Prinzip »Nichts ist so gut, als dass es nicht noch verbessert werden könnte« der kritische Maßstab für das schon Erreichte.

Vorhandene Strukturen werden hinterfragt und geändert, wenn sie keinen konkreten Nutzen bringen. Alles aus der vorangegangenen Schütze-Zeit wird besonders kritisch beurteilt. Alles Übertriebene erlebt ein steinbockartiges »Stopp«.

Das Gemeinwohl zählt

Klarheit und soziale Gerechtigkeit schaffen, das ist das Ziel der 16 Jahre Pluto im Steinbock. Jeder lebt und erlebt sich in seinen Chancen. Begabung und Können und das daraus resultierende Gefühl der Stärke, das wird zum Maßstab für die Berufswahl. Allerdings entscheidet nicht das Lust-Prinzip, sondern der Wille, dort tätig zu sein, wo man wirklich gebraucht wird. Das gibt dem Einzelnen seinen Selbstwert.

Der individuelle Freiheitsdrang und die Eigenwilligkeit, das zu tun, was persönlich zählt, wird sich nicht weiter behaupten. Die neuen Karriere-Erfolge bilden sich aus einer intelligenten Anpassungsbereitschaft, aus gemeinschaftsorientierten Konventionen. Daraus entstehen ein starker Leistungswille und die totale Identifikation mit den Aufgaben. Disziplin sich selbst und der Gemeinschaft gegenüber hat oberste Priorität. Allerdings wird das nicht einem neu aufgelegten konservativen Law-and-order-Verhalten entsprechen; es führt vielmehr in eine Vision eines noch nie da gewesenen globalen Zueinanderhaltens. Dies wird zu einem not-wendenden Erfordernis, um die sieben und später auch acht Milliarden Menschen für eine lebenswerte Zukunft zu konditionieren.

Wie konsequent sich auch immer politisch-gesellschaftliche Veränderungen vollziehen, sie bleiben zweckorientiert und bringen messbare Positiv-Ergebnisse. In dieser Steinbock-Phase werden die Prinzipien des Lebens in der Gemeinschaft über die Vorlieben des Einzelnen gestellt. Zuerst wird das Gemeinwohl geregelt, und in ihm findet auch der Einzelne seinen Lebensraum. Die staatlichen Autoritäten bestimmen, wie sich der Einzelne einzuordnen hat. In den rund 16 Wandlungsjahren wird die Welt nicht im Chaos versinken, weil sich immer Mehrheiten finden, die Problemlösungen durchzusetzen.

Charismatische Persönlichkeiten gibt es in jeder Zeit. Die Plutonier der Steinbock-Jahre haben eine suggestive Willenskraft. Sie sind absolut integer, asketisch-maßvoll und zeigen die »klare Kante«. Vielleicht wirken sie etwas zu streng oder zu patriarchalisch, aber die soziale Gerechtigkeit geht ihnen über alles. Sie sind klar, echt und bescheiden. Das sind die Schlüsselqualitäten der neuen Zeit! Mit den Leitbildern werden sich immer auch Programme verbinden. Die Menschen brauchen Vorbilder, die das glaubhaft vorleben, was die Zeit von allen fordert.

Kein Mensch ist eine Insel

Was verbessert es, sich einzuordnen, weniger für sich allein zu haben und autoritäre Begrenzungen zu spüren? Wer könnte warum berechtigt sein, individuelles Leben zum Vorteil eines noch wichtigeren Gemeinwohls einzuschränken? Hier werden in den Pluto-Kernjahren »steinböckische« Auseinandersetzungen polare Lager bilden, die verbissen ihre Sichtweisen vertreten.

Das Prinzip Pluto steht in seiner Bandbreite auch für Kollektivschicksale und machtvoll-autoritäre Durchsetzung. Es bilden sich wirtschaftliche, politische und militärische Allianzen, die sich konsequent gegeneinander abgrenzen. Was ist zu tun, wenn wieder ein Atomkraftwerk explodiert oder die Hurrikans in immer kürzeren Abständen über den Süden der USA hereinbrechen oder das Trinkwasser immer knapper wird, unter anderem auch wegen industrieller Verunreinigungen? Weltweite Katastrophen zwingen die Weltgemeinschaft auf äußerst drastische Weise, die plutonischen Fakten zu begreifen. Wer sich einer schnellen Korrektur widersetzt, wird zum lebensschädigenden Gegner für die anderen – und paradoxerweise auch für sich selbst.

Die Alternative, woanders zu leben, etwa auf anderen Planeten, gibt es noch nicht. Die Erde muss also intakt bleiben! Die einen begreifen dies früher, weil sie in die Zukunft denken, die anderen gar nicht, weil sie in ihrem egoistischen Vorteilsdenken verhaftet sind. Der Druck ist heute schon so enorm, dass nur eine sehr nüchterne Analyse des Jetzt eine Überlebensstrategie für die Zukunft möglich macht.

Die Internationale Gemeinschaft ist nicht ein anonymes Gebilde, eine Worthülse ohne Inhalt, sondern die Basis dafür, zukunftsorientierte Lebensverhältnisse gemeinsam sicherzustellen. Keiner schafft es, in dieser Welt losgelöst oder gar unabhängig von anderen zu sein.

Die globalen Pluto-Schlüsselthemen in den Steinbock-Jahren

1. Die Armut in der Welt vermindern
2. Die katastrophalen Folgen eines Klimawandels verhindern
3. Die erneuerbaren Energien stärker erforschen und nutzen
4. Die Versorgung mit Lebensmitteln und sauberem Wasser sicherstellen
5. Im Weltraum nach alternativen Lebensmöglichkeiten suchen beziehungsweise Rohstoffvorkommen orten

Futuristische Ausblicke sind erlaubt, denn schließlich steht das Prinzip Pluto generell für Evolution und umfassenden Wandel. Einheit wird zum Zielbegriff der neuen Zeit. Die Staatengemeinschaft wird noch intensiver und durchsetzungsstärker, als es die UNO heute bereits tut, eine Politik für alle machen. Veto-Rechte wird es nicht mehr geben, sondern nur noch Mehrheitsentscheidungen. Nationale Interessen verbinden sich zunehmend mit den internationalen Regelungen, wie dies beispielsweise in der EU der Fall ist.

Politische Alleindarsteller und Polit-Neurotiker werden nicht mehr zugelassen. Es wird charismatische Führer und Führerinnen geben, die demokratisch von der Staatengemeinschaft gewählt werden. Ähnlich wie in der EU wird sich eine zentrale Steuerung der Staaten institutionalisieren – durch ein Weltparlament, einen Weltpräsidenten und eine Weltregierung mit ihren Weltbürgern. Warum nicht? Die für eine lebenswerte Zukunft zwingend erforderlichen Problemlösungen bringen diese Entwicklung schnell voran. Einen anderen Weg können sich die Menschen jetzt einfach nicht mehr leisten.

FAZIT: Politik und Gesellschaft 2008 bis 2023/24

- Keine plötzlichen Umwälzungen prägen diese Zeit, sondern unaufhaltsames Wandeln: Prüfen des Erreichten, Umbauen des nicht mehr Tragfähigen, Erproben neuer Wege.

- Angesichts der aktuellen politischen, wirtschaftlichen, ökologischen und soziokulturellen Bedrohungen werden internationale Allianzen verstärkt, um die Welt sicherer zu machen.

- Die Spielregeln des Lebens werden für jeden Einzelnen neu geschrieben. Die Maßstäbe für »richtiges« Leben sind mehr Anpassungs- und Lernbereitschaft, Bescheidenheit in der Gemeinschaft und soziale Verantwortung.

WER STELLT SICH AM BESTEN AUF? DIE WELTWIRTSCHAFTSKRISE

Der Internationale Währungsfonds (IWF) prognostiziert eine globale Rezession. Millionen Arbeitsplätze gehen weltweit verloren. Der Welthandel geht seit 1982 erstmals zurück. Der Abwärtstrend gegen Ende 2008 hat seinen Tiefpunkt noch nicht erreicht. Die Weltwirtschaft insgesamt bleibt in einer gefährlichen Lage, in der jederzeit der totale Zusammenbruch, Staatsbankrott und Geldverfall zur Horror-Realität werden kann.

Die Welt steckt in der größten Krise seit 1929. Wenn die Wirtschaft zusammenbricht, destabilisieren sich auch die sozialen und politischen Verhältnisse dramatisch. Dann könnte die Ursache der Krise wirklich sichtbar werden: das Ungleichgewicht im globalen System – wirtschaftlich, sozial und auch politisch. Die überdimensionierten Macht- und Ohnmachtsszenarien rächen sich jetzt. Die Welt hat sich über Jahrzehnte und durch die gesamte Schütze-Periode des Pluto polarisiert. Jetzt hat die Raffgier ein Ende, weil nichts mehr zu holen ist. Die Weltmeere sind leergefischt, der Finanz- und Immobilienmarkt ist leergewirtschaftet, das Ungleichgewicht zwischen armen Entwicklungs- und Schwellenländern und den wenigen reichen Industrie- und Ölstaaten bringt die Welt jetzt zum Kippen. Dieser Polsprung ist ja für das Finanz- und Wirtschaftssystem bereits da.

Es gibt keine einfachen Lösungen mehr

Keiner kennt das Rezept, wie die Welt wieder in die Balance zurückfindet. Wenn dies überhaupt bis 2023 geschehen kann, dann nur durch völlig veränderte Strukturen. »Wertewandel« hört und liest man überall. Die bittere Realität, die dahinter steckt, wird denen ganz besonders aufgezwungen, die mit diesem Begriff kokettieren. Wer das Gestaltwandelnde als neuen Slogan für die alte Profitgier nutzen will, wird in der plutonischen Kraft unerbittlich zerrieben.

Die japanische Wirtschaft versinkt in Rezession und Depression. Der Stimmungsindex hat den tiefsten Stand seit 34 Jahren. In Deutschland sank am 18. Dezember 2008 der Umfrageindex auf den tiefsten Stand seit 1990. Das Resultat setzt sich aus den Ergebnissen von Umfragen bei 7000 Unternehmen zusammen.

In den USA herrscht ein zunehmendes Wirtschaftschaos. Chrysler schließt Ende 2008 für vier Wochen alle Werke. General Motors steht vor der Insolvenz, Banken brechen weg und Konzerne setzen Tausende von Mitarbeitern auf die Straße. Die USA hat ihre Führungsrolle unter den westlichen Industrienationen verspielt. Europa löst sie ab, weil es durch innovative Lösungen schneller aus der Weltkrise hervorgeht. Die amerikanische Wirtschaft orientiert sich zunehmend an der europäischen. Die neue Gründergeneration in den USA setzt auf europäische Produktentwicklung und neue Technologien. So versprechen sich die Amerikaner eine neue Erfolgsspur mit Wind- und Sonnenenergie fördernden Großanlagen. Hier ist Europa, vor allem Deutschland, international an erster Stelle. Der Dollar verliert seine Führung als Welt-Leitwährung. Der Euro wird an seine Stelle treten.

Die Weltkrise macht an den Grenzen der EU nicht halt. Die deutschen Unternehmen trifft sie mit besonderer Wucht, weil Deutschland als Export-Weltmeister bei den zusammenbrechenden Märkten besonders hohe Verluste hat. Die Krise erfasst nicht nur Amerikaner oder Japaner, Banken, Autobauer oder Chemiewerke, sondern auch die ganze deutsche Volkswirtschaft ist in den Sog nach unten gerissen. Die Analysten wundern sich, nicht weil es so stark abwärts geht, sondern weil es sich so schnell vollzieht.

Die großen plutonischen Umbrüche halten an und immer neue verdrängen die gegenwärtigen. 2009 wird der Einbruch noch dramatischer sein als 2008. Experten schätzen, dass die Gesamt-Wirtschaftsleistung um über zwei Prozent zurückgeht – das wäre der größte Rückgang, seit es die Bundesrepublik gibt.

Die saturnische Reduktion auf das Unverzichtbare schlägt zu: Überall wird gedrosselt, verschoben, abgesagt. Personalstopps und Schließungen von Produktionsstätten sind ultimative Maßnahmen. Soziale Leistungen werden gekürzt, Weihnachtsfeiern oder Betriebsfeste fallen aus, Investitionen werden gestrichen oder zumindest verschoben. Noch ist die Hoffnung da, dass alles wieder besser werden wird und sich die Welt von diesem Crash »aus heiterem Himmel« erholt.

Der Strudelsog nach unten, in Richtung Null-Umsatz, Null-Aufträge, setzt sich auch bei Speditionen, in Planungsbüros, Projektgesellschaften, bei Designern und Werbeagenturen, bei Handelsvertretern, in Konsum und Handel, in der Gastronomie und bei Zulieferern, die Produktionen vorgeschaltet sind, fort. Wenn die Menschen Angst haben müssen, ob sie durch Arbeit noch genügend Geld verdienen können, halten sie alles zusammen. Wer will da noch ins Kino, zum Frisör oder ins Fitnessstudio?

Konjunkturpakete sollen in Deutschland helfen. Die EU plant ähnliche Stützungsmaßnahmen in ihrem gesamten Wirtschaftsraum. Verkehrs- und Energienetze werden ausgebaut. Der Klimaschutz wird massiv vorangebracht. Daraus entstehen innovative Unternehmensaktivitäten und neue Technologien, die auch neue Arbeitsplätze schaffen.

Von größter Wichtigkeit ist, die Menschen auszubilden und für ihre Tätigkeiten hochwertig zu qualifizieren. Das sind Investitionen, die eine hohe Priorität haben, weil sie das Leistungsniveau in der Zukunft bestimmen. Deutschland wird hier beispielhaft vorangehen, obwohl die Pisa-Studie aktuell das Gegenteil sagt. Deutschland wird für Europa zur Kaderschmiede für Bildung und Ausbildung, so zum Beispiel in den Bereichen Mathematik, Informatik, Naturwissenschaften, Technik, Elektrotechnik, Maschinenbau und Wirtschaftsingenieurwesen.

Es ist ein Privileg der Deutschen, neue Strukturen und Systeme zu entwickeln – das plutonisch Gestaltwandelnde im steinbockgemäß Strukturgebenden passt zur deutschen Mentalität.

Deutschland und Europa schaffen auch die Regularien: Geschäftspraktiken von Banken werden kontrolliert und durch Gesetze verändert, wie zum Beispiel die Bilanzierungsregeln oder die Vorschriften für die Eigenkapitalhöhe zeigen. Die Risikohaftung für die Banken wird erhöht. Frühwarnsysteme zu den internationalen Finanzmärkten werden aufgebaut, und die Rating-Agenturen unterliegen einer strengeren Kontrolle. Im Protokoll einer EU-Gipfelkonferenz ist zu lesen, dass »kein Marktsegment, Territorium oder Finanzinstitut« von einer »angemessenen Regulierung oder zumindest Aufsicht« ausgenommen wird.[10]

In Deutschland bilden sich »Bündnisse für Arbeit«. Im Januar 2009 haben sich unter Führung von Bundeskanzlerin Angela Merkel die Vorstandschefs der DAX-30-Unternehmen zusammengefunden, um eine Beschäftigungsgarantie für 1,7 Millionen Arbeitnehmer zu beschließen. Ein zweites Konjunkturpaket mit 50 Milliarden Euro ist am 12. Januar 2009 von der Regierung beschlossen worden. Es ist das größte Stützungsprogramm für die deutsche Wirtschaft seit Bestehen der Bundesrepublik und zieht mit 60 Milliarden Euro die größte Neuverschuldung nach sich. Immer neue Rettungsmaßnahmen werden ausgehandelt. Nach der Bundestagswahl 2009 werden weitere, die Konjunktur und den privaten Verbrauch belebende Stützaktionen, vielleicht auch Steuersenkungen, aktiviert. Da all diese Aktionen jedoch das bestehende System stützen und in seiner Existenz verlängern, ist der nächste Kollaps nur eine Frage der Zeit.

Rhythmische Tendenzen in der Wirtschaft

Alles ist Rhythmus – auch diese Wirtschaftskrise ist in einen Rhythmus eingebunden. Wenn der Aufschwung wieder einsetzen wird, hat Europa eine gestärkte Wettbewerbsfähigkeit und setzt in den heutigen Schwellenländern beziehungsweise auf den Mega-Märkten der Zukunft – China, Indien und schließlich auch Afrika – wichtigere Impulse als Amerika.

Mit zwei Billionen Dollar Währungsreserven macht China Amerika und Europa die finanzpolitische Führungsrolle streitig. Der autoritär gesteuerte chinesische Kapitalismus will die westliche Soziale Marktwirtschaft verdrängen. Wie das ausgeht, ist noch lange nicht entschieden. 2012 bis 2015 fallen die ersten Vorentscheidungen. Deshalb ist die Wirtschaftskrise von heute auch eine politische Wandlungskraft von morgen, und die politische Steuerung ist von höchster Priorität.

Wenn die Politik durch Bürgschaften, Kredite und Gesetze jetzt die Steuerung der Gesamtwirtschaft in Deutschland und im gesamten europäischen Raum an sich zieht, sind dies erste grundlegende Positiv-Ergebnisse für die Soziale Marktwirtschaft in ihrer Bedeutung für die westlichen Demokratien. Die Dominanz auf dem Weltmarkt steht zur Disposition. Wenn sich die autoritär geführten Wirtschaftsnationen in Asien und Arabien sowie Russland gegen die Soziale Marktwirtschaft durchsetzen, dann ist auch die Demokratie in großer Gefahr.

Wagen wir einen weiten Blick auf 2023/24, wenn Pluto vom Steinbock in den Wassermann wechselt: Es ist zu erwarten, dass die Welt dann ein anderes Wirtschafts- und Gesellschaftssystem haben wird. Die Wirtschaftskrise heute ist der Beginn einer wirklich grundlegenden Transformation.

FAZIT: Die Weltwirtschaftskrise 2008 bis 2023/24

- Die aktuelle Krise ist der Beginn einer grundlegenden Transformation.
- Der Sog nach unten wird einige Jahre anhalten. Die steinbockgemäße Reduktion auf das Unverzichtbare ist auch gesamtwirtschaftlich die bestimmende Tendenz. Staatliche Finanzspritzen für Banken und Unternehmen stärken nur die alte Ordnung.
- Europa wird siegreicher aus der Krise hervorgehen als Amerika. Der Euro gewinnt weiter gegenüber dem Dollar.
- Die Forderungen der Zeit – das Gestaltwandelnde im Strukturgebenden – passen sehr gut zur deutschen Mentalität. Das Land kann die Krise als Chance nutzen.
- Investitionen in Bildung und innovative Technologien zum Umweltschutz zahlen sich langfristig aus.

MEHR REICHE UND NOCH MEHR ARME? UMVERTEILUNG UND SOZIALE GERECHTIGKEIT

Ab wann ein Mensch arm ist und in der Armutszone lebt, lässt sich nur abhängig von der jeweiligen geografischen Region sagen. Dann errechnet sich aus dem Einkommen und den Lebenshaltungskosten der Basiswert, der für die Lebensexistenz erforderlich ist. In Pakistan oder Indien, in Afrika oder in China gelten völlig andere Maßstäbe als in Osteuropa oder auf dem Balkan. Paradox ist, dass weltweit die Einkommensgrenzen für bestimmte Bevölkerungsschichten sinken, während sie für andere Gruppen extrem steigen.

In Deutschland steht jeder achte Einwohner an der Grenze zur Armut oder hat sie bereits überschritten. Dies geht aus einem Bericht des Sozialministeriums in Berlin vom 19. Mai 2008 hervor. Am meisten betroffen sind die Langzeitarbeitslosen und die alleinerziehenden Mütter oder Väter. Als arm gilt in Deutschland, wer weniger als 60 Prozent des durchschnittlichen Einkommens verdient. Dieses liegt bei derzeit 781 Euro netto, wer also weniger als 468 Euro zur Verfügung hat, wird zu den Armen gerechnet. Reich ist dagegen laut diesem Bericht, wer als Alleinlebender netto ab 3418 Euro monatlich verdient. Bei Familien mit zwei Kindern werden 7178 angesetzt.

1995 gab es bundesweit 35 sogenannte Tafeln, heute sind es in Deutschland bereits über 800. Sie geben täglich an 700 000 Menschen Mahlzeiten für einen Euro oder ganz gratis aus. Sie beliefern außerdem Obdachlosenküchen und Kirchengemeinden, die ihrerseits wieder Hunderttausende mit Essen versorgen. Diese Organisationen halten ihren Betrieb durch Spenden aufrecht. Der Staat bezuschusst nicht.

Einer gewinnt immer: Der Wohlfahrtsmarkt boomt. Schon gibt es aktuelle Bestrebungen, die Tafeln im Markt zu etablieren und ihnen stabile Strukturen zu geben: über eine Verbandsorganisation und Steuervorteile für Spender beziehungsweise Lebensmittel liefernde Betriebe. Immerhin arbeiten 3200 Ein-Euro-Jobber für die Tafeln.

Sollte der Unterschied zwischen Armen und Reichen noch größer werden, wird auch hier der Staat eingreifen. Dann wird durch neue Steuerbelastungen zu Ungunsten der Reichen das Armutsniveau nach oben verändert. Plutonische Tendenzen wollen zuerst verbesserte Zustände schaffen, bevor sie radikalere Veränderungen erzwingen. Die Reichen zahlen mehr, damit es weniger Arme gibt. Die Formel ist ganz einfach und steht schon in der Bibel: Einer trage des anderen Last.

Verbreitert sich die Kluft zwischen Arm und Reich noch drastischer, dann wird es plutonisch-umwälzende und sehr konflikthafte Auseinandersetzungen geben. Pluto will Evolution, das heißt Weiterentwicklung. Wird sie nicht zugelassen, folgt Revolution. Wird diese niedergeschlagen, um alte Zustände zu erzwingen, kommt es zur Destruktion. Dann bildet sich das Neue eben aus dem zuvor Zerstörten.

Leben auf Pump

Mit Schulden in Milliardenhöhe sind amerikanische Privatkonten belastet. Das Leben in Amerika ist ein Leben auf Pump – jedenfalls in einer bestimmten Bevölkerungsschicht. Die Grameen Bank in New York plant ein Modell, das ausgerechnet aus einem der ärmsten Länder der Welt, Bangladesh, stammt. Mohamed Yunus hat dort den »Kredit für Arme« ins Leben gerufen: Kredite für die Menschen, die vom gängigen Finanzsystem ausgesperrt sind und bleiben.[11] Und das scheint sogar zu funktionieren, denn die Kleinkredite für Bedürftige bringen der New Yorker Bank nach eigenen Angaben schwarze Zahlen in der Endabrechnung. Eine wirkliche Kehrtwende zu einem Leben ohne Schulden bringt auch dieses Modell nicht. Es verstärkt vielmehr die Tendenz, arme Menschen noch ärmer zu machen.

Die Welt hat die Mitte zwischen Arm und Reich verloren. Immer mehr Reiche rutschen an die »Armutsgrenze« für Reiche. Früher reich gewesen zu sein, heißt nicht zwangsläufig, auch heute reich zu sein – und doch gab es noch nie so viele Reiche wie heute. In der *Zeit* ist am 4. September 2008 in der Titelgeschichte »Reich wie nie« von Thomas Fischermann zu lesen, dass es aktuell 1125 Milliardäre gibt, die 4,4 Billionen Dollar Vermögen haben. 473 leben in den USA, 87 in Russland und 59 in Deutschland. Es ist eine neue Reichenklasse entstanden: die Superreichen. Dagegen stehen die Erhebungen der globalen Armut und der vom Hunger bedrohten Millionen von Menschen in Asien und Afrika.

Die Reichen werden zahlen müssen

Dies wird sich in den 16 Pluto-Jahren im Steinbock international durch staatliche Regulierungen verändern. Den Reichen wird genommen, damit die Armen nicht mehr so arm sind und ruinöse Staatsdefizite vermieden werden. In Deutschland sind ja bereits Mindestlöhne, Vermögenssteuer, ja sogar progressive Sozialabgaben und anderes in der politischen Diskussion. Nicht nur die Reichen, sondern schon die Besserverdienenden werden künftig mehr zur Kasse gebeten, indem sie progressiv gestaffelte Beiträge in die Renten- und Gesundheitssysteme einzahlen. Und eine Luxussteuer für all das, was sich nur Reiche leisten können, wird zusätzlich erhoben.

Nicht nur in der Politik, sondern auch in den ethisch-moralischen Institutionen ist man sich im Klaren darüber, wie unhaltbar die Schieflage unserer Sozialstrukturen ist. Der Staat wird seine Sozialtransfers abbauen – auf Kosten zusätzlicher Abgaben der »Reichen«.

Reich sind demnach alle die, die in der Summe ihrer Abgaben den Staat bezüglich Sozialhilfen, Arbeitslosengeld etc. entlasten. Dabei sind die höheren Abgaben der Besserverdienenden ja heute schon in der progressiven Einkommensteuer gegeben: Die reichsten, also 10 Prozent der einkommensteuerpflichtigen Bürger, erbringen 52 Prozent der gesamten Einkommensteuereinnahmen. In der Steinbock-Pluto-Zeit werden es jedoch nicht nur Abgabengesetze sein, sondern auch grundlegende Neuregelungen, welche die Reichen allerdings nicht noch reicher machen, ohne dass der Staat daran partizipiert. Steuerfluchtoasen wie die Schweiz oder

Liechtenstein werden ihr strenges Bankgeheimnis so nicht mehr aufrechterhalten können, da es dem Gemeinwohl enormen Schaden zufügt.

Dennoch: Gerade in einer Steinbock-Zeitqualität wird es nicht zu alles gleichmachenden Eingriffen kommen. Die Mehrleistung bleibt geschützt. Wer mehr tut, soll mehr haben. Das Leistungsprinzip wird sogar noch gefördert. Das System Geld bleibt. Es ist die Meßlatte für Leistung. Wer nichts leisten will oder kann, wird auch weniger haben. Wer nach Möglichkeiten sucht, aus Begabungen Fähigkeiten zu machen, wird sich besser platzieren.

In diesen gestaltwandelnden Pluto-Jahren werden die Chancen für lern- und arbeitswillige Menschen deutlich mehr gesucht, gefunden und in organisierte Strukturen gebracht. Unterschiedliche Institutionen werden von der Staatengemeinschaft damit betraut, die Umverteilung gekonnt durchzuführen. Bis 1923 wird die Welt somit ausgewogener und geordneter. Die Risiken des Lebens nehmen vielleicht nicht wirklich ab, aber die Chancen zum Überleben werden deutlich zunehmen.

FAZIT: Arm und Reich 2008 bis 2023/24

- Die Schere zwischen Arm und Reich geht weiter auseinander, bis plutonische Energien mit durchschlagender Kraft einen Ausgleich schaffen.
- Staatliche Regelungen werden für die Grundsicherung der Armen die Abgaben der Vermögenden und Besserverdienenden erhöhen. Steuerschlupflöcher werden gestopft.
- Das Leistungsprinzip bleibt dennoch unangetastet: Lern- und Leistungswillige profitieren auch in dieser Phase.

WAS KOSTET DIE WELT? GELDWIRTSCHAFT IM STRUKTURWANDEL

Der Euro ist hineingeboren in die Come-Together-Mentalität des ausgehenden 20. Jahrhunderts, als Pluto noch im Schützen steht – man ist idealistisch, risikofreudig und expansiv. Nieder mit den Währungsschranken! Freiheit und freier Handel!

Im Steinbock muss der Euro jetzt zeigen, was er aushalten kann. Wie positioniert er sich auf den Finanzmärkten? Geld ist Energie, auf Papier gedruckt. Welche Währungen sind nun die energievollsten?

Die Deutsche Mark hat als Währung nur 50 Jahre überdauert. Wie lange wird es den Euro geben? Robert Mundell, kanadischer Wirtschaftswissenschaftler und Nobelpreisträger für Ökonomie, gilt als der geistige Vater des Euro. Er gibt ihm ein längeres Leben als der DM, weil »sich die Euro-Zone seit ihrem Start zu einem perfekten Währungsraum entwickelt hat.«[12]

Die Welt hat das Versagen des angloamerikanischen weltbeherrschenden Finanzsystems noch lange nicht überwunden. 700 Milliarden Steuergelder – wahrscheinlich werden es 1,2 Billionen Dollar – müssen allein in den USA den geregelten Geldfluss retten. Nur dann können die Kredite weiter gezahlt werden, die dringend für die schon verplanten Investitionen benötigt werden. Es sind, so meldet die *FAZ* am 28. Januar 2009, Kreditausfälle von weltweit über 3 Billionen Euro errechnet worden, die der Weltwirtschaft für Investitionen und einen funktionierenden Wirtschaftskreislauf fehlen.

36 Milliarden Euro als Unterstützung für einen weltweit agierenden Münchener Immobilien-Finanzierer sind schon 2008 geflossen, im Januar 2009 ist um weitere 12 Milliarden aufgestockt worden. Insider behaupten, dass dies immer noch nicht ausreiche. Außerdem sind Milliardengarantien von der deutschen Regierung an diverse Banken zugesagt. Die zweitgrößte deutsche

Bank, die Commerzbank, hat diese Garantien bereits beansprucht, damit sie die Dresdner Bank übernehmen kann. Nach den Angaben der Deutschen Bundesbank im Januar 2009 drohen bei deutschen Banken noch Verluste von über 300 Milliarden Euro. Zur gleichen Zeit wird bekannt, dass allein die Royal Bank of Scotland 2008 einen Verlust von 31 Milliarden Euro verzeichnen musste. So werden Milliardenlöcher sichtbar, und die Regierungen versuchen verzweifelt, sie mit anderen Milliarden zu stopfen. Wo lagert dieses Geld eigentlich, ist es real vorhanden oder sind es virtuelle Klimmzüge?

Welche Dramatik! Das gesamte globale Finanzsystem hängt zu diesem Zeitpunkt an dem einzigen psychologischen Faden, die Anleger von Panikreaktionen abzuhalten. Stützungsmaßnahmen laufen auch in Großbritannien, Belgien und anderen Staaten, um einen globalen Zusammenbruch des kapitalistischen Wirtschaftssystems in letzter Minute zu verhindern.

Was hat das alles mit Pluto zu tun? Verändert wird überall dort, wo die Substanz für ein gesundes Wachsen verloren gegangen ist. Die Zeiten des globalen Profit-Pokers sind endgültig vorbei. Die Banken haben ihr Vertrauen verspielt. Schuld sind Finanzjongleure und Spekulanten, die mit erheblicher krimineller Energie ihre treuhänderischen Pflichten vernachlässigt haben. Wirklich abgestraft sind sie bis heute nicht – im Gegenteil, sie beziehen ihre fetten Saläre und Boni zunächst weiter, jetzt aus den staatlichen Milliardenpaketen.

Nach dem Bankencrash 2008 wird sich die Steinbock-Pluto-Qualität durch ein weltweites neues Regelwerk voll bewahrheiten. Aufsichtsbehörden, Kontrollinstanzen und verschärfte Gesetze beenden die spekulative Zügellosigkeit und zwingen die Treuhänder des Kapitals in die Verantwortung. Die staatlichen Autoritäten werden direkter steuernd in die Marktprozesse eingreifen. Der IWF fordert bereits eine strengere Finanzaufsicht, umfassendere Offenlegung in den Geschäftsberichten der Banken, neue Bilanzregeln und ein kritischeres Risiko-Management. Es wird rigoros beendet, dass Hedgefonds und andere von den Investmentbanken eingerichtete Zweckgesellschaften nicht in geprüften Bilanzen erscheinen und auch keiner Finanzaufsicht unterliegen. Die *FAZ* und die *Süddeutsche Zeitung* melden am 31. Januar 2009 übereinstimmend, dass die deutsche Regierung Pläne erarbeitet hat, die auch eine vorübergehende Enteignung von Banken vorsehen. Der »Raubtier-Kapitalismus«, wie Helmut Schmidt es bezeichnet, wird in dieser Pluto-Zeit beendet. Es wird massive Veränderungen der Architektur des Welt-Finanzsystems geben. Schutzschirme werden geschaffen. Die Kontrollmechanismen und die De-facto-Verstaatlichung von Banken bei der Finanzkrise 2008 zeigen, wie durch Staatsautorität (Pluto-Macht) Maßnahmen (Steinbock-Strukturen) durchgesetzt werden. Dazu gehört auch, dass das Gehalts- und Bonus-System der Banker neu geregelt wird. Die Einkommen sollen begrenzt werden und die Haftung der Manager bei Verlusten, die sie der Bank verursachen, wird erweitert. Übrigens, das Unwort des Jahres 2008, wie es die Gesellschaft für Sprache herausgibt, heißt: notleidende Banken! Das Paradoxe ist, dass ausgerechnet die Banken, die mit ihrer Finanzpolitik die Weltwirtschaftskrise verursacht haben, durch dieses Wort zu Opfern stilisiert werden.

Nicht schützehafter Freiraum des Handelns wird diese Jahrzehnte bestimmen, die Regeln werden vielmehr autoritär und streng sein. Kreativität muss genehmigt werden – auch kein idealer Zustand. Das Prinzip Pluto setzt jedoch das durch, was die Welt für einen bestimmten Zeitraum wirklich braucht.

Der Strukturwandel bedeutet für den Verbraucher schlicht und einfach: nicht mehr ausgeben, als man hat. Schulden kurzfristig zurückzahlen beziehungsweise erst gar keine machen. Froh sein, wenn man das bezahlen kann, was man braucht. Je rasanter sich katastrophale Stopps ankündigen, desto wacher wird der Mensch. Vielen wird es schwindelig und manche werden aus dem System hinausgeschleudert.

Mit den Geldenergien ist es wie mit den Rohstoffen: Reicht die Substanz für das, was man vorhat? Pläne werden auf das wirklich Finanzierbare reduziert. Existenz auf Pump, das funktioniert nicht mehr! Die bisherigen Geldgeber brechen weg. Die Seifenblasen vom virtuellen Kapital (»Leerkäufe«) sind geplatzt. Bei Pluto im Steinbock wird eben nur das Realität, was aus der vorhandenen Substanz machbar ist.

FAZIT: Geldwirtschaft 2008 bis 2023/24

- Die Zeiten des globalen Profit-Pokers sind vorüber, Pluto im Steinbock beendet jedes ungesunde Wuchern.
- Riesige Schuldenberge, welche die in der Krise eingreifenden Staaten aufbauen, müssen getilgt werden.
- Die Gefahr einer gigantischen Inflation und einer Depression zwingt zu drastischen Regulierungs- und Kürzungsmaßnahmen bis in den privaten Bereich.
- Kontrollinstanzen und verschärfte Gesetze drängen die Treuhänder des Kapitals in ihre Verantwortung gegenüber den Anlegern.

FEINDLICHE ÜBERNAHME DURCH PLUTO? DIE ARBEITSMÄRKTE UND DER SOZIALSTAAT

Die *FAZ* druckt am 21. Juni 2008 den sogenannten Jenaer Aufruf, in dem Forschungsinstitute, Stiftungen und Verbände dazu animieren, die Prinzipien der Sozialen Marktwirtschaft nicht aufzugeben. Tatsächlich hat dieses ökonomische Ordnungssystem nach der Wirtschafts- und Währungsreform 1948 die Grundlagen geschaffen, den sozialen Fortschritt durch eine marktwirtschaftliche Leistung aller Erwerbstätigen möglich zu machen.

Nach dem Zweiten Weltkrieg war für die meisten alles verloren. Wie überlebt man? Jede Arbeit ist recht, wenn sie nur hilft, eine Existenz zu schaffen. Für die Trümmerfrauen und die aus der Gefangenschaft heimkehrenden Männer war nur wichtig, Kopf und Hände einzusetzen und mit deren Arbeit den Minimalunterhalt zu sichern. Der Überlebens- und Leistungswille ist seit 1948 groß. Sich mit seinem Können den Arbeitsplatz zu halten, sich neu zu qualifizieren und die Chancen zu erkennen, wo Geld zu verdienen ist, das mobilisiert alle Antriebskräfte. Die Grundlagen zu schaffen für eine stabile Lebenssicherung und sich wirtschaftlich immer wieder besserzustellen, das ist abhängig vom Zutrauen zu sich selbst und davon, wie man sich in seiner Arbeit bewährt. Dieser Überlebens- und Aufbauwille eines ganzen Volkes hat die Soziale Marktwirtschaft gestärkt und sie seit über 60 Jahren zur Lokomotive für den wirtschaftlichen und auch sozialen Erfolg gemacht.

Erfolg wird heute haben, wer seine Arbeitskraft und sein Können darauf konzentriert, das zu leisten, was von ihm erwartet wird. Dieses Geben und Nehmen schafft marktwirtschaftliche und auch soziale Strukturen. Der Unternehmer fühlt sich in der Verantwortung für Mitarbeiter und Kunden. Der Arbeitnehmer seinerseits ist gefordert, sich im Team zu bewähren. Überzeugt davon sein, das Richtige zu tun, weil es gebraucht wird, das macht leistungsstark und produktiv.

Es ist bis 2023/24 genau zu beobachten, wie der Staat diesen Prozess steuert, indem er Forschung, Wissenschaft und Spezialisierung fördert. Es werden Regelwerke erarbeitet, um die freiheitlichen Marktsstrukturen und das Sozialsystem zu sichern. Der Staat wird vermehrt eingreifen, damit die soziale Umverteilung ausgewogen bleibt und keine zu großen Belastungen für das Gemeinwesen entstehen. Deshalb werden Gesetze jeden Bürger verpflichten, seinen Sozialstatus durch private Vermögensbildung und entsprechende Vorsorge auch jenseits des beruflichen Arbeitslebens zu halten.

Wer gibt, was der Mensch braucht?

Das gestaltwandelnde Prinzip Pluto wird in dem angesprochenen Zeitraum aus der Steinbock-Struktur heraus besonders zwischen der Leistungspflicht des Einzelnen und der Solidarpflicht der Gemeinschaft unterscheiden. Wenn jemand in der Lage ist zu arbeiten, dann muss er dabei auch so viel verdienen, dass es für seinen Lebensunterhalt reicht.

Mindestlohn und Grundeinkommen sind Begriffe, die in der Übergangszeit des Pluto vom Schützen in den Steinbock aktuell sind. Beispielsweise Götz W. Werner, Gründer der dm-Drogeriemarktkette, fordert dieses Grundeinkommen für jeden Bürger – ob jung oder alt, arbeitend oder arbeitslos, gesund oder krank. Dies erläutert er in seinem Buch *Einkommen für alle*.[13]

Die Solidarpflicht der Gemeinschaft wird der Staat so niedrig wie möglich halten. Dementsprechend werden Belastungen der Gutverdienenden höher werden, wenn die Arbeitslosigkeit zunimmt. Umgekehrt wird das soziale Grundniveau dort, wo der Staat hilft, sinken. Heute schon zeigt sich am Beispiel der Hartz-IV-Regelung, dass der Staat die Minimalversorgung durch die steigenden Energiekosten zusätzlich unterstützen muss.

Steuer- und Sozialgesetze werden in der Steinbock-Zeit nicht weniger, sondern mehr. Vieles wird klarer und auch einfacher, die

Belastungen für den Bürger nehmen jedoch insgesamt zu, weil sich der Staat vor unkalkulierbaren Risiken absichert. Das Sozialsystem haben die Erwerbstätigen selbst zu finanzieren. Wer auch sonst?

Aus der Begabung in die Kompetenz

Das Leistungspotential sichert die persönlichen Einkommenschancen und den sozialen Wohlstand für alle. Es entspricht dem Pluto-Prinzip und seiner Steinbock-Zeit, dass es lebenspraktische Absicherung schafft.

Der Staat wird mit seinen Institutionen das Leistungspotential noch mehr fördern. Gesetze auf der einen, Ausbildungsangebote auf der anderen Seite setzen die Akzente.

Eltern werden intensiver in die Pflicht genommen, ihre Kinder auf den Leistungsprozess vorzubereiten. Wenn die Eltern wirtschaftlich nicht dazu in der Lage sind, wird der Staat seinen Beitrag leisten und Ausbildungen vorfinanzieren. Dies bedeutet, dass Familien-, Bildungs- und Sozialpolitik noch enger zusammenwirken.

Der Staat erweitert seine Angebote, beispielsweise über Eliteschulen, duale Ausbildung etc. Es ist das Ziel, das ganzheitliche Talentpotential eines jungen Menschen auszuschöpfen und ihn für die flexiblen Erfordernisse der beruflichen Tätigkeit zu qualifizieren. Die Berufsbilder werden sich noch weiter auffächern. Eine heute noch ausreichende Qualifikation wird bald nicht mehr genügen. Es gibt neue Berufsbilder, die eine Extra-Kompetenz erfordern. Vorteile wird es auch für den geben, der nicht nur in einem, sondern in zwei oder drei Tätigkeitsfeldern ausgebildet ist.

Was für den beruflichen Werdegang des Einzelnen gilt, bestätigt sich auch in der globalisierten Wirtschaft: Dort, wo Knowhow und Leistungsvermögen sind, wird produziert. Die Konzerne, die ohnehin schon internationalisiert sind, verlegen ihre Produktionsstätten an die geografischen Standorte, wo sie ökonomisch am besten platziert sind.

Der plutonische Wandel wird der Weltwirtschaft noch mehr Freiräume schaffen, indem auch Schwellenländer wie China oder

Indien zu gigantischen Absatzmärkten werden. Dies ist heute schon deutlich; die wirkliche Dimension wird aber erst erkannt, wenn auch bislang nicht als Absatzmärkte erschlossene Entwicklungsländer am weltweit steigenden Konsum teilhaben.

Die Armut in der Welt wird sich dadurch nicht verringern, so lange nicht sozial ausgewogene und leistungsgerechte Löhne bezahlt werden. Ausbeutung auf der einen Seite und mangelnde Fachkenntnisse auf der anderen Seite sind die Ursachen für die anhaltende soziale Schieflage weltweit. In der Pluto-Steinbock-Zeit werden diese Missstände nicht wirklich beseitigt, aber es wird strenger umverteilt; gerechtere Prozesse werden eingeleitet. Den Reichen wird genommen, den Armen wird gegeben!

Ohne Wachstum droht die Wirtschaftskrise, mit Wachstum die Umweltkrise

Bis 2023/24 wird sich zeigen, wie flexibel die Länder und die Welt im Ganzen mit ihren Wirtschaftssystemen auf die dynamischen Herausforderungen reagieren können. Konkurrenzdruck, feindliche Übernahmen und Verdrängungswettbewerb bringen verschiedenen Branchen und Ländern zu unterschiedlichen Zeiten neue Probleme, weil damit Arbeitsplätze bedroht sind und sich soziale Verhältnisse destabilisieren.

Der Wettbewerb wird sich verschärfen. Die Produktionen verlagern sich von »klassischen« Industrienationen zu den Schwellenländern China und Indien. Je mehr dort produziert wird, desto höher wird der Konkurrenzdruck für die anderen.

Die Schwellenländer allein werden aber nicht in der Lage sein, den sprunghaft steigenden Bedarf zu decken. Also gibt es für alle die Chance, sich dem Wettbewerb zu stellen. Qualifizierte Arbeitskräfte, kapitalstarke Unternehmen mit innovativem Freiraum und die staatlich gelenkte Förderung von Arbeitsplätzen realisieren den für eine soziale Ausgewogenheit erforderlichen Wohlstandszugewinn.

FAZIT:
Die Arbeitsmärkte und der Sozialstaat 2008 bis 2023/24

- Die extreme globale Konkurrenz verschärft für einige Jahre weltweit die Armut. Zudem erhöhen Länder wie Indien und China den Druck auf die klassischen Industrienationen.

- Internationale Gremien und auch die Staaten werden alle wirtschaftlich-sozialen Belange streng reglementieren, um eine ausgewogene Umverteilung der Mittel zu gewährleisten – global wie auch innerstaatlich.

- Das persönliche Leistungspotential des Einzelnen allein sichert seine Einkommenschancen. Die Solidarpflicht der Gemeinschaft wird auf das absolut Notwendige reduziert werden.

- Das Grundeinkommen – jeder erhält eine Summe, unabhängig davon, ob und wie viel er arbeitet – wird in der Pluto-Steinbock-Zeit immer realistischer.

AUS FÜR MACHTMÄNNER: FRAUEN DRÄNGEN AN DIE SPITZE

Nur wer die Bombe hat, der ist wer. Wenn Männer Konflikte nicht durch Argumente klären können, dann besteht früher oder später die Tendenz, die Widerstände durch körperliche Kraft zu beseitigen »Bist du nicht willig, so brauch ich Gewalt.« Es entspricht dem männlichen Verhaltensmuster, auch durch Muskelkraft deutlich zu machen, wer recht hat. Nebenbei sei erwähnt, dass Kaliforniens Gouverneur Schwarzenegger im Präsidentschafts-Wahlkampf dem damaligen Kontrahenten McCains, Barack Obama, das Fitnessstudio empfahl, damit er sich körperlich aufrüsten und zu einem richtigen Mann werden könne.

Welches Leid und wie viel Zerstörung aus einem gewaltbereiten Dominanzverhalten in die Welt kam, ist bekannt. Dabei kann die Erde in der heutigen Klima- und Umweltdramatik nicht noch mehr an Katastrophen verkraften. Das radikale Umdenken hat deshalb jetzt wirklich begonnen: Es ist Krieg und keiner will mehr hin.

In den Pluto-Zeiten im Steinbock wird kampflustig-emotionelle Polarisierung abgelöst durch versachlichtes Kommunizieren. Und im Kommunizieren ist das Weibliche dem Männlichen überlegen. Die Zeit ist jetzt reif für die Frauen, sich auf der politischen, wirtschaftlichen und gesellschaftlichen Führungsebene noch intensiver einzubringen und selbstbewusst die Männer in ihren traditionellen Führungspositionen abzulösen. Die Frauen spüren in der beginnenden Pluto-Zeit verstärkt die Bedrohung, die männliches Fehlverhalten auslöst. Nicht Beute- und Ausbeuterverhalten sind angesagt, sondern Wachsen und Bewahren wird zur Richtlinie für das Leben in der Zukunft.

Den Frauen ist es vorbehalten, Lebendiges zu schaffen. Sie geben alles, um junges Leben stark zu machen. Männer neigen eher dazu, ein »Vogel, friss oder stirb«-Prinzip zu praktizieren: Entweder ist man Jäger oder Gejagter, entweder ein guter Kämpfer oder ein guter Flüchter. Der Schwächere unterliegt und verliert seine Existenzberechtigung. Gerade den Schwachen aber stark zu machen, ihn nicht aufzugeben, sondern ihn im Leben zu halten, das ist für Frauen die eigentliche Herausforderung. Frauen verfügen über mehr Gespür für Körperlichkeit und für das Lebenserhaltende überhaupt.

Das zerrissene Rollenbild

Mann, Kind, Familie, Karriere und persönliche Interessen – wie soll man das leben können, sodass nichts davon zu kurz kommt? Die Frau im Pluto-Zeitalter Steinbock wird sich nach ihren persönlichen Selbstwertgefühlen richten und entsprechend ihre Prioritäten setzen. Sie profiliert sich dort, wo ihre Energien frei fließen. Sich nicht mehr verbiegen und sich schon gar nicht an falsche männliche Autorität verlieren.

Bis 2023/24 werden sich Frauen neu positionieren. Sie werden in die von Männern beanspruchten Reservate eindringen und darin intelligent und gekonnt agieren. In diesen plutonischen Wandlungszeiten werden sie sich frei in allem entfalten, was fachlich, emotional und sozial möglich ist. Die Frauen erlauben es den Männern nicht mehr zu bestimmen, wo sie erfolgreich sein dürfen und wo nicht. Sie werden nicht mehr an männlichen Vorurteilen scheitern.

Den Männern ist 2008, in der Übergangszeit von Pluto zwischen Schütze und Steinbock, noch manches eingefallen, um die maskuline Dominanz zu retten. Beispielsweise will das streng geheime Kommando KSK der Bundeswehr zwar »Kommando-Soldatinnen« aufnehmen, erklärt aber dazu, dass bisher noch keine Frau die extremen Anforderungen erfüllen kann. Dennoch will man an dem Projekt festhalten. In wenigen Jahren sollen Frauen so vorbereitet werden, dass sie auch in vorderster Front in Afghanistan eingesetzt werden können.

Frauen werden sich nicht mehr eingrenzen lassen auf Kindererziehung, Familienverantwortung und kuschelige Heimgestaltung, während der Mann den Karriererekord schafft. Sie werden sich leistungsbezogen in Beruf, Politik oder Gesellschaft mit einbringen. Wie – das wird auch in plutonischen Wandlungszeiten vielfältig bleiben. Entscheidend ist, die große Linie der sich jetzt unabänderlich vollziehenden Veränderung im Verständnis der männlichen und weiblichen Rollen zu erkennen: Die Frau wird sich und ihre Bedürfniswelt freier leben. Sie gestaltet sich nach ihren Empfindungen: »Entscheidend ist, wie ich mich dabei fühle.« Tun, wonach einem ist. Diesen Freiraum muss sie dem Mann abtrotzen. Die Umpolung in unseren gesellschaftlichen Strukturen vom Männlichen zum Weiblichen ist aber bereits eingeleitet.

Die nächsten Jahre zeigen, wofür die Frauen ihre neu gewonnene Souveränität nutzen und wie sie die persönlichen Lebensziele mit den konkreten Erfordernissen in Karriere, Partnerschaft und Familie abstimmen. Es gibt keine männlich geprägte Definition mehr, wie eine Frau sein sollte – mit Kind oder ohne, Hausfrau oder Karrierefrau, Glitzer oder bescheiden. Die Dominanz des Mannes reduziert sich. Maskuline Monopolansprüche gibt es nicht mehr. Der Verdrängungswettbewerb zwischen Venus und Mars ist da.

Die Schlüsselthemen und die Schlüsselpositionen im gesellschaftlichen Zusammenleben werden durch Frauen immer erkennbarer mitgestaltet. In der Politik ist dies weltweit offensichtlich: die deutsche Kanzlerin Angela Merkel, die israelische Kandidatin für die Wahl zur Ministerpräsidentin, Tzipi Livni, die US-Präsidentschaftsbewerberin und jetzige Außenministerin Hillary Clinton, Gesine Schwan als Kandidatin für das Amt des Bundespräsidenten und noch viele andere. Hochkarätige Funktionen in der EU werden von Frauen verantwortet: die Vize-Kabinettschefin Kerstin Jorna, die Leiterin des Politischen Stabs Helga Schmid, die Abteilungsleiterin im Generalsekretariat der EU-Kommission Marianne Klingbeil – drei von etwa 1000 Frauen in der EU-Administration. In den Regierungen erhöht sich überall die Quote der Ministerinnen.

In Deutschland gilt das Gleiche bis hinein in die Länderparlamente und Verwaltungen der Kommunen, wo Frauen immer häufiger in leitenden Ämtern tätig sind. Dies setzt sich fort bei

Unternehmerinnen, Top-Managerinnen, Präsidentinnen von Institutionen, Wissenschaftszentren und Universitätsführungsgremien, Verbandsgeschäftsführerinnen, Medizinerinnen, Richterinnen. Es betrifft viele weitere Positionen in ursprünglichen »Männer-Domänen«.

Die Welt steht erst am Anfang dieses weiblich/männlichen Polsprungs. Die Wandlungszeit hat astrologisch gesehen erst begonnen. Bis 2023/24 ist eine respektabel lange Zeit. In dieser Übergangsphase wird den Frauen oft schmerzlich bewusst, dass sie zwar die bessere Kompetenz, Männer aber die stärkere Durchsetzungskraft haben. Allerdings bekennen viele einflussreiche Männer, dass sie ohne den Rat ihrer Frau niemals so viel erreicht hätten. Die Frauen sind das geheimgehaltene Korrektiv des erfolgreichen Mannes.

Wie schnell sich gesellschaftliche Strukturen in diesen Jahren ändern werden, zeigt ein bereits veraltetes Zitat aus dem Fachmagazin *managerSeminare* vom Juli 2002: »Noch immer ist es für eine Frau wahrscheinlicher, vom Blitz erschlagen zu werden, als in den Vorstand eines deutschen Großkonzerns aufzurücken.« Das stellt sich heute, wenige Jahre später, schon ganz anders dar.

Patriarchalische Denkmuster greifen nicht mehr, und eine von der maskulinen Welt aufgezwungene Lebensplanung schon gar nicht. Natürlich machen und wollen nicht alle Frauen die große Karriere, aber Socken stopfen, Griesbrei kochen und auf leisen Sohlen huschen, wenn sich der männliche Schlüssel abends im Schloss dreht, das ist in Pluto-Zeiten garantiert vorbei. Heute schon gründet jede dritte Frau eine Firma[14] – meist eine kleine zwar, aber immerhin. Der Mut ist da zu Copy-Shop, Coiffeuse-Salon, Boutique, Bistro oder Café. Auch die Zahl der Freiberuflerinnen und Selbständigen nimmt sprunghaft zu. Die Anwältin, Immobilienmaklerin, Ärztin oder Architektin gehört ebenso zum beruflichen Strukturbild der Frau wie eine familienbezogene Aufgabenstellung. Oft können Frauen nicht frecher und perspektivischer in eine Karriere einsteigen, weil sie eben nicht nur eingleisig spezialisiert wie die Männer einen einzigen Beruf haben, sondern mindestens auf zwei Ebenen tätig sind – sie versorgen die Familie und erziehen die Kinder und gehen parallel dazu oder später einer (teilzeitlichen) beruflichen Tätigkeit nach. Einen eher wertgeschätzten Vollzeitjob mit mehr Geld und interessanterer Perspektive können sie meist nicht übernehmen, weil sie auch noch die Pflichten in der Familie zu tragen haben.

Der Wandel in der Berufswelt vollzieht sich in großen Schritten. Frauen werden bis in die Vorstände der DAX-Unternehmen aufsteigen und die Weltwirtschaft entscheidend mitbestimmen. Mit frauenfeindlichen Klischees ist es vorbei. Heute schon haben mehr Frauen als Männer einen akademischen Abschluss. Die Alphafrau stellt sich auch beruflich in Augenhöhe zum Mann. Sie hat die berufliche und politische Reifeprüfung auf dem Weg zur Verantwortung und Macht bestanden – als Politikerin ebenso wie als Unternehmerin

Kreativ-Exzesse sind diesen Frauen fremd. Sie wollen Risiken ausschließen, auf der sicheren Seite sein und Kontinuität leben. Sie bilden Netzwerke und Karrierezentren, wie zum Beispiel Femtec, das Hochschulkarrierezentrum für Frauen in den Ingenieur- und Naturwissenschaften, die Europäische Akademie für Frauen in Politik und Wirtschaft Berlin e.V. , in der Frauen sich für politische und wirtschaftliche Führungspositionen ausbilden, oder die Internetplattform *Femity*, ein virtueller Treffpunkt für Frauen im Beruf.

Frau und Mann begegnen sich auf Augenhöhe

Bei Pluto im Steinbock muss sich die Gesellschaft auf einen neuen Typ Pluto-Frau einstellen: 79 Prozent der Frauen wollen sich für ihre beruflichen Ziele qualifizieren, auch unter erschwerten Bedingungen. 85 Prozent wollen beides, Kind und Job.[15] Der Mann wird stärker in die Haushaltsführung und in die Erziehung einbezogen. Die Zeitanteile für den Job werden aufgeteilt. Für Väter gibt es noch längere, vom Staat geförderte »Hauszeiten«, damit die Mütter ihre Karrierechancen weiter wahrnehmen können und somit für später qualifiziert bleiben, wenn die Kinder selbständiger sind.

Der Staat wird insgesamt ein besseres System für die Kinderbetreuung schaffen und es den Eltern auch durch Steuererleichterungen oder Betreuungsgeld ermöglichen, Familie und Karriere endlich zu vereinbaren.

In der strukturschaffenden, praktisch-vernünftigen Steinbock-Zeit sind auch Förderangebote des Staates vorstellbar, zum Beispiel Ausbildungscamps für Kinder, ähnlich den Kinderkrippen oder Internaten von heute.

Es gibt in der Vergangenheit die vielfältigsten Modelle: Im griechischen Sparta, das seine Blütezeit im 8. und 7. Jahrhundert v. Chr. hatte, wurden alle Kinder ab sechs Jahren von den Eltern getrennt in staatlicher Obhut erzogen. Bei den Maya wurden sechsjährige Jungen astrologisch nach ihren Begabungen analysiert und in Heimschulen für ihren künftigen Beruf ausgebildet.

Geschlecht und Ausbildungserfolg gewichten sich neu: Junge Frauen drängen in den Schulen und Universitäten an die Leistungsspitze. Sie steigen auch zahlenmäßig deutlich stärker in lukrative Berufskarrieren ein. Im beruflichen Geschlechterwettbewerb überflügeln sie messbar ihre männlichen Kollegen, die zunehmend an Boden verlieren, sich in der Leistungswelt des beginnenden 21. Jahrhunderts zu behaupten.

Die Hochschulreife erwirbt heute ein Drittel der jungen Frauen, bei den Männern nur ein Viertel. Im internationalen Vergleich dominieren heute die Frauen in der Studentenschaft und haben – nach der Pisa-Studie – auch die bessere Lesekompetenz. Später ergeben sich daraus folgerichtig die erfolgreicheren Positionen und das höhere Einkommen gegenüber den männlichen Wettbewerbern.

Diese äußeren Fakten sind nur ein Teil des Ganzen, denn jeder Mensch vereint weibliche und männliche Qualitäten in sich. Es gibt eher weibliche und eher männliche Verhaltensweisen – und heute sind Männer genauso wie Frauen gut beraten, wenn sie sich wieder mehr den weiblichen Qualitäten zuwenden, diese entdecken, entwickeln und zeigen. Auch das wird in den kommenden Jahren das familiäre und gesellschaftliche Miteinander bestimmen.

FAZIT:
Mann und Frau in der Gesellschaft 2008 bis 2023/24

- ♇ Pluto im Steinbock setzt verstärkt auf weibliche Qualitäten. Aggressives Voranstürmen und Gewaltbereitschaft lösen die anstehenden Probleme nicht mehr, dafür aber die Orientierung auf das Bewahren und nachhaltiges Wachstum.

- ♇ Sachliches Kommunizieren und Handeln zum Wohl des Gemeinsamen sind gefordert und werden zu siegreichen Strategien.

- ♇ Frauen drängen nicht nur weiter in traditionell männliche Berufsbilder vor, sondern auch bis in die Aufsichtsräte der DAX-Unternehmen. Sie bestimmen die globalen Geschehnisse in einem bislang unbekannten Maße mit.

- ♇ Staatliche und kommunale Maßnahmen ermöglichen es den Frauen zunehmend, Karriere und Familie zu vereinbaren.

COME TOGETHER: DIE MULTIKULTURELLE VERNETZUNG

Da spazieren sie auf dem Ring in Köln, sitzen in einem Szene-Café in München oder tanzen in der Disco in Berlin. Die meisten sprechen deutsch oder noch nicht. So what? Hautfarbe, Gesichtsform oder Körperbau, alles total verschieden – nur wenn sie lachen, sind sie sich ähnlich, denn emotionale Ausdruckformen versteht jeder. Die Körpersprache ist, wie die Musik, international.

Sie finden sich und haben sich gefunden – Menschen aller Rassen und an jedem Standort der Welt. Vor 50 Jahren kamen die italienischen und später türkischen Gastarbeiter und haben in der Zeit des Wirtschaftswunders nicht nur den Arbeitskräftemangel aufgefangen, sondern auch wichtige Dienstleistungen des täglichen Lebens übernommen.

Heute kann man sich Deutschland gar nicht mehr ohne seine ehemals ausländischen Mitbürger vorstellen. Die »neue fremde Heimat« der Eltern von damals wird für deren Kinder zur eigentlichen. Sie integrieren sich im beruflichen und sozialen Miteinander. Man verliebt sich, lebt zusammen, zeugt Kinder. Genetische Strukturbilder verändern sich. Europäer im Herzen und im Kopf?

Willst du die Welt verändern, verändere zuerst dich!

Aus plutonischer Flughöhe betrachtet braucht die Welt eine multikulturelle Vernetzung, denn sie entwickelt sich weiter. Wie die Menschen, so vernetzen sich auch die Probleme: Energieversorgung, Nahrungssicherung oder drohende Klimakatastrophen sind nur drei von vielen globalen Herausforderungen. Wie erfolgreich sie gelöst werden, hängt davon ab, wie geschlossen die Weltgemeinschaft handelt. Gemeinsamkeit wird man nur erreichen, wenn man erkennt, aus welchen Gegebenheiten und Überlebenszwängen sich lebensbedrohende Zustände ableiten. Nur die globale Partnerschaft bringt positive Ergebnisse. Dabei gilt die chinesische Weisheit, die schon eingangs zitiert wurde: Willst du die Welt verändern, verändere zuerst dein Land; willst du dein Land verändern, verändere zuerst deine Familie; und willst du deine Familie verändern, verändere zuerst dich selbst!

Die unterschiedlichen Bedürfniswelten finden sich in der multikulturellen Familie zusammen. Dies schafft Toleranz und Akzeptanz. Wer beruflich oder touristisch die Welt bereist, weiß, wie stark das Multikulturelle in Australien, Asien, Amerika und Europa das Leben prägt und wie die Menschen in den osteuropäischen Staaten bereits auf dieses sich schnell drehende Karussell aufspringen.

In den vor uns liegenden Jahrzehnten wird die Welt nicht nur total computerisiert, sondern auch rapide vernetzt. Die Staatsregierungen werden versuchen, einigermaßen die Übersicht zu behalten. Sprachprüfungen vor Einbürgerungen, Arbeitsgesetze für Ausländer und andere Reglementierungen werden feinmaschiger. Wer darf wann ein Kopftuch tragen oder ein Kreuz an die Wand hängen? Heute wird noch darüber gestritten, bald aber wird sich kein Mensch mehr wirklich dafür interessieren. Alle sollen sich wohl fühlen, alle sollen ihr Auskommen haben und jeder soll nach »seiner Façon selig werden«, wie Friedrich II. von Preußen sagt. Das Zusammenleben der Nachbarn untereinander, mit den Kollegen am Arbeitsplatz oder zwischen Freunden regelt sich von allein. Alle üben sich in bereitwilliger Anpassung, einer braucht den anderen. Wer sich querlegt, rutscht ins Abseits. Und das will keiner.

Multikulturelles ist beim Fußball gang und gäbe: Die Teams setzen sich schon lange nicht mehr aus Spielern der gleichen Nationalität zusammen. Die ganze Welt spiegelt sich in den Teams. Deutsche spielen in Spanien, Brasilianer in Deutschland etc. Jeder Verein hat sein eigenes Welt-Team. Und die Fans im Stadion gehören entweder zum einen oder zum anderen Club. Die Clubfarben, die Fan-Klamotten, das Spielergebnis – das sind die Prioritäten, die den Fan interessieren, ganz gleich, welcher Nationalität er angehört. Jeder Mensch aus der ganzen Welt darf Fan sein, wenn er sich nur einreiht – wie auf dem Platz. Gemeinsam sich freuen, gemeinsam trauern, gemeinsam genießen – eine globale Körpersprache, die jeder versteht.

Erinnern Sie sich an die Europameisterschaft 2008 in der Schweiz und in Österreich und an das Spiel Deutschland – Türkei? Nach dem Schlusspfiff gab es die größte deutsch-türkische Party, die unser Land bis dahin je erlebt hat. Es war egal, wer gewonnen hatte. Das war nicht Patriotismus, sondern Partyismus.

»Nationalmannschaften«, mit Spielern aller Hautfarben, machen eigentlich schon heute keinen Sinn mehr. Was soll diese künstlich konstruierte Polarisierung in einer internationalen Lebensgemeinschaft? Einfach packende Fußballspiele und ein großer Pokal, das reicht.

Wettbewerb gehört zur Natur des Menschen. Deshalb wird es immer auch Leistungsunterschiede geben. Nicht ethnische Herkunft, sondern qualifizierte Ausbildung und Können werden – wie im Fußball – darüber entscheiden, wer die Nase vorn hat.

Miteinander reden, miteinander tun

Für junge Menschen ist es heute völlig normal, mit Freunden, Bekannten, Sport- oder Berufskollegen aus allen Sprachgebieten aufs engste zusammenzuleben. Die Sprache ist dabei eine entscheidende Voraussetzung, um sich zu verständigen und sich auszutauschen, denn sie ist das Netz, das Menschen zusammenhält. Hier wird sich in wenigen Jahren die Steinbock-Struktur erfolgreich durchgesetzt haben, das heißt behördliche Vorgaben beschleunigen die Integration durch die gemeinsame Sprache, wie es zum Beispiel in Deutschland durch den vorgeschriebenen Einbürgerungstest von 2008 geregelt ist.

Ausländer, die eingebürgert werden wollen, haben einen deutschen Schulabschluss vorzulegen oder einen Nachweis über »Kenntnisse der Rechts- und Gesellschaftsordnung und der Lebensverhältnisse in Deutschland« zu bringen. Einsteigerkurse an Volkshochschulen und Fragetests ergänzen das Verfahren. Auf allen Gebieten des Lebens werden sich Steinbock-Reglementierungen ergeben, gedacht als Regeln für ein lebenspraktisches Miteinander. Durch ein Regelwerk klare Voraussetzungen schaffen, damit etwas funktioniert – das ist typisch für das Steinbock-Spezifische. So werden die plutonischen Reformen bis 2023/24 immer wieder in alle Bereiche des Lebens hineinwirken.

Die sozialen Lebensbedingungen für alle sind wichtig. Arbeitsbewilligungen in allen Ländern, Krankenkassen für jeden, Arbeitslosengeld, Kündigungsschutz, Rente und Wohnsicherheit in Europa und schon bald an jedem Platz der Welt – das ist das Ziel. Der Pluto-Rhythmus zum kollektiven Wandel greift auch hier – langsam, aber unaufhaltsam. Und eines Tages ist es so selbstverständlich, als wäre es schon immer so gewesen. Die Grenzen sind in der Schütze-Phase des Pluto in Europa gefallen. Freundschaft über Landesgrenzen. Come together – nicht aus Lust und Tollerei, sondern weil die Welt die Integration für die anstehenden globalen Überlebensstrategien braucht.

Der Ingress von Pluto in den Steinbock 2008 passt gut zu den gigantischen Olympischen Spielen von Peking (siehe auch Seite 114f.) und die nachfolgenden Paralympics. Diese Sport-Events der Sonderklasse haben – trotz der dramatischen Vor-Ereignisse in Tibet und anderen Regionen dieses riesigen Landes – Sportler, Zuschauer und Milliarden Menschen am Fernsehbildschirm teilhaben lassen. Die vielen Hintergrundberichte über den Gastgeber China haben das »Reich der Mitte« in die übrige Welt hineingeholt. Man konnte von Behördenseite so viel kontrollieren wie man wollte, die Öffnung hat sich vollzogen. Das Bewusstsein der Chinesen hat sich verändert. Die Welt zu Gast zu haben, das hat Berührungsängste verfliegen lassen. Die kommunistischen Machthaber werden es schwer haben, das Rad zurückzudrehen.

Menschen drängen und finden zueinander – so als spürten sie, dass nur im Miteinander das vor ihnen Liegende zu meistern ist. So verwundert es nicht wirklich, dass auch die geistigen Führer der Weltreligionen den Austausch untereinander suchen. Das ist kein Novum, wenn man die vergangenen Jahrhunderte daraufhin untersucht, aber in einer struktursuchenden Steinbock-Epoche des gestaltwandelnden Pluto ist dies wegweisend für die kommende Interaktion der Religionen und ihrer Institutionen. Die Zeiten des Abspaltens sind endgültig vorüber.

»Die politischen und religiösen Führer haben die Pflicht, die freie Ausübung aller Rechte in vollem Respekt der Freiheit eines jeden Individuums und der Gewissens- und Religionsfreiheit sicherzustellen. Vereinen wir unsere Kräfte, um alle Missverständnisse und Streitigkeiten zu überwinden.« Mit diesen Worten empfing Papst Benedikt XVI. im November 2008 in Rom die Teilnehmer des ersten Seminars eines Katholisch-Muslimischen Forums, dem offizielle Vertreter beider Religionen angehören.

Das Steinbock-Zeichen ist in besonderer Weise mit dem Dualgesetz verbunden. Das symbolisiert der Steinbock-Monatsherrscher Janus mit seinem Doppelgesicht, wie es auf Seite 110 beschrieben wurde. Das zeigt die Fähigkeit des Steinbocks, Gegensätzliches auf einen gemeinsamen Nenner zu bringen. Erst klären und ordnen, dann neu strukturieren und konsequent umsetzen. Das gestaltwandelnde Prinzip Pluto im Steinbock verbindet und eint.

FAZIT: Multikulturelle Vernetzung 2008 bis 2023/24

- In Zeiten globaler Probleme kann die Welt nur mit einer multikulturellen wirtschaftlichen und politischen Vernetzung bestehen.
- Nationale Befindlichkeiten treten hinter dem Gefühl, Weltbürger zu sein, zurück. In der multikulturellen »Familie« bilden sich verstärkt Akzeptanz und Toleranz. Jeder bringt ein, was er dem Ganzen zu geben hat.

DIE VÖGEL FALLEN VOM HIMMEL: DER KLIMAWANDEL

Pluto im Steinbock ist die symbolische Definition eines Alterspunktes der Welt. Wo steht sie in ihrer Evolution? Im großen zeitlichen Bogen der Welt sind diese etwa 16 Jahre nicht einmal ein Augenaufschlag. In den Auswirkungen jedoch könnten es schicksalhafte Jahre werden – nicht für die Welt, sondern für den Menschen. Die Erde überlebt. Sie rüttelt sich einmal durch und schüttelt sich den Menschen vom Erdboden. Den braucht sie nicht wirklich. Ihre Nachbarn existieren auch ohne. Nicht der Welt, dem Menschen läuft die Zeit davon!

Die Zielmarken, die in viel zu diskutierfreudigen Konferenzen gesetzt werden, erweisen sich als zu langfristig. Die Hurrikans jagen immer kurzfristiger durch die Karibik. Die Millionenstadt New Orleans wird 2008 total evakuiert. Die Überschwemmungen werden immer verheerender. 2008 sterben allein in China 80 000 Menschen nach extremen Regenfällen.

Die Erderwärmung setzt sich fort, die Polkappen schmelzen ab. Der Meeresspiegel steigt. Es ist heute schon errechenbar, in wie vielen Jahren Bangladesh oder die Niederlande überflutet sein werden. Die Pluto-Zeit im Steinbock wird eine Alarm- und Aktiv-Phase für die Welt auslösen.

Wer sagt, dass es reicht, bis 2012 den CO_2-Ausstoß weltweit um 21 Prozent zu senken? Deutschland scheint zwar gut mitzuwirken, um die Treibhausgase auf 981 Millionen Tonnen zu senken. Wer aber weiß, was die Welt wirklich braucht, um das Klima zu stabilisieren. Und: Erfüllen die anderen Staaten die Vorgaben? Auf 40 Prozent soll der Ausstoß bis 2020 gesenkt werden. Rettet das dann die Welt? Ist dies ein Ergebnis, mit dem die Welt sich erhalten kann, oder kommen noch andere Probleme dazu? Alle Tonnagen, Prozentangaben und Zeiträume sind zwar wissenschaftlich errechnet, aber doch nur Schätzwerte. Niemand weiß heute wirklich, welche Größenordnungen und zeitlichen Vorgaben letztendlich erfüllt werden müssen, um das Klima positiv zu beeinflussen. Die Klimaforschung der nächsten Jahre wird schnell zeigen, ob diese Zahlenwerte ausreichen und ob sie auch von allen Ländern konsequent umgesetzt werden.

Immer neue Hungersnöte drohen

Bis 2015 soll die Zahl der Hungernden halbiert werden. Das haben 189 Staaten auf dem UN-Gipfel von 2000 vereinbart. Hat es noch so lange Zeit? Zeigen nicht die aktuellen Entwicklungen, dass auch diese Zeitvorgaben falsch sein könnten? Durch Wetterkatastrophen werden immer mehr Menschen obdachlos. Ernten werden vernichtet. Die Armut und der Hunger sind heute schon eklatant größer als zu Beginn des Jahres 2008, wo in einem »Extremwetter-Kongress« neue Zielmarken ausgegeben wurden.

Falsche Prioritäten, aus mangelnder Weitsicht oder aus plumper Profitgier, werden die Situation noch verschärfen. Weizen wird verbrannt, um Benzin zu gewinnen. Wer meint, auf diese Weise Mobilität zu erhalten oder Energieverknappung zu beheben, organisiert den eigenen Untergang. Der Weltbankpräsident Zöllick: »Während sich manche Sorgen machen, wie sie ihren Benzintank füllen, kämpfen viele andere darum, wie sie ihren Magen füllen können.«

Das ökologische System zu erhalten ist die zentrale Aufgabe der 16 Pluto-Jahre im strukturschaffenden Steinbock. Die ökonomische Nutzbarkeit der Natur ist neu zu regeln. Es wird nicht ohne strengste Maßnahmen gehen, damit sich auch alle daran halten. Allerdings wird Erfindergeist ökologische und technische Verbesserungen in den Industriestaaten schaffen, Programme tun das ihre für die Entwicklungs- und bevölkerungsreichsten Länder. Von dem Wissen, dass wir anders mit der Natur umgehen müssen, hängt entscheidend ab, dass jeder Mensch genügend zu essen hat.

Klimaschutz heißt Erhaltung der Artenvielfalt

Damit verbunden ist auch, die Artenvielfalt zu erhalten. 5000 Delegierte waren sich im Mai 2008 bei der UN-Naturschutzkonferenz in Bonn einig, dass eine engere Zusammenarbeit beim Schutz der natürlichen Lebensgrundlagen höchst dringlich ist, weil Naturschutz und Klimaschutz untrennbar miteinander verbunden sind. Das Klima ist nicht zu stabilisieren, ohne die Artenvielfalt bei Tieren und Vegetation zu erhalten. Jeder weiß, dass der CO_2-Ausstoß die Atmosphäre aufheizt und die Durchschnittstemperatur auf der Welt steigen lässt. Die Wälder beispielsweise wandeln das katastrophal wirkende CO_2 in Sauerstoff um. Also braucht es große Waldflächen, um die Balance zu halten. Die Gletscher schmelzen bereits weltweit, das verflüssigte Eis von dort und von den Polen hebt den Meeresspiegel.

In der jetzigen Periode wird das Plutonische einfach weiter zuschlagen, bis wirkliche Korrekturen zu erkennen sind. In und ab 2012 ergeben sich Aspektierungen, die sowohl positive Ergebnisse als auch lebensbedrohende Ereignisse signalisieren können. Programme zum Schutz von Wäldern, Meeren und Tierarten sind verabschiedet. Völkerrechtlich verbindlich ist jedoch nichts. Vielleicht kommt der Vertrag bei der nächsten Konferenz 2010 in Japan zustande, vielleicht aber auch nicht. Die Arten werden durch Beutegier weiter ausgerottet, die Ökosysteme gehen verloren. Das Tempo ist erschreckend. 5000 Delegierte waren es in Bonn – und nichts geschieht wirklich. Es scheint systembedingt im Menschen angelegt zu sein, dass es oft erst Heulen und Zähneklappern braucht, bis er wirklich zum Besseren handelt.

Raubbau und Klimaschock

Der für ein ausgewogenes Weltklima zentral wichtige Regenwald im Amazonas-Gebiet wird derzeit noch stärker als jemals zuvor großflächig abgeholzt. Auf der freiwerdenden Fläche entstehen Palmölplantagen für die Produktion von Biodiesel. Dadurch ergibt sich ein Wetterwechsel: Die Niederschläge nehmen ab, das Amazonas-Gebiet trocknet aus.[16] 500 Millionen Euro stellt allein

Deutschland bereit, um den Regenwald zu retten. Unterdessen geht paradoxerweise das Abholzen weiter und wird sogar noch beschleunigt. In Argentinien werden 2008 bereits 1,6 Millionen Hektar Boden mit Sojabohnen bepflanzt, aus denen 200 Millionen Liter Biodiesel gewonnen werden. 2010 soll sich die Produktion auf zwei Milliarden Liter steigern. Und wie viel Bodenfläche braucht es dann dafür? Bodenfläche, auf der heute noch wertvoller Regenwald steht?

In den USA wird bis zur Hälfte der Maisernte zu Biokraftstoff verarbeitet, wie ein Bericht der Welternährungsorganisation zeigt. Doch es braucht eine andere, klimaschonendere Energieversorgung! Andere erneuerbare Energiequellen müssen schneller erschlossen werden. Die Nachfrage explodiert. Nutzfläche für Lebensmittel darf nicht für Benzin geopfert werden.

Hunger, Rohstoffmangel, Überbevölkerung in Afrika und Asien sowie der Klimawandel sind dramatisch miteinander vernetzt. Die Defizite potenzieren sich. Und was auch unternommen wird, die Regeneration des Klimas wird ebenso lange dauern, wie die Problematik für ihre Entstehung brauchte. Wenn es wirklich gelingen sollte, die Erderwärmung zu senken, wird es Jahrzehnte dauern, bis Positives messbar ist.

Naturkatastrophen und daraus resultierende Hungerrevolten, Völkerwanderungen aus den Armutszonen in die reichen Länder, sowie der Kampf um sauberes Wasser (oder Wasser überhaupt), das sind Horrorthemen, wenn die Menschen in der aktuellen Wandlungszeit bis 2023/24 nicht rechtzeitig kreative Alternativen finden.

Hoffnung macht, dass Pluto für Regeneration und Fortentwicklung steht. Die Menschen werden das Richtige unternehmen, weil die Zeit drängt. Wohin sie gehen und vor allem wie schnell, das entscheidet jetzt über die Klimaverbesserung von morgen!

Woher der Klimawandel wirklich kommt, ist noch nicht definitiv geklärt. Theoretisch könnte sich die Welt auch in einer rhythmischen Klimaveränderung befinden. Bewiesen ist allerdings: Wie der Mensch mit den Ressourcen und den Rückbelastungen (Atommüll, CO_2-Ausstoß, Industrieabfälle etc.) umgeht, das löst direkte Klimareaktionen aus. Es braucht eine entschiedene und kollektive Bereitschaft, die Ursachen zu benennen und schnellstmöglich zu beseitigen.

Untergang oder Evolution – in der Steinbock-Zeit wird scharf analysiert und gehandelt. Der Mensch wird angesichts der zunehmenden Naturkatastrophen durch staatliche Maßnahmen verpflichtet, eine größere Verantwortung für seine Welt zu übernehmen. Überall auf der Welt werden darüber hinaus durchsetzungsstarke Persönlichkeiten, fähige Experten und auch überzeugende Organisatoren von Initiativen (beispielsweise Greenpeace) eine geballte Entschlossenheit demonstrieren und damit nachhaltig von den jeweiligen Regierungen fordern, die katastrophalen Zustände zu beseitigen.

FAZIT: Der Klimawandel 2008 bis 2023/24

- Die Pluto-Steinbock-Jahre lösen eine Alarm- und Aktivphase aus, die das weltweite ökologische Gleichgewicht zu erhalten versucht.
- Es werden strenge gesamtgesellschaftliche Maßnahmen ergriffen, um die weitere Zerstörung der Lebensgrundlagen zu stoppen.
- Ab 2012 wird sich zeigen, ob ein ökologischer Wandel zum Guten überhaupt möglich ist.

NOCH MEHR HUNGERNDE WELTWEIT: GLOBALE LEBENSMITTELKNAPPHEIT

Drei globale Notstände sind bis spätestens 2023/24 zu lösen: der Klimawandel, die Energie- und die Lebensmittelkrise. Damit es keine Missverständnisse gibt: Nicht die astrologischen Konstellationen verursachen Krisenthemen, sondern die Ereignisse selbst schaffen den Bezug zu ganz bestimmten astrologischen Aspekten. Die Probleme sind seit langem bekannt, aber in den Pluto-Jahren im Schützen wurden sie ignoriert und schöngeredet. Auf die Rufer in der Wüste hat niemand gehört.

Dann, mit Pluto im Steinbock und zurückpendelnd in die Schütze-Vergangenheit, wird im Verlauf von 2008 die katastrophale Lage deutlich. In Haiti stürzt die Regierung über die nicht mehr bezahlbaren Lebensmittel; es gibt im Kampf um Nahrungsmittel Tote in Kamerun und im Senegal, Hungerrevolten auch in Ägypten und Mexiko. Die Zahl der Hungernden wächst auf über 800 Millionen.

Wie versorgt man die Menschen mit ausreichend Nahrungsmitteln? Das beschäftigt die ranghöchsten Regierungsvertreter, zum Beispiel auf dem G8-Gipfel oder auf der Welternährungskonferenz im Juni 2008 in Rom.

Bis 2015 hat man sich Zielmarken gesetzt. Bis dahin soll alles geregelt sein und keiner mehr hungern müssen. Der astrologische Rhythmus prognostiziert jedoch einen längeren Zeitraum: 2023/24 erst wird die weltweite Grundversorgung mit Nahrungsmitteln durch Anbaustrategien und internationale Verträge realistisch gesichert sein. Eine wirkliche Lösung für die Zukunft bringt aber auch dies noch nicht. Das wird die Weltgemeinschaft erst in den Jahrzehnten nach 2024 schaffen, wenn Pluto durch den Wassermann zieht und innovative Methoden den steigenden Lebensmittelbedarf decken.

Selbstmord der Menschheit?

In Steinbock-Phasen bleiben konservative Haltekräfte immer stark. Plutonische Energien erzwingen aber ein Umdenken. Das Profitdenken wird aufgebrochen und in ein kollektives Bewusstwerden umgewandelt. Sollte die Einsicht erst durch Ereignisse erzwungen werden müssen, dann allerdings wird es die Welt auch in strukturgebenden Steinbock-Zeiten schwer haben.

Der Kampf um Nahrungsmittel kennt kein Erbarmen. Mit Waffengewalt und militärischen Auseinandersetzungen werden die Habenden sich gegen die Nehmenden wehren. Millionen Flüchtlinge bewegen sich von der südlichen zur nördlichen Welt – dorthin, wo man sich noch satt essen kann.

Das Welternährungsprogramm der UNO (WFP) formuliert die Lebensmittelverknappung als die größte Herausforderung in der 45-jährigen Geschichte der Organisation. Die Präsidenten von Peru und Bolivien warnen in einer gemeinsamen Erklärung vor Biobenzin, weil die Anbauer in ihren Ländern und im gesamten Südamerika großräumig von landwirtschaftlicher Nutzung auf biospritorientierten Anbau umstellen. Die Präsidenten sprechen von einem »Selbstmord der Menschheit«.

Die Umpolung von einer nahrungsorientierten in eine energieproduzierende Landwirtschaft ist fatal! Energiepflanzen wie Mais, Raps, Zuckerrohr, Getreide oder Soja verdrängen die für die Ernährung wichtigen Nutzpflanzen. Die Ernten werden einfach, wie zum Beispiel beim Getreide, für den Biosprit und nicht mehr zum Brotbacken verwendet. Bis zu 70 Prozent der landwirtschaftlich genutzten Flächen werden nach dem Jahresbericht 2007 des Internationalen Forschungsinstituts für Nahrungsmittelpolitik (IFPRI) zur Produktion von Ethanol und Biodiesel zweckentfremdet.

Die Rekorde an Gewinnen und Umweltzerstörung haben in Südamerika eine neue Höchstmarke erreicht. Je mehr der Bedarf nach Fleisch und Biosprit steigt, desto mehr Geld wird verdient. Der Anbau von Soja und die Rinderzucht beanspruchen immer größere Flächen. Soja wird hauptsächlich zu Futtermitteln verarbeitet. Nur ein geringer Anteil (20 Prozent) ist direkt für die Nahrungsmittelindustrie. Sojaöl wird außerdem zunehmend benötigt, um Biodiesel herzustellen.

In Brasilien ist Soja bereits zu 90 Prozent und in Argentinien zu 98 Prozent gentechnisch verändert. Internationale Verbraucherschutz-Organisationen arbeiten bisher mit wenig Erfolg daran, Mindeststandards für die Sojaproduktion festzulegen. Gelingt es nicht, werden die möglichen Folgen des Sojarausches für den Menschen und für die Böden schon bald deutlich sein: Genmanipulierte Nahrung könnte negative Auswirkungen auf den menschlichen Organismus haben (siehe *Gentechnik – Gefahr oder Rettung?*, Seite 167), und Pestizide sind nicht nur bedenklich für unsere Gesundheit, sie schädigen auch nachhaltig die Böden. In der Pluto-Steinbock-Phase wird das Umdenken, wie schon erwähnt, durch autoritär-strenge Maßnahmen erzwungen.

Zunahme der Hungerrevolten

Drei Milliarden Menschen ernähren sich hauptsächlich von Reis. Exportverbote in China, Indien, Vietnam und anderen Ländern in Asien sollen einen Reiskollaps verhindern. Auf den Philippinen dürfen Reisfelder nicht mehr in Bauland umgewandelt werden. Um Hungerrevolten größten Ausmaßes in Asien zu verhindern, braucht es dringend salzwasser- und schädlingsresistente neue Sorten. Die Regierungen haben die Forschung zu subventionieren, Zulassungsverfahren zu beschleunigen und den Bau von verbesserten Bewässerungsanlagen zu veranlassen.

Wie schnell sie es tun, wird davon abhängen, wie stark Hunger in Gewalt umschlägt. Pluto-Rhythmen beginnen zwar langsam, sind aber in der Endphase von brutaler Endgültigkeit.

Von den beiden Reis-Hauptsorten, Trocken- und Nassreis, entfallen heute bereits 80 Prozent der Ernte auf den Nassreis, der von der Saat bis zur Reife 6000 Liter Wasser pro Kilogramm benötigt. Vier Monate liegt der Nassreis im Wasser, in dem sich durch Bakterien Methangas bildet. Dieses Gas verstärkt den Treibhauseffekt. Es ist 20-mal gefährlicher als Kohlendioxyd. 20 Millionen Tonnen werden jährlich an die Atmosphäre abgegeben. Die Trockenreisproduktion erzeugt fast kein Methangas. Die Bauern bauen aber weiterhin Nassreis an, weil er mehr Ertrag bringt. Neue Forschungen haben Sorten entwickelt, bei denen sich deutlich weniger Gas bildet, aber es bleibt beim traditionellen Anbau. Nur autoritäre Vorgaben und entschiedenes Handeln werden in dieser Plut-Zeit etwas ändern.

Die Zeit zum Handeln wird knapp

Der Welt-Agrarrat der UN macht Druck: Die Zeit zum Handeln ist knapp, lässt er am 15. April 2008 veröffentlichen. Wirkungsvollere Welternährungsprogramme seien dringend erforderlich. Nach seinen Angaben würden 2008 entgegen der bisher bekannten Zahlen bereits 850 Millionen Menschen hungern, während zugleich 700 Millionen übergewichtig sind. Nach neuesten Berechnungen sind in den Jahren um 2030 doppelt so viele Lebensmittel nötig wie heute. Wenn sich die Grundnahrungsmittel weiter verknappen, so konstatiert 2008 die Weltbank, könnte es in 33 Ländern zu sozialen Unruhen kommen.

In die Zeitqualität der aktuellen Pluto-Jahre passt die Meldung der *FAZ* vom 21. Juni 2008, wonach mehrere Südseeinseln ein Thunfisch-Kartell nach dem Vorbild des Ölkartells OPEC gegründet haben. Den Kampf um den Thunfisch gegen die Fangflotten aus Korea, Japan, Taiwan und China wollen sie durch drastische Fangbeschränkungen gewinnen.

Der zunehmende Wohlstand von bestimmten Bevölkerungsschichten in Indien und China lässt die Pro-Kopf-Nachfrage bei Lebensmitteln in die Höhe schnellen. So verbrauchen die Chinesen in den ersten drei Monaten des Jahres 2008 pro Kopf statt bisher 20 jetzt 27 Kilogramm Fett. Insgesamt ist im gleichen Zeitraum der Bedarf an den Grundnahrungsmitteln Reis (um 44 Prozent) und Mais (um 25 Prozent) weltweit gestiegen. Mit der Verknappung steigt der Preis, bei Getreide in 2008 um 56 Prozent, bei Mais um 35 Prozent und bei Reis sogar um das Doppelte. Je weniger es gibt, desto höher die Nachfrage. Die Preisspirale schraubt sich mit atemberaubender Geschwindigkeit nach oben – auch in Europa. Seit 2005 sind die Lebensmittelpreise international um 83 Prozent teurer geworden. Darin steckt sozialer Sprengstoff, wenn die Bevölkerung in den ärmeren Ländern von Asien, Afrika und Südamerika ihre Grundnahrungsmittel nicht mehr erhalten, weil sie sie nicht bezahlen können.

Es wurde zwar kürzlich aus der Verordnungsliste gestrichen, aber es ist geradezu grotesk, wenn die EU-Kommission sich derweil darüber streitet, welches der eigentliche Krümmungsgrad für eine Gurke ist. Die maximale Krümmung dürfe bei einer Länge von zehn Zentimeter nicht über zehn Millimeter betragen. Wenn doch, dann wäre die Gurke keine Gurke mehr. Die Regulierungssucht und der Missbrauch von Verordnungsautorität einiger Eurokraten in Brüssel spottet angesichts der Ernährungsprobleme, welche die Welt wirklich hat, jeder Beschreibung und zeigt die Arroganz der saturierten, mit Lebensmitteln überfluteten Staaten.

36 weitere Vermarktungsnormen gibt es in der EU, auch für Melonen, Knoblauch, Erdbeeren, Nüsse etc. 27 Bürokratien innerhalb der EU praktizieren nach eigenen Richtlinien beziehungsweise opponieren gegen die EU-Normen. Die eigentliche Idee ist, Mindestnormen für Qualität und Frische zu gewährleisten. Plutos Wachhund Kerberos bellt, weil hier steinbockartige Auswüchse sichtbar werden: durch Regeln alles, wirklich alles ganz sicher zu machen. Denn hinter den Normen der EU lauern bereits die Vorschriften der ECE (Wirtschaftskommission der Vereinten Nationen für Europa) in Genf. Wenn man allerdings Verordnungen zu streng handhabt, dann würgt man damit jede Kreativität in der Produkt- und Qualitätsvielfalt ab. Das ist verheerend bei der aktuellen Unterversorgung mit Lebensmitteln.

Die Tatsache ist ernüchternd: Die Produktion von Nahrungsmitteln hält nicht Schritt mit dem Wachstum der Weltbevölkerung. Entweder schaffen es die Regierenden, die Ernährung sicherzustellen, oder es drohen Völkerwanderungen, Kriege um Agrarland und Beute-Terrorismus.

Jacques Diouf, Generaldirektor der FAO, der Nahrungsmittel- und Agrarorganisation der Vereinten Nationen, sagt in einem Interview: »Wir brauchen eine grüne Revolution. Wenn wir so weitermachen, schlittern wir in eine Katastrophe.« Die weltweit falsche Entwicklungspolitik sei schuld, weil sie die Landwirtschaft völlig vernachlässigt habe.[17]

Nach astrologischen Berechnungen könnte es schon 2012 an den geografischen Brennpunkten der Versorgungsengpässe zu eklatanten Ausfällen mit nachfolgenden sozialen Unruhen kommen. Hauptverursacher für das Horrorszenario einer verhungernden Welt ist der Klimawandel. Die Weltbevölkerung wird weiter rapide wachsen – in China allein schon 20 Millionen pro Jahr. Deshalb wird auch weiterhin Kohle, Öl und Gas in hohen Mengen verbraucht. Der CO_2-Ausstoß heizt die Atmosphäre auf. Der Weltklimarat der UN sagt voraus, dass die Erde sich um bis zu fünf Grad erwärmen könnte. Dann nimmt das Extremwetter katastrophale Formen an. Starkregen schwemmt vielerorts die Ernten weg. Andere Länder erleben jahrelange Dürre. Die Stürme zerstören den Rest.

Wasser bald so teuer wie Sprit?

Mit dem Klimawandel und dem steigenden Energiebedarf wird das Allerwichtigste für unser Leben auch noch knapp: Wasser. Wenn in weiten Teilen kein Regen mehr die Felder bewässert, dann fällt auch die Ernte aus. Da nützt es wenig, wenn woanders Hektoliter aus dem Himmel fallen und alles mit sich reißen. Und wie versorgen sich Menschen mit Trinkwasser, wenn der Grundwasserspiegel in den Trockenregionen fällt? Zum Hungern kommt dann noch das Verdursten. Frischwasser und Trinkwasser-Aufbereitungsanlagen wird es in der benötigten Anzahl nicht geben oder sie sind nur begrenzt einsetzbar.

Eine Umfrage zeigt, dass die Menschen in der EU zum Beispiel deshalb zu viel Wasser verschwenden, weil sie zu lange duschen. Von der EU empfohlen sind zwei Minuten, geduscht wird aber zwischen fünf und 20 Minuten.[18] Noch wird offiziell nur »empfohlen«. Wenn sich Wasser weiter verknappt, dann wird es bald strikte Anordnungen geben, an die sich jeder halten muss. Unter Pluto-Einflüssen wird das privat-individuelle Bedürfnis immer dem Gemeinwohl untergeordnet sein. Mehrheitsinteressen dominieren die Einzelbedürfnisse.

Allerdings ist eine »Duschverordnung« ein schwaches Beispiel für alle, die den Film *Let's make Money* gesehen haben. In diesem geht es unter anderem um die Immobilienblase in Spanien, die auch in Bezug auf das Wasser eine groteske Folgeerscheinung hervorruft: Unzählige große Golfplätze werden dort stetig bewässert, obwohl darauf niemand Golf spielt oder spielen wird. Und es gibt weitere Beispiele: Welche riesigen Mengen Wasser werden für die übermäßige Fleischproduktion über den Umweg der Futtermittelherstellung gebraucht!

Doch ein neuartiger Umgang zeigt sich auch mit der Ressource Wasser: Die Abwasserverarbeitung wird in der Zukunft konsequent verändert, wie es heute in den Anfängen schon geschieht. Bio-Bauern sind in rund 40 Ländern dabei, die Abwässer beispielsweise mit Pflanzen (Schilf) von Bakterien zu reinigen, um dieses aufbereitete Wasser wieder auf ihre Felder leiten zu können.

Gentechnik – Gefahr oder Rettung?

Die Hightech-Pflanzenforschung steckt erst in den Anfängen und niemand weiß, welche Anlageveränderungen auch in nicht genmanipulierten Pflanzen entstehen beziehungsweise wie der Organismus des Menschen genveränderte Pflanzen verarbeitet. Vielleicht entstehen Probleme während der Schwangerschaft beim Ungeborenen oder es verändern sich die Strukturen von Leber, Nieren, Darm, Bauchspeicheldrüse und anderem, weil veränderte Pflanzengene das »Zerlegen« der Nahrung in den Organen beeinflussen. Die Gentechnik steckt heute schon – still und leise – in sehr vielen Lebensmitteln. Die Pluto-Zeit im Steinbock wird ernüchternde Forschungsergebnisse bringen, die entsprechende gesetzliche Regelungen auslösen.

Die Biotech-Forschung treibt sich selbst voran. In ihr steckt ein enormes Wirtschaftspotential. Die Chemiekonzerne kämpfen um ihre Marktanteile. Die BASF lagert deshalb ihre Forschungsprogramme nach Asien und Amerika aus, weil in Deutschland und in der EU die Forschungs- und Zulassungsverfahren zu eingeschränkt sind. Die Genkartoffel »Amflora« ist von der EU-Kommission noch nicht freigegeben, obwohl sie offiziell nur zur industriellen Stärkeproduktion verwendet werden soll. Wirtschaftlich richtig interessant wird es nach Auskunft des BASF-Vorstands Stefan Marcinowski bei den schon genannten Nahrungsmitteln wie Mais, Raps, Soja etc., wenn die Gentechnik die Pflanzen widerstandsfähiger macht und sich dadurch die Ernteerträge erhöhen oder statt einer sogar bis zu drei Ernten pro Jahr zu erzielen sind.

Die BASF-Kartoffel ist nach der Auffassung von Stefan Marcinowski »gegenüber Menschen und Umwelt genau so sicher wie eine herkömmliche Kartoffel«. Beinahe hätte der Vorstand in der Hauptversammlung aus begeisterndem Sendungsbewusstsein selbst in die konzerneigene Kartoffel gebissen, was die anwesenden BASF-Juristen gerade noch verhindern konnten. Er hätte sonst die Kartoffel widerrechtlich »in den Verkehr gebracht«. Der Konzern hofft weiter, dass die EU die Gen-Kartoffel doch noch zulässt.

Europa liegt in der Entwicklung der Gentechnik deutlich hinter Amerika und Asien zurück. In der EU gibt es nur eine einzige Zulassung einer genveränderten Pflanze (Mais), in den USA dagegen schon 70. Innerhalb der EU bremsen am meisten Deutschland und Österreich, während Großbritannien und die Niederlande für eine flexiblere Genpolitik sind.

In der *FAZ* vom 19. Juni 2008 ist allerdings nachzulesen, dass heute schon 60 bis 70 Prozent aller Nahrungsmittel direkt oder indirekt mit Gentechnik über Futtermittel oder durch Zusatzstoffe (Enzyme) in Berührung kommen.

Bei BASF gibt man sich überzeugt, dass an der Pflanzenbiotechnologie und damit an der »grünen Gentechnik« kein Weg vorbeiführt, weil Lebensmittel noch teurer werden und sich die landwirtschaftlichen Ressourcen verringern. Der Druck der Verhältnisse wird auch hier für plutonischen Wandel sorgen. Ob es gelingt, neben zunehmend genveränderten Pflanzen auch eine völlig genfreie Lebensmittelkultur zu erhalten, wird sich zeigen. Wenn sich die Qualität der Produkte aus biologisch-kontrolliertem Anbau von den genmanipulierten Erzeugnissen positiv unterscheidet, dann wird sich auch der genfreie Anbau behaupten.

Wie ernst man den Klimawandel und die Lebensmittelverknappung in der Politik nimmt, zeigt eine »Arche Noah für Pflanzen«. Sie soll die Pflanzenvielfalt retten. Auf der Artenschutzkonferenz in Bonn im Mai 2008 wurde dokumentiert, dass täglich bis zu 75 Pflanzen und Tiere aussterben. In einem gigantischen Saatgutlager auf der arktischen Insel Spitzbergen werden deshalb 4,5 Millionen Nutzpflanzen bei minus 18 Grad eingelagert. Dieses Welterbe der Pflanzen könnte im globalen Katastrophenfall zu einer Lebensversicherung für die Menschheit werden. Die erste Pflanzensaat ist am 26. Februar 2008 eingelagert worden.

FAZIT: Globale Lebensmittelknappheit 2008 bis 2023/24

- Der Hunger in der Welt nimmt weiter drastisch zu, erst ab 2023 stoppen neue Anbaustrategien und internationale Verträge diese verheerende Tendenz.
- Flüchtlinge bewegen sich in Millionen von der Süd- auf die Nordhalbkugel, auf der das Nahrungsangebot besser ist. Regional flammen zunehmend Verteilungskämpfe um Essbares und Wasser auf.
- Biosprit kontra Lebensmittel: Dieser Kampf durchzieht die Pluto-Steinbock-Phase, bis neue Technologien für den weltweit steigenden Bedarf an Antriebsenergien nutzbar gemacht sind.
- Klimawandel und hemmungslose Rohstoffausbeutung lassen das Horrorszenario einer verhungernden Welt zur realen Bedrohung werden. Eine grüne Revolution wird gesamtgesellschaftlich und überregional als zwingender Ausweg erkannt.
- Zwei Tendenzen verlaufen parallel: stärkerer Anteil an nachhaltig biologisch angebauter Nahrung und intensivere Nutzung von bio- und gentechnologischen Anbauverfahren.

WEM GEHÖRT DAS ERDÖL? ENERGIE UND MOBILITÄT

Das zentrale Thema von Pluto in den Steinbock-Jahren bis 2023/24 ist die Reduktion auf das Unverzichtbare. Der Weg aus der Energieverknappung kann nur darüber führen, den Verbrauch zu verringern, zu rationieren, Mehrweg-Verpackungen zu nutzen und forciert regenerative Energiequellen auszubauen.

Wie knapp Energie wirklich wird, zeigt sich schon in wenigen Jahren, wenn Saturn, der Grenzsetzende, einen Konfliktaspekt zu Pluto wirft. Wie stellt sich die Weltgemeinschaft schon heute darauf ein? Welche erhöhten Anstrengungen werden unternommen, erneuerbare Energien schneller für den allgemeinen Konsum zugänglich zu machen? Wie ändert man energieverschleuderndes Fehlverhalten in Afrika und Asien? Wie stellt sich die Industrie in Amerika und Europa auf eine energiesparendere Produktion um? Und wie lässt sich in Deutschland und in den anderen EU-Staaten der Energieverbrauch in den Privathaushalten verringern?

Das Verbot der verbrauchsintensiven normalen Glühbirne in der EU ist beschlossene Sache. Die Standards werden ab 2009 Zug um Zug verschärft. Ab 2015 ist die klassische Glühbirne nicht mehr am Markt. In anderen Ländern, wie beispielsweise in Australien oder Neuseeland, ist sie bereits verboten.

Im Klima- und Energiesparpaket der Bundesregierung ist vorgesehen, dass bei Neubauten ab 2009 eine Öko-Heizanlage zwingend vorgeschrieben ist. Gesetz wird auch, dass der Anteil von Ökostrom im allgemeinen Energieverbrauch bis 2020 auf 30 Prozent verdoppelt werden soll.

Energiefressendes Wohnen wird sich niemand mehr leisten können. Die meisten Häuser sind heute in ihrem Energieverbrauch viel zu hoch und entsprechen in keiner Weise den aktuellen Standards. Ökologisch und wirtschaftlich dringend anstehende Modernisierungsmaßnahmen kosten Geld und werden deshalb nur über gesetzliche Regelungen durchsetzbar sein. Es dürfte bereits klar geworden sein, dass dies jetzt, in der Pluto-Steinbock-Zeit, geschehen wird.

Der international bekannte Umweltexperte und ökologisch orientierte Zukunftsforscher Franz Alt meint dazu: »Wir könnten aus den rund 20 Millionen Gebäuden in Deutschland 20 Millionen kleine Solarwerke machen.«[19] Er setzt auf die Solarenergie und einen intelligenteren Einsatz von Baumaterialien. Er vertritt die Auffassung, dass »Solarenergie-Plus-Häuser«, die mehr Energie erzeugen, als ihre Bewohner verbrauchen, das Ziel des modernen Bauens werden. Das könnte es Bewohnern beispielsweise möglich machen, gleichzeitig die Batterie des Elektroautos mit aufzuladen.

Ein energieeffizienter Wohnungsbau wird die Bau- und Wohnkonzepte der nächsten Jahre mit zukunftsweisenden Energiestandards entwickeln. Ziel ist das ökologische, energiesparende Bauen, das dennoch bezahlbar und baukulturell, ästhetisch vertretbar ist. Stromlinienförmige Designer-Häuser könnten es dann schwerer haben, sich bei strenger werdenden Bauverordnungen zu behaupten.

Und die EU-Kommission will den Autoherstellern auferlegen, bis 2012 nur noch Neuwagen mit maximal 120 Gramm CO_2-Ausstoß pro Kilometer zu produzieren.

Das Rettungspaket: strenge Hand und Innovation

Strenge Maßnahmen, Gesetze und Verordnungen passen zu den autoritären und ultimativen Zeitströmungen in der Pluto-Steinbock-Phase. Dem Prinzip Pluto allerdings entsprechen sie nur teilweise, denn zu seiner evolutionären Kraft gehört es, zu entwickeln und weiterzuführen. Also braucht es auch kreative Lösungen. Mit Pluto im Steinbock werden sie anders aussehen als mit Pluto im Wassermann nach 2023.

Der Mensch ist ein Überlebenskünstler, deshalb sind Untergangsszenarien Panikmache. Er wird nicht aussterben, sondern fortbestehen – und sollte es auf einem anderen Stern sein (siehe *Das Unvorstellbare wird wahr*, Seite 216ff.).

Bei Pluto im Schützen war es eine ethische Frage, verantwortungsvoll mit Energien umzugehen und nicht im Unverstand zu vergeuden, was eines Tages aufgebraucht sein wird. An eine konsequente Einschränkung hat sich jedoch niemand gehalten. Die Übertreibungen sein lassen, ja, aber doch nicht mit dickem Pullover in einer halbwarmen Wohnung sitzen, weil es den Öl- oder Gas-Verbrauch senkt und die Umwelt schont – so die damalige Denkart.

Jetzt, in der Steinbock-Zeit, wird klar, dass Reduktion des Energieverbrauchs im Großen wie im Kleinen angesagt ist. Jeder steht vor den Energiefakten. Es erschüttert zu erkennen, dass man sich eine kuschelig-warme Wohnung nicht mehr leisten kann. Besuche bei Verwandten und Freunden, Kaffeefahrten am Sonntag, Sport- oder Restaurant-Vergnügen werden seltener, wenn das Sein am Ort der Freude eine spritfressende Autofahrt erfordert. In zwanzig, dreißig Jahren (Pluto im Wassermann) wird es wieder bequemer werden, weil dann die alternativen Lösungen da sind. In der Gegenwart, wo das Energiedefizit voll erkannt ist, verringert die aufgezwungene Sparsamkeit unsere Lebensqualität.

Die weiter steigenden Energiekosten treiben die Preise in die Höhe und jeder erfährt an seinem Monatsbudget, dass er sich immer weniger leisten kann. Luxus und Großzügigkeiten werden gestrichen, um die Mehrbelastungen aufzufangen. Miet- und Energiekosten zum Wohnen, Lebensmittel- und Spritpreise erzwingen, sich das Geld, das einem noch bleibt, völlig neu einzuteilen. Vergnügliche Überflüssigkeiten werden gestrichen. Was dies für die Gastronomie, Touristik, Freizeitparks und viele andere Konsumentenangebote bedeutet, ist bereits bekannt.

»Mehr Transparenz, wenn es um Energie geht«

Mit dieser Kopfzeile schaltet das Bundesministerium für Wirtschaft und Technologie deutschlandweit ganzseitige Anzeigen und verweist auf sein Informationsportal für den Verbraucher: »Gehen Sie den Dingen auf den Grund und erfahren Sie mehr über Energie. Denn mit Ihrer bewussten Entscheidung für einen

Anbieter oder eine Energiequelle sorgen Sie für mehr Wettbewerb und gestalten den Energiemarkt in Deutschland mit.« Die konventionelle Energiewirtschaft, aber auch die ökologische, wollen mit diesem Aufruf für ihre eigenen Interessen punkten.

Die Messe *Husum Wind Energy* wirbt als die weltgrößte Windenergiemesse mit 700 Ausstellern aus 35 Ländern für deren Produkte auf dem Energiesektor. Damit verbunden ist auch eine Job-Börse. Heute arbeiten schon 70 000 Menschen in Unternehmen der Windenergie. Bis 2023/24 könnten es schon doppelt so viele sein.

Im Sommer 2008 zieht auch BP mit einer Anzeigenserie nach und streicht darin seine Verdienste um die Weiterentwicklung der Solartechnik heraus. Die EUROSOLAR, Europäische Vereinigung für Erneuerbare Energien e. V., stellt sich in ganzseitigen Anzeigen unter dem Slogan »Deutschland muss erneuerbar bleiben« gegen die Atomkraft-Lobby. Im Text wird der Träger des Alternativen Nobelpreises, Hermann Scheer, zitiert: »Der beschleunigte und umfassend angelegte Wechsel zu erneuerbaren Energien ist eine wirtschaftliche, soziale und ökologische Existenzfrage. Es darf keine Zeit mehr verspielt werden.« Der Text ist von Wissenschaftlern und Persönlichkeiten des öffentlichen Lebens unterzeichnet.

Nach zwei Jahrzehnten der Vorbereitung gründen am 26. Januar 2009 in Bonn Regierungsvertreter aus 61 Ländern »Irena« (Internationale Agentur für erneuerbare Energien). Sie wird in der Zukunft eine wichtige Rolle bei der umweltschonenden Energieversorgung spielen. Dies gilt für den Ausbau der Energiegewinnung aus Biomasse, Wasserkraft, Geothermie, Sonneneinstrahlung und Wind.

Eine Energieversorgung nur durch Erdöl, Erdgas, Kohle und Atomkraft ist zukunftslos. Die Vorräte gehen in einigen Jahrzehnten zu Ende. Bei Uran beispielsweise sollen es etwa 70 Jahre sein. Außerdem ist es sehr teuer, diese Energieträger und deren Restvorkommen zu fördern. Die Ausbeute wird immer umweltschädigender. Daran ändert auch die intensive Suche nach neuen Rohstoffvorkommen nichts. Unter dem Nord- und Südpol werden gigantische Öl- und Gaslager vermutet, desgleichen auf dem

Meeresboden. Wem aber gehören die Vorkommen? Die Anrainer-Staaten der Arktis wollen Grenzen ziehen, das Gebiet unter sich aufteilen und dabei die Internationale Seerechtskonvention der Vereinten Nationen zur Basis der Verhandlungen machen. Der Kampf um die Besitzrechte hat begonnen und könnte schlimmstenfalls auch militärische Konflikte heraufbeschwören, wenn man sich nicht einigt und weiter unkontrolliert nach Öl und Gas gebohrt wird. Dies gilt auch in der gegenwärtigen Situation, wo den Haben-Ländern zunehmend das Recht abgesprochen wird, ihre Rohstoffe allein zu verwerten.

Die Suche nach vielfältigen Energieformen

Pluto-Zeitqualität will das Weiterführende. Dies bedeutet in der konsequenten Deutungsrealität, dass es nicht herkömmlich weitergeht, sondern ganz anders als bisher. Daraus lässt sich schließen, dass umweltschädigende Kohlekraftwerke oder hochriskante Kernkraftwerke, die auch noch höchst gefährlichen Atommüll produzieren, als Energieerzeuger für die Zukunft ausscheiden. Nur erneuerbare Energien machen es möglich, den rücksichtslos zerstörenden Raubbau der Lebensgrundlagen für Natur und Mensch zu beenden.

Innerhalb der nächsten Jahre, mit Pluto im Steinbock, wird sich die Meinung durchsetzen, dass Energievorkommen allen gehören. Es kann nicht sein, dass das zufällige Zusammenfallen von Territorium und Vorkommen zu Besitzansprüchen führt. Schon gar nicht, wenn sich daraus willkürliche Machtpositionen aufbauen, welche das politische, gesellschaftliche und wirtschaftliche Gleichgewicht in der Welt bedrohen.

Druck auf die Geberländer wird gefährliche Kraftproben mit Energiekrisen, Blockaden und Kriegen auslösen. Mit dem Ingress des Pluto in den Steinbock hat sich zum Beispiel der Preis für Erdöl in schnellen Schritten versiebenfacht, Fördermengen wurden gedrosselt, um die Gewinne hoch zu halten. Seither aber sind die Preise genauso rapide wieder gesunken. Es bleibt zu erwarten, dass sich dieses Auf und Ab noch drastischer vollzieht. Weltwirtschaftskrisen sind die Folge, aber zunehmend auch Neuregelungen, die nicht mehr hinnehmen, dass Kartelle darüber befinden, wer Energie bekommt und wem man sie entzieht.

Die kostspielige Förderung und der Verbrauch dieser fossilen und atomaren Energien belasten die Umwelt. Die radioaktiven Abfälle sind trotz aller Beteuerungen der profitgebundenen Energiekonzerne nicht wirklich beherrschbar. 2008 rückt das ausgediente Kalibergwerk Asse bei Wolfenbüttel in die Schlagzeilen. Dort lagern 126000 Fässer mit radioaktivem Müll. Seit Jahren dringt Wasser in die Schachtanlage. Eine radioaktive Lauge hat sich gesammelt – und niemand hat es bemerkt oder ernst genommen. Was hilft es, wenn sich Staatsanwaltschaften einschalten oder Betreiberlizenzen entzogen werden, Menschen aber durch Strahlungsschäden über viele Generationen hinweg geschädigt sind oder sogar sterben müssen? Beim Supergau von Tschernobyl ist genau das eingetroffen.

Das deutsche Endlagerkonzept ist mit Asse gescheitert. Niemand möchte über oder in der Nähe solcher fragwürdigen und lebensgefährlichen Lager leben. Die Proteste von Gorleben zeigen es. Dabei vervielfachen sich diese lebensbedrohenden Endlagerprobleme, weil sie für alle Länder der Erde gelten, die mit Atomkraft Energie erzeugen. Weltweit sind im Jahr 2008 439 Kernkraftwerke am Netz.

Gleichzeitig kursieren Meldungen über eine Studie einer französischen Energieagentur, die im Auftrag der G8-Staaten eine »Energierevolution« entworfen hat. Sie soll den Weg aufzeigen, wie die Welt unabhängiger von Öl und Kohle werden kann. Das Ergebnis: 45 Billionen Dollar, zusätzliche 1400 neue Atomkraftwerke und eine Ausweitung der Windkraftanlagen seien nötig, um bis 2050 den CO_2-Ausstoß auf die Hälfte des heutigen Niveaus zu senken.

Mit jedem neuen Atomkraftwerk wächst die lebensbedrohende Gefahr einer weltweiten Verseuchung. Organzersetzungen, Verkrüppelungen über Generationen hinweg und verstrahlte Nahrung sind die Folgen, wenn beispielsweise in einem Krieg Atommeiler zerstört werden. Das Deutsche Atomforum e.V. befürwortet dennoch in einer 12-seitigen Zeitungsbeilage im September 2008 die Nutzung der Atomkraft, auch über den für 2021 geplanten Endzeitpunkt von Atomkraftwerken in Deutschland hinaus. Es ist ja auch Fakt, dass das Fass Öl von 25 Dollar vor wenigen Jahren auf zeitweise 150 Dollar in 2008 gestiegen ist und vielleicht auf 200 Dollar innerhalb der kommenden 15 Jahre klettern könnte. Benzin wird damit immer unbezahlbarer. Fakt ist zudem, dass die weiter steigenden Energiepreise für die Industrie, aber auch für die privaten Haushalte eine nicht mehr hinnehmbare Höhe erreicht haben. Die Wohnnebenkosten haben bald schon die Höhe einer zweiten Miete.

Es droht die soziale Schieflage. Immer mehr Menschen verarmen. Wirtschaftszweige sind in ihrer Existenz bedroht. Arbeitsplätze gehen verloren. Der Faktor Energie wird zur Existenzfrage der Menschen und des ganzen Landes. Wer nicht weiß, wie er seine Heiz- und Stromrechnungen bezahlen soll, wird weniger konsumieren. Und wenn nicht konsumiert wird, wird auch nicht produziert.

Energie muss deshalb für jeden bezahlbar bleiben. Die Kosten hierfür dürfen nicht zu sozialer Härte führen. Der Kreislauf von Angebot und Nachfrage, von Produzieren und Konsumieren muss dynamisch bleiben. Die Menschen wollen sich das leisten können, was einer angemessenen Lebensqualität im 21. Jahrhundert entspricht.

Mit diesen Argumenten werben die Betreiber der Atomkraftwerke dafür, Energie durch Kernspaltung zu gewinnen. Sie haben offenbar die ökologische, politische und wirtschaftliche Brisanz der atomaren Energieproduktion selbst erkannt, denn sie investieren inzwischen enorme Summen in Anlagen für erneuerbare Energie.

Beispielsweise steht vor der dänischen Küste im Meer die größte Windradanlage der Welt. Die größte Deutschlands mit zwölf Masten wird 45 Kilometer nördlich der Insel Borkum gebaut. Jeder Mast ist so hoch wie der Kölner Dom. EON, Vattenfall, RWE und andere Betreiberkonzerne planen weitere Anlagen bei der Insel Sylt und vor der englischen Küste, wo auch das weltgrößte Gezeitenkraftwerk entstehen wird.

Zu den schon bestehenden vier Biomassekraftwerken sollen weitere zehn Anlagen die Strom- und Wärmeversorgung mit erneuerbarer Energie ausbauen. 10 000 Hektar landwirtschaftlich nicht nutzbarer Flächen sollen in Holzplantagen umgewandelt werden, um die Kraftwerke dann mit Brennmaterial zu versorgen. In Labors wird nach geeigneten alternativen Brennstoffen auf Biomassebasis geforscht: Wie können beispielsweise organische Abfälle genutzt werden? Welche Energiepflanzen sind am ertragreichsten?

Die Wasserkraft zu nutzen, ist ein weiteres Ziel der Energieerzeuger. In diesem Bereich spezialisiert sich der in Karlsruhe ansässige Konzern EnBW. 400 Millionen Euro werden in Rheinfelden an der Schweizer Grenze investiert, um ein Wasserkraftwerk zu bauen. Weiter rheinabwärts wird in Iffezheim/Baden-Baden die bestehende Anlage ausgebaut. Im Wasser finden sich noch andere Energiequellen, deren Nutzung allerdings erst angedacht und noch nicht wirklich erforscht ist, wie beispielsweise die Wucht der Wellen oder die gewaltigen Strömungen im Meer.

Die Energiereviere werden von den mächtigen Konzernen mit allen Mitteln besetzt. Die Politik wird beeinflusst, damit sie die gesetzlichen Voraussetzungen schafft, das Energiemonopol für die konventionellen Energieerzeuger zu sichern. Wenn allerdings keine dem Kollektiv wirklich dienende Energie-Evolution stattfindet, weil Profitgruppen dies verhindern, dann wird in den Pluto-Jahren bis 2023/24 mit Sicherheit eine Energie-Revolution folgen, deren Ursachen und Ausmaße das biblische »Heulen und Zähneklappern« noch übertrifft.

Die Erkenntnis ist da, dass ein »Change« in der Energieversorgung kommen muss, weil die atomare Energie bei Defekten in den Anlagen zu risikobehaftet ist. Die plutonische Bewusstseinswende vollzieht sich. Dabei wird Deutschland in der Welt zum Vorreiter, alternative und erneuerbare Energiequellen zu erschließen. Hier sind die meisten Biogas-, Solar- und Windkraftanlagen installiert. 200 000 Arbeitsplätze sind direkt oder indirekt für diese neue Technologie entstanden.

Zu wenig wird bis heute die Sonnenenergie gefördert. Warum wohl? Weil sie zu einer netzunabhängigen Versorgung jeder Familie mit Energie führt. Es braucht keine Stromzähler mehr im

Keller, sondern Solarzellen auf dem Dach! Und in jedem Garten dreht sich unhörbar ein kleines Windrad. Die Energiekonzerne aber bleiben unbeirrt daran interessiert, Industrie und Haushalte weiterhin mit ihrer teueren Energie zu beliefern.

Die Solarenergie ist die vielversprechendste Form für die Versorgung in der Zukunft, weil sie überall einsetzbar ist, keinerlei Brennstoff benötigt und deshalb auch keine Rückstände (CO_2) entstehen. Ganz abgesehen von den hohen Netzkosten, wie sie heute anstehen, um den Strom zu transportieren. Für die Zukunft gilt: Jedes Haus erzeugt seine Energie selbst.

Wenn das eigene Hausdach nicht ausreicht, dann sind auch ausgelagerte Solarflächen geeignet – und sogar über weite Entfernungen noch rentabel! In der *Zeit* (6. November 2008) ist von Solarkraftwerken in der Sahara zu lesen, die ganz Europa mit Sonnenenergie versorgen könnten. Dem Klimaschutz wäre damit auch geholfen, obwohl noch ungeklärt ist, ob ein solcher »Energieabzug« aus einer Region an einer anderen Stelle der Erde unerforschte Turbulenzen auslösen könnte.

Der aktuelle Pluto-Rhythmus wird sich konsequent erfüllen. Wenn es so etwas wie einen Weltinstinkt oder ein kollektives Bewusstsein gibt, dann wird aus den weltweiten Protestbewegungen und unzähligen Debatten deutlich, dass sich die Menschen von der Kernenergie verabschieden und nur noch mit regenerativen Energien leben wollen.

Pluto am Steuer: Mobilität im Wandel

Wenn Benzin und Diesel zu teuer werden, leidet die Mobilität. Zwar ist das Auto für die Deutschen ein Symbol für Freiheit und Unabhängigkeit, aber wenn sich die Kosten pro Kilometer nicht mehr rechnen lassen, dann wird weniger gefahren. Speziell die Deutschen werden allerdings eher weniger essen, als dass sie sich das Autofahren nehmen lassen. Ernährungsphysiologisch lässt sich daher mit einem Augenzwinkern behaupten: Je höher der Spritpreis, desto niedriger der Cholesterinspiegel.

Die Rohstoff-Rationierung, steigende Spritpreise und die Reduktion von Autoabgasen (CO_2) beziehungsweise Rußpartikeln bewirken beim Verbraucher ein totales Umdenken. Er sucht sich die Alternativen. Die alarmierende Globalkrise für die Autoproduzenten ist aus Ignoranz entstanden, denn sie wissen seit langem, dass die Welt eine schadstofffreie und energiesparende Mobilität dringend braucht und eines Tages laut fordern wird. Der Automobilindustrie wird nichts anderes üblich bleiben, als verstärkt nach anderen Kraftstoff-Technologien zu forschen. Es mag sparsamere und schadstoffärmere Verbrennungsmotoren geben, aber der eigentliche Entwicklungsschritt ist eine ölunabhängige Antriebstechnik.

Eine von mehreren Optionen könnte das Elektroauto sein. Die Bundesregierung hat das Projekt »Flottenversuch Elektromobilität« mit VW und weiteren Partnern gestartet. Eine innovative Spitzentechnologie für neue Motoren soll die Vision vom »sauberen Autofahren« realisieren. Auch Mercedes, Opel (General Motors), Audi, Toyota, Nissan, Renault und andere forschen nach einer solchen Antriebstechnologie. Am weitesten ist vermutlich Renault-Nissan, denn in Israel soll schon 2011 das erste Nur-Elektro-Auto eingeführt werden.

General Motors hat allerdings im Mai 2008 angekündigt, dass das Unternehmen, wenn es dann noch existiert, schon 2010 ein Modell auf den Markt bringen will. Es soll weniger als 30 000 Dollar kosten. Ab dann könnten nach Auffassung des Autoexperten Ferdinand Dudenhöffer Autos mit einem Elektro-Hybrid-Antrieb und andere mit extrem sparsamem Benzinverbrauch angeboten werden. Nach seiner Meinung würde es aber noch bis 2025 dauern, bis das Auto völlig abgasfrei rollt.[20] Pluto ist dann vom Steinbock in den Wassermann gewechselt. Das ist der richtige Zeitpunkt für eine wirklich innovative, epochemachende Antriebstechnik. Das heute technisch noch nicht Darstellbare wird dann zum Serienprodukt werden.

Es ist davon auszugehen, dass die in einer dramatischen Absatzkrise steckende Automobilindustrie den neuen Motor der Zukunft zeitlich so forcieren wird, dass alle heutigen Prognosen nach vorn korrigiert werden. Und das ist auch erforderlich – für die Weltwirtschaftsdaten ebenso wie für den Klimaschutz. Es wird einen spannenden Wettlauf und Wettbewerb der Autohersteller untereinander geben – zeitlich und technisch. Nach einer Meldung des Deutschlandfunks vom 1. Januar 2009 wird in der Schweiz ein Elektro-Hybrid-Auto entwickelt, das sogar schon 2009 auf dem Markt sein soll.

Ob am Ende dieser Prozesskette dann wirklich nur das Elektroauto steht, wird sich zeigen. Die Atomkraftbetreiber wünschen sich das, weil durch den enormen zusätzlichen Strombedarf weiterhin Kernkraftwerke benötigt werden könnten. Welche Antriebstechnologie sich durchsetzt, hängt mitentscheidend von der Batterietechnik ab. Es braucht ja vergleichbare Ergebnisse für die Beschleunigung, Reisegeschwindigkeit und den Energiespeicher. Erst dann ist das Automobil der Zukunft geboren. Strom aus der Steckdose für die Autobatterie, das ist das Ziel. Tanken ist dann nicht mehr Tanken. Ladegeräte, Steckdosen und Verkabelungen an den Tankstellen ersetzen Tanks, Tankstutzen und Zapfsäulen. Der Auspuff fällt weg. Man schaltet nicht mehr. Die Fahrzeuge laufen sehr viel ruhiger. Die Ladezeit der Batterie erfordert anfangs eine längere Aufenthaltsdauer an der Tankstelle, aber auch die wird sich schnell verkürzen, und auch die Reichweiten werden sich vergrößern.

Neue Verkehrsleitsysteme und -techniken verringern den Energieverbrauch während des Fahrens. So ist vorstellbar, dass das Auto bei der Einfahrt in die Autobahn an einen Leitstrahl angedockt wird und mit geringstem Energieverbrauch und dazu noch unfallfrei sein Ziel erreicht.

Welche Energie rettet die Welt?

Kein anderes Land der Welt importiert so viel Öl, Gas und Kohle wie Deutschland. Wie gefährlich diese Energieabhängigkeit ist, hat sich 2006 und 2009 bei den Störungen der Gaslieferungen von Russland über die Ukraine nach Deutschland gezeigt. Das ist auch Wasser auf die Mühle der Kernkraftbefürworter. Sie rechnen vor, dass Strom aus investitionsbezogenen »abgeschriebenen« Atommeilern 3,5 bis 5 Cent pro Kilowattstunde kostet. Windradenergie ist doppelt so teuer und Solarenergie ist im Vergleich sogar zehnmal teurer.[21]

Jeder macht seine Rechnung zu seinen Gunsten auf. Tatsache bleibt, dass die umweltbezogenen Gefahren und das langfristig gesehen überteuerte Angebot den Wandel zu anderen Energiequellen hin erzwingt. In Thalheim bei Leipzig finden Unternehmen zusammen, die sich auf Solarenergie spezialisieren. Man spricht dort schon vom »Solar Valley«. Deutschland ist dabei, hier eine weltweit führende Industrie aufzubauen. 40 000 Arbeitsplätze sind schon entstanden.

Das Energiethema ist nicht mehr allein ein ökologisches, sondern ein soziales und damit ein politisches. Energie muss für alle Bevölkerungsschichten verfügbar und natürlich bezahlbar bleiben. Ob Mobilität aus einer Solarzelle auf dem Autodach kommt oder ob Wohnungen durch Solarzellen auf Hausdächern warm werden, hat zuerst mit den Anschaffungs- und Unterhaltskosten für den Benutzer zu tun. Wenn Energie Allgemeingut bleiben soll – und das muss sie – dann braucht es eine Technologie, die in ihrem finanziellen Aufwand zu jedem Geldbeutel passt.

Sonne, Wind, Wasser und Biogas als Energiequellen könnten technisch auch miteinander vernetzt werden und so eine 24-Stunden-Rundumversorgung gewährleisten. Wenn die eine Quelle nicht genügend liefern kann, wird eine andere zugeschaltet. 250 000 Menschen arbeiten in Deutschland heute schon in diesem sich vernetzenden Energiebereich. Hier könnten bis 2020 sogar 500 000 Arbeitsplätze entstehen.[22]

Auch die Mobilität für die Weltbevölkerung bleibt unverzichtbar. Regionalität wird zwar attraktiver für die Belange des Täglichen – wo man einkauft, wie weit man zu Restaurants oder zur Freizeitgestaltung fährt –, aber der wirtschaftliche, politische und kulturelle Austausch darf nicht an zu hohen Energiekosten scheitern.

Plutonische Wandlungskraft wird uns Mut und Kreativität geben, das ganz Andere zu denken. Noch wird analysiert. Auf den Ergebnissen bauen weiterführende Lösungen auf und werden praktisch genutzt, wenn das Prinzip noch tiefer im strukturgebenden Steinbock-Zeichen steht – also ab 2012. Die aktuelle Situation erfordert, dass die Weichen von der Politik gestellt werden und keine Zeit verloren geht, das Projekt »Erneuerbare

Energien« aktiv und dynamisch voranzutreiben. Die Milliardenunterstützung der Staaten für die Autohersteller fließt bereits. Noch steht Evolution vor Revolution!

FAZIT: Energie und Mobilität 2008 bis 2023/24

- Der Faktor Energie wird zur Existenzfrage für den Menschen.
- Reduktion auf das Unverzichtbare auch hier: Steigende Kosten und Rohstoffverknappung zwingen global zum Sparen, privat und gesamtwirtschaftlich.
- An der dringend anstehenden Entscheidung für oder gegen neue Atomkraftwerke hängt die Höhe des Risikos einer weltweiten Verseuchung.
- Staatliche und internationale Regelungen verwalten die Energiekrise, bis neue Technologien sichtbar sind.
- Einzig die erneuerbaren Energien beenden den zerstörerischen Raubbau an den fossilen Vorkommen. Deutschland wird Vorreiter für die Erschließung dieser Quellen.
- Bei Pluto im Steinbock setzt sich die Meinung durch, dass Energievorkommen auf der Erde allen gehören – bis dahin sind ungehemmte Profitgier und teilweise blutige Verteilungskämpfe an der Tagesordnung.
- Diese Pluto-Zeit fordert eine allen dienende Energie-Evolution. Gelingt die in der aktuellen Transit-Phase nicht, steht ab 2024 eine schmerzhafte Energie-Revolution an.

IM KLEINEN DAS GROSSE ENTDECKEN: KONSUM UND KOMMERZ

Die steinbockhafte Reduktion auf das Unverzichtbare wird sich bis 2023 als einzig erfolgreiche Maxime durchgesetzt haben, bevor sie ab 2024 mit Pluto im Wassermann durch einen anderen Grundsatz abgelöst wird.

Alles wird in den aktuellen Jahren daran gemessen werden, wie funktionabel es auf kleinstem Raum ist. Das Universum in der Hand – wer das zu liefern vermag, ist Marktführer in seinem Produktsegment!

Dies könnte der Kreativität und der Konjunktur Tür und Tor öffnen, wenn da nicht auch ein auf Reduktion zielendes Denken des Verbrauchers parallel geschaltet wäre. Dieses Preisbewusstsein macht es den Herstellern schwer, ihre Erträge zu erwirtschaften. Billig *und* gut geht nicht. In den Steinbock-Zeiten aber wird sich nur das behaupten, was Preis und Ware in ein reelles Verhältnis zueinander setzen kann. Der Verbraucher ist kritischer in Bezug darauf, was, wie viel und wie oft er sich etwas leistet. Nicht abnehmende Lust verursacht das veränderte Konsumverhalten, sondern das fehlende Geld.

Durch die hohen Energiekosten und die Verknappung von Rohstoffen und Produktionsflächen wird das Einkommen anders aufgeteilt. Für den Genussverbrauch bleibt weniger übrig. »Die Champagnertage sind vorbei«, wird das britische Model Kate Moss zitiert.[23]

Der Konsument kauft dort, wo er das Optimale für sein Geld bekommt. Daran ändern auch pfiffige Werbesprüche nichts. Wer die Glaubwürdigkeit verspielt, weil er nicht hält, was er für seine Produkte verspricht, findet sich beim Verbraucher auf dessen privatem Streich-Index wieder. Kuchen, der nicht schmeckt, Restaurants mit schwacher Küche oder Raumatmosphäre, unfreundlich-gleichgültige Verkäufer, fehlender Service, Warteschlangen oder umständliche Abwicklungen für den Kunden – das und vieles, vieles mehr führen zu konsequentem Alternativ-Verhalten, denn das Angebot ist da und damit auch die Chance zum qualitativ Besseren. Die nutzt der Verbraucher. Sein kleiner gewordenes Monatsbudget zwingt ihn, bequemes Gewohnheitsverhalten aufzugeben. Für seine Zufriedenheit und sein ausgewogenes Preis-Leistungs-Gefühl nimmt er mehr Aufwand an Zeit und Wegen in Kauf.

Ein Beispiel: Ausgerechnet an einer Tankstelle lockt ein »Coffee to go«-Poster mit aufgemaltem Herzen, dazu sind knusprige Backwaren und ein nettes Bäckergesicht zu sehen – eine Einladung, die Wärme, Gutes und Zuwendung suggeriert. Alles professionell und korrekt aufgemacht. Genau dieses Beispiel zeigt aber, wie der Käufer in seinem plutonisch gewandelten Verständnis für Echtes und Stimmiges in der Zukunft nicht mehr abzuholen ist.

Einer der großen Fortschritte dieser neuen Zeit ist eine verbesserte Qualität im Umgang miteinander und damit auch im Angebot und in der Nachfrage. Die Produzenten oder Dienstleister werden dann große Erfolge behalten, wenn sie sich mit Glaubwürdigkeit, Seriosität und Qualität am Markt aufstellen.

Die Renaissance der Bescheidenheit wird Kult. Man gefällt sich in der Untertreibung. Die Autos werden kleiner, die Röcke kürzer, die Brillianten versteckter. Maxi ist out, mini ist in. Kleiner werden auch die Wohnungen, damit die Nebenkostenabrechnungen kleiner werden. Man spart an Aufwand und an Überflüssigem. Manche Branchen, die genau dieses produzieren, brechen ein und brauchen schnelle Alternativen.

Die Sammel- und Bevorratungsmentalität nimmt rapide ab. Was man nicht wirklich braucht, wird nicht gekauft. Textilien, Bücher, Lebensmittel für die Tiefkühltruhe und tausend andere Beispiele zeigen, dass der Verbraucher nicht mehr so viel ausgeben kann wie früher. Weniger Sprit, weniger CO_2, weniger Duldsamkeit bei schlechter Qualität. Man hat auch lieber die Wasserflasche greifbar, als für jeden Durst Geld auszugeben. Viele stellen fest: Es geht auch ohne.

Im Lebensmittelbereich versucht man dem Trend entgegenzusteuern und setzt auf Functional Food. Wenn das Genussvolle vielleicht zukünftig auf der Konsumstrecke bleiben sollte, so baut man die Brücke zu neuen Umsatzfeldern über diese Spezialform des Essbaren: Der hautstraffende Schokoriegel oder die cholesterinsenkende Mettwurst, die Folsäure-Suppe oder blutdrucksenkende Hähnchen.[24] Steinbock-Regelungen für die Zukunft gibt es auch hier. Die EU verlangt von den Herstellern: Was in der Werbung oder auf Verpackungen angepriesen wird, ist zu belegen – zum Beispiel bei Joghurts oder Säften mit Vitamin- und Mineralstoff-Zusätzen.

In den Pluto-Steinbock-Jahren bis 2023/24 wird andererseits das natürliche Lebensmittel noch wichtiger als heute. Der Bio-Boom wird anhalten und sich weltweit noch verstärken – bei Erzeugern ebenso wie bei Verbrauchern. Regionalität stellt sich neben Internationalität. Die »heimischen Produkte« werden bevorzugt, nicht nur im Nahrungsbereich, sondern auch in den übrigen Sparten des täglichen Bedarfs. »Heimisch« heißt jedoch nicht einfach und unprofessionell. Handarbeit und Spezialgefertigtes behalten ihre Exklusivität und behaupten sich auf mehreren Preisebenen.

Die Menschen suchen das Echte und Unverfälschte. Keine Pestizide, keine Geschmacksverstärker, keine Schönmacher! Man will wissen, woher das Produkt kommt, wie es gefertigt oder angebaut wurde, wer Produzent oder Erzeuger ist. Die Loyalität zu Kleinbauern, Plantage- und Fließbandarbeitern in den Entwicklungsländern wächst. Die »Billig-Produkt-Spirale« ist für den Verbraucher nicht mehr der einzige Kaufanreiz. Das Empfinden für einen sozial gerechten Ausgleich wächst überraschend schnell. Billigprodukte auf Grund von Hungerlöhnen, katastrophalen Arbeitsbedingungen oder Kinderarbeit werden vom Verbraucher gemieden. Das Marktsegment für Fair-Trade-Produkte erweitert sich.

Damit werden die westlichen Konzerne für die gesamte Warenpalette in einen Wettbewerb mit veränderten Märkten gezogen. China, Indien, Russland, Südamerika werden ihren Konsum steigern und dabei die Produktion im eigenen Land forcieren. Neue Massenmärkte entstehen, die sich nicht ohne weiteres von den West-Konzernen dominieren lassen.

Uhren, Schmuck, Autos, Coca-Cola, Computer, Software etc. werden nicht mehr importiert, sondern in den Absatzländern direkt produziert. Der Verbraucher greift nach den heimischen Labels. Insider der Autoindustrie wissen, wie schwer es japanische, europäische und amerikanische Autobauer zum Beispiel in Indien haben, sich Marktanteile zu verschaffen. Das gleiche gilt auch für andere Branchen und andere Länder wie China oder Brasilien.[25]

Die sich so verändernde Marksituation folgt damit der plutonischen Tendenz. Die Strategie für die heute noch führenden Industrienationen ist deshalb, ihre Produktionsanlagen direkt in den Ländern zu implantieren, wo neue Märkte zu erwarten sind. Sie folgen – auch unter Berücksichtigung anderer politischer und wirtschaftlicher Überlegungen – damit dem Trend des Verbrauchers, sich zuerst auf dem heimischen Markt zu versorgen.

FAZIT: Konsum und Kommerz 2008 bis 2023/24

- Reduktion auf das Unverzichtbare heißt es bis 2024: Nicht abnehmende Lust schränkt das Konsumverhalten ein, sondern das fehlende Geld.
- Glaubwürdigkeit, Service und hohe Qualität sichern Anbietern gute Chancen im Markt. Mogelprodukte haben ausgedient.
- Das kollektive Bewusstsein für ein sozial gerechtes und ökologisches Verhalten wächst. Wer immer es sich leisten kann, kauft Fair-Trade-Produkte und nachhaltig Produziertes.
- Nicht nur im Nahrungsmittelbereich stellt sich Regionalität über Internationalität.

MIT DER ABRISSBIRNE IN DEN WANDEL: WOHNEN IN DER PLUTONISCHEN STEINBOCK-ZUKUNFT

Städteplaner und Wohnbauarchitekten denken um. Der Pluto-Wandel hat auch sie bereits in der Schütze-Zeit erfasst. Das sich deutlich verändernde Klima mit immer häufigeren orkanähnlichen Sturmböen, monsunähnlichem Starkregen und extremeren Hitzeperioden erzwingt eine neue Architektur ebenso, wie es erforderlich wird, unser Wohnen bewusster nach umweltschonenden und energiesparenden Prinzipien auszurichten.

Die Architektur wird dazu beitragen müssen, die Umweltprobleme zu lösen, und darf keine neuen verursachen. Deshalb sind die Mega-Bauprojekte in den Golfstaaten und den Emiraten Endprodukte einer Bau-Gigantomanie, deren Planung noch in die Schütze-Zeit vor 2008 zurückreicht.

Es war in der Vergangenheit immer wieder – je nach geografischer Lage – Ziel des Menschen, dem Meer Land abzugewinnen, aber heute zeigt sich, dass die dadurch entstehenden Umweltbelastungen und das Eingreifen in geografisch-biologische Gegebenheiten auf Kosten lebenserhaltender Strukturen gehen. Das Leben auf diesem Planeten ist eng geworden. Man muss mehr zusammenrücken. Maßnahmen hier haben Auswirkungen dort. Es ist unabdingbar geworden, sich im Vorfeld vor einseitigen Planungen abzustimmen und Breitbandanalysen zu erstellen, die über nationale Interessen hinaus die ökologischen, wirtschaftlichen und machtpolitischen Gleichgewichte berücksichtigen.

Das Bauen und Wohnen darf nicht mehr von den Kräften der Weltressourcen zehren. Der Mensch und sein Wohnraum werden in den Pluto-Jahren bis 2023 wieder in den Mittelpunkt rücken. Die Baumeister der Zukunft werden sich ihrer sozialen Verantwortung bewusster sein als die heutigen, unter denen sich einige Investoren und experimentierfreudige Bautechniker ein Wolkenkratzer-Denkmal nach dem anderen setzen. In Dubai soll 2010 der Welt höchstes Turmgebäude entstehen. In zwei Etappen wird es gebaut – zunächst auf 818 Meter mit über 200 Stockwerken, um dann nochmals auf 1200 Meter aufgestockt zu werden. Dabei hat Dubai bereits den mit 700 Meter höchsten Wolkenkratzer der Welt, den »Bury Dubai«.

Überall auf der Welt entstehen neue Skylines, weil die Hochhäuser die Stadtsilhouetten verändern. Peking, Dubai, Abu Dhabi, Moskau, Berlin, Shanghai, Chicago und viele andere liegen im Wettbewerb um die imposanteste Skyline. Dabei findet weltweit eine riesige Material-Verschieberei statt; so werden zum Beispiel für den Al Burj in Dubai 25 000 Tonnen Stahl in Deutschland eingeschmolzen, die beim Abriss des Palastes der Republik in Berlin frei wurden. Sie werden auf dem Seeweg an den Golf verfrachtet.

Nicht Überdimensionierung allein ist der Grund für den Bau-Sog in die Höhe. Der Raum in der Höhe ist eher bezahlbar als der am Boden. Der niederländische Architekt Rem Koolhaas sagt in der *WAMS* vom 14. September 2008 in dem Beitrag »Ist das der neue Maßstab für unsere Städte?«, dass es bei den neuen Wohngalaxien der Zukunft nicht nur um Größe, sondern auch um »Bigness« geht. Multifunktionale Wohn- und Geschäftszentren entstehen. Verdichtung ist der Leitbegriff für die städtebaulichen Vorhaben in der Steinbock-Phase des Pluto. Büros, Hotels, Wohnungen, Einkaufscenter, Sozialstationen und Freizeitanlagen sind über alle Etagen verteilt. Die Infrastruktur ist so ausgebaut, dass es sich erübrigt, das Gebäude zu verlassen. Man findet alles vor Ort, bei kurzen Wegen und ohne teuren Energieaufwand für Benzin. In der Waterfront City von Dubai, die Rem Koolhaas geplant hat, gibt es auf engstem Raum sogar Krankenhäuser, Flaniermeilen, Gerichtsbehörden, Polizeistationen, einen U-Bahnhof und natürlich mehrere Restaurants, Cafés und andere Kommunikationszentren.

Die neuen Bauformen orientieren sich – wie könnte es in einer dem Prinzip Steinbock zugeordneten Zeit anders sein – an bewährten, ja sogar historischen Bauformen. Die Architekten haben dafür zum Beispiel die Pyramidenform wiederentdeckt. Wer weiß denn, dass die 1997 gegründete Retortenstadt Astana die

Hauptstadt von Kasachstan ist? Dort wird eine 450 Meter hohe Pyramide als Geschäftszentrum gebaut. In einem Beitrag der Hamburger Wochenzeitung vom 19. Oktober 2008 ist nachzulesen, dass in den Emiraten sogar eine ganze Stadt mit Pyramidenhäusern gebaut werden soll. Wie hoch die Pyramiden werden, ist noch nicht bekannt. Es sollen jedoch bis zu einer Million Menschen auf einer Grundfläche von nur 2,3 mal 2,3 Kilometer leben können. Die erforderlichen Energien liefern Anlagen für Erdwärme, Sonnendetektoren und Windräder.

Zwei Schweizer Architekten planen in Paris eine Pyramide, die fünfzig Stockwerke hoch sein wird – ein megamodernes Kongresszentrum mit Hotels, Restaurants, Shopping-Malls und Büros. 2014 soll es bezogen werden. Die Skyline von Paris wird dann einen neuen markanten Punkt haben und die Stadt gleichzeitig eine neue Touristenattraktion.

Zwei deutsche Architekten wollen die Pyramidenform nutzen, indem sie eine Raum sparende, 600 Meter hohe Begräbnisstätte in Dessau/Sachsen planen. Dieser Monumentalbau soll Platz für mehrere Millionen Urnen bieten. Diese Urnenpyramide würde zudem zu einem touristischen Highlight der besonderen Art werden. Sie könnte demnach für die Region ein nicht zu unterschätzender Wirtschaftsfaktor für Hotels, Restaurants, den Einzelhandel, für Busunternehmen etc. werden. Gleichzeitig ist die Idee auch anderweitig nutzbar, weil die Friedhöfe immer mehr Platz beanspruchen, der eigentlich anders genutzt werden könnte.

Die Urnenpyramide ist zwar als Projekt noch umstritten, sie könnte aber in dieser Zeitströmung schon allein deshalb noch mehr Akzeptanz finden, weil ihr auch eine astrologische Konstellation zu Grunde liegt: Pluto ist der Herrscher über das Totenreich, und Saturn steht für Boden, Bergwerke, Höhlen, Bauen, Immobilien, Hausformen ...

Eine Weltklassearchitektur zeigt sich zeitgenau zu den Olympischen Spielen von 2008 in China. Die Olympiabauten sind eher nüchtern und zweckbestimmt, aber von höchster technischer Verfeinerung. Hightech und modernste Installationen setzen neue Maßstäbe für Sportler, Journalisten und Publikum. Perfekte Organisation und Inszenierungen in höchster technischer Vollendung kennzeichnen diese Weltspiele. Wenige Paradebauten beweisen, dass die Chinesen für sich eine eigene Vision einer Architektur der Zukunft entwickelt und mit dem Olympiastadion, dem Aquatic-Center oder dem CCTV-Tower auch verwirklicht haben.

Miteinander wohnen – miteinander leben

Die Lebensqualität in den Städten wird deshalb noch wichtiger, weil heute schon mehr Menschen in Städten als auf dem Land leben. London und Paris waren Anfang des 20. Jahrhunderts die einzigen Millionenstädte. Inzwischen sind auch in Afrika, Asien, in Nord- und Südamerika oder im arabischen Raum Mega-Millionenstädte entstanden, die teilweise schon weit über jeweils zehn Millionen Einwohner haben.

Die Landflucht wird in den kommenden 15 Jahren anhalten. Die Städte werden deshalb noch »wohnlicher«. Die *FAS* vom 19. Oktober 2008 berichtet über eine Studie, die der Bundesverband Deutscher Wohnungs- und Immobilienunternehmen in Auftrag gegeben hat. Danach entsprechen verschiedene Wohnkonzepte dem Wunsch der Deutschen für das kommende Jahrzehnt: Ein Viertel der befragten Haushalte bevorzugt das solide und bescheidene Wohnkonzept. Zunehmende Tendenz haben nach diesen Umfrageergebnissen auch gehobenere Wohnmöglichkeiten, die sich durch kommunikativ-dynamische Konzepte auszeichnen. Die Einheits-Standardwohnung ist schon heute nicht mehr attraktiv.

Die Innenstädte werden sich beleben. Sie werden zum bevorzugten Wohnstandort für Senioren und Familien. Pflege- und Gesundheitskriterien werden mehr berücksichtigt. Außerdem wünschen Mieter und Selbstnutzer von eigenen Immobilien umfassende elektronische Ausstattung für die multimedialen Kommunikationssysteme. Gefragt sind auch Sicherheitseinrichtungen und die Möglichkeit eines separaten Tele-Arbeitsplatzes.

Leben im Wohnwürfel

1054 kleine Wohnwürfel, jeder 18 Quadratmeter groß, entstehen als Studentenwohnungen in München auf dem Gelände des 1972 erbauten Frauen-Olympiadorfes. Jeder Bewohner hat eine kleine Dachterrasse. Luxus auf kleinstem Raum. Man braucht in der Stadt der Zukunft fast kein Auto mehr. Die Infrastruktur wird nahezu perfekt ausgebaut. Öffentliche Verkehrsmittel sind überall auf kurzen Wegen erreichbar. Lebendiges Wohnen zwischen Menschen und ringsum alles, was man für das tägliche private und berufliche Leben braucht. Stauzeiten von Millionen von Autos fallen weg. Die Luftqualität verbessert sich. Die Menschen kommen sich näher, weil sie dichter beieinander leben.

Es wird auch kuriose und doch praktische Besonderheiten geben, beispielsweise die aufblasbare Veranstaltungshalle für Vorträge, Konzerte, gesellschaftliche Anlässe oder Konferenzen. Ein Event findet statt, man zaubert den Platz dafür herbei, ohne die Umwelt zu belasten oder ein Gebäude zu errichten, das permanent ausgelastet sein muss. Kunsteisbahnen in den Fußgängerzonen oder in Einkaufszentren, Strandzauber mit Strandkörben, Liegestühlen und Tonnen von Sand an belebten Plätzen und viele andere Ideen bringen den Wohnspaß in die Innenstädte.

Das Bild der Wohnquartiere und der Straßen wird sich verändern. An den Gebäuden selbst wird mehr mit Design und Kunst am Bau gestaltet. Wer es sich finanziell leisten kann, will seine Identität durch individuelles Wohnen deutlich machen.

Schon bald wird sich in den Steinbock-Jahren des Pluto auch die Wohntechnik von Grund auf verändern. Es gibt keine Öltanks mehr im Keller und auch die bisherigen Heizsysteme verändern sich. Energieeffiziente Technik heizt durch Erdwärme, installiert modernste Belüftungssysteme und koppelt Kühlschränke, TV und Radio von der Steckdose ab, ohne dass jemand auf seinen Lebensstandard verzichten muss.

Die herkömmliche Glühbirne wird bis 2015 abgeschafft. Auf den Straßen fahren Autos mit Wasserstoffantrieb oder Elektromotor, und in der Schweiz soll bis 2050 die »2000-Watt-Gesellschaft« etabliert sein: Der Energieverbrauch würde pro

Einwohner von heute 5500 Watt auf 2000 Watt sinken, von denen 1500 Watt aus erneuerbaren Energien stammen.

In den 20er-Jahren des dritten Jahrtausends wird sich die Stadt- und Wohnkultur nach Funktionalität, energiesparendem Verhalten und multikultureller Kommunikation ausrichten. Die Stadt: ein Heim in der Welt und in der Welt daheim.

FAZIT: Wohnen 2008 bis 2023/24

- Wohngalaxien bestimmen die Zukunft: hochmoderne, multifunktionale Wohn- und Geschäftszentren mit einer Infrastruktur der kurzen Wege. Verdichtung ist das Gebot der Pluto-Steinbock-Phase.
- Nachhaltiges und sicheres Bauen löst die Tendenz ab, dass sich Architekten und Investoren riskante (Wolkenkratzer-)Denkmäler setzen.
- Energieeffiziente Wohntechnik verbessert trotz verschiedener Sparzwänge den allgemeinen Lebensstandard.
- In Südamerika, Asien und Afrika entstehen als Folge der weltweiten Landflucht durch Klimakatastrophen, Arbeits- und Nahrungsmangel weitere und noch größere Millionenstädte.

DAS ICH BRAUCHT DAS DU, UM SICH ALS ICH ZU ERKENNEN: PARTNERSCHAFT UND FAMILIE

Alle wünschen sich emotionale Geborgenheit und dieses Loslassgefühl in der behütenden Nähe des geliebten Du. Es reimt sich schnell zusammen, wie schwierig dies zu erfüllen ist, wenn beide in der Partnerschaft genau den gleichen Wunsch danach haben, vom anderen Geborgenheit zu erhalten. Partnerschaft in der Pluto-Steinbock-Zeit erlebt keine Renaissance einer heilen Familienwelt, die es kaum auf der Welt wirklich gibt. Es gibt sie nur in unseren Bauchgefühlen als Hoffnungsillusion. Die Realität des Miteinander zeigt, wie ständig ausgetauscht und angeglichen werden muss, um das Gleichgewicht der Bedürfnisse herzustellen. Partnerschaft ohne Kompromisse gibt es nicht. Doch, natürlich gibt sie es – bis zur dann vorprogrammierten Trennung.

Steinbock-Geborene haben den Ruf, konservativ, altmodisch und verkrustet zu sein. Wenn das so ist, könnte das für Partnerschaft und Familie heißen, dass alles wieder häuslicher und treuer wird. Mama und Papa werden es schon richten – auch untereinander. Dies aber auf eine weniger kuschelig-romantische, als vielmehr pragmatische Weise.

Schablonenhafte Regularien passen aber nicht in diese Pluto-Wandlungsjahre, die schützehaft-tolerante, offene Partnerschaft allerdings auch nicht. Partnerschaft als Ordnungsprinzip und Zweckbündnis, das ist das Erfolgsmodell mindestens bis 2023. Verbundenheit bewirkt ähnliche Gefühle, die gleiche Interessenslage oder schicksalhafte Gemeinsamkeiten. Die wirklichen Partnerschaftskünstler in der Pluto-Steinbock-Zeit achten auf Nähe, aber auch auf ausreichend Distanz. Khalil Gibran sagt in *Der Prophet*: »... und steht zusammen, doch nicht zu nah: Denn die Säulen des Tempels stehen für sich, und die Eiche und die Zypresse wachsen nicht im Schatten der anderen.« Qualitäten wie Echtheit und Ernsthaftigkeit, Perspektive und gemeinsame Familienplanung, prägen die Liebesbeziehungen in der Pluto-Steinbock-Zeit.

In der Zweisamkeit und der körperlichen Zärtlichkeit geht es inniger zu, als man dies von der eher nüchternen und sachlichen Steinbock-Ära annehmen könnte. Doch in dieser Zeit großer Umbrüche und individueller Existenzprobleme werden Zueinanderstehen und Vertrautheit umso wichtiger. Dies zeigt sich auch im Liebesverhalten, in dem sexuelle Lebenslust mit Zukunft verbunden wird. Für ein zuverlässiges Miteinander ist Treue wieder ein entscheidendes Kriterium bei der Wahl des Sexualpartners.

Das gilt umso mehr, weil in der Pluto-Steinbock-Zeit die Bedrohung durch AIDS und Geschlechtskrankheiten weiterhin anhält. Eine neuartige Ehrlichkeit im Sexualverhalten breitet sich aus. Schon bei flüchtigen Bekanntschaften und One-Night-Stands ist Safer-Sex eindeutig wichtiger als die Sorglosigkeit eines wilden Abenteuers.

Das Steinbock-Zeichen ist im Jahreslauf den dunklen und kalten Monaten Dezember (mit der längsten Nacht) und Januar zugeordnet. Warum sollte dies nicht auch die Wesensart eines Menschen beeinflussen, der im Vergleich zu jemandem, der mitten im Frühling oder in der Erntezeit geboren ist, andere Eigenschaften aufweist? In der Steinbock-Zeit verschenkt die Natur nichts. Sie hat sich zurückgezogen, ist kalt und abweisend. Es geht um das Überleben und Durchhalten, bis die Sonne sich wieder zeigt. Das prägt die Steinbock-Wesenheit.

Auf der einen Seite steht das nüchtern Wahre, und der Steinbock hat den Mut, sich damit zu konfrontieren. Er weiß, wie erlösend Licht und Wärme sind – und kann sie deshalb in geradezu verblüffender Weise schenken. Bevor aber Partner, Kinder, Angehörige und Freunde sich daran gewöhnen, ist es auch schon wieder vorüber. Denn: das Leben ist nicht nur so, sagt der Steinbock, dreht sich um und zeigt die andere Seite seines Janusgesichts.

Der plutonische Wandel in der Partnerschaft wird dann gelebt, wenn die Partner mit sich im Klaren sind, dass sie eine Lebensgemeinschaft auf Langzeit bilden. Ihre Qualität bestimmt sich aus Treue, Für-einander-Einstehen und übereinstimmenden

Zielen. Jeder erfüllt seinen Part. Die Aufgaben sind klar abgestimmt und der Weg ist klar. Mit Respekt und ehrlichen Kompromissen werden Frau und Mann ihre gegenseitige Fortentwicklung unterstützen. Die bei sich selbst gefühlte Identität wird zum Garanten für die intakte Partnerschaft.

Die staatlichen Autoritäten tragen durch Gesetze, Steuererleichterungen, Elternzeiten etc. dazu bei, dass dies vernünftig machbar wird (siehe dazu auch das Kapitel *Aus für Machtmänner*, Seite 144ff.) Autonomie in den Beziehungen erhöht den Wert der Freiwilligkeit. Sie hat in Schütze-Zeiten die Partnerschaften offener gemacht; mit Pluto im Steinbock bildet sich wieder mehr Grundvertrauen zum verbindlichen Miteinander.

Neue Schmetterlinge in alten Bäuchen

Synchronizität der Ereignisse: Pluto setzt sich im November 2008 endgültig im Steinbock fest, und zu der Zeit läuft in den Kinos *Wolke 9* an, ein Film, der mit alten Klischees über Sex und Erotik bei Menschen über 60 aufräumt. Inge ist in den Sechzigern und Karl Mitte 70. Beide packt die leidenschaftliche Zuwendung, die sie in wilder körperlicher Zärtlichkeit ausleben – auf dem Teppich, im Freien und in der Badewanne. Der Film holt sich in Cannes einen Preis und wird überall beachtet. Die Medien halten das Thema hoch.

Eine 86-jährige Berlinerin sagt im *Kölner Stadt-Anzeiger*: »Es wird Zeit, dass man ohne Vorurteile und Klischees darüber sprechen kann.« Eine Umfrage der Universität von Chicago hat bei 1500 Frauen und Männern ergeben, dass die Hälfte aller 65- bis 74-jährigen sexuell aktiv ist. Auswertungen der Universitäten von Göteborg und Leipzig zeigen ähnliche Ergebnisse. 60 Prozent der Befragten über 75 Jahren erklärten zudem, dass körperliche Zärtlichkeit für sie elementar wichtig ist. Udo Jürgens hat es schon vor Jahren in einem Chanson thematisiert: »Mit 66 Jahren ist noch lange nicht Schluss ...«

Der klassische Ruhestand hat bei den »neuen Alten« ausgedient. Der frühere Bürgermeister von Bremen, Henning Scherf, 1938 geboren, lebt mit seiner Frau und Freunden in einer Wohngemeinschaft. In seinem Buch *Grau ist bunt*[26] beschreibt er die Lust der Seniorengeneration, einer Arbeit nachzugehen, immer wieder etwas Neues auszuprobieren und sich fortzubilden.

Das biologische Alter hat sich verjüngt. Die Senioren von heute zählt man nicht mehr nach Jahren. Das reale Alter unterscheidet sich stark vom erfühlten. Die Alten empfinden sich als viel jünger, als sie es sind. 60-Jährige fühlen sich wie Anfang 40 und steigen aufs Mountainbike. Warum sollte man sich mit 60 auch alt fühlen, wenn man für sich noch weitere rund 30 und mehr Jahre erwarten darf?

Sie messen sich in ihren körperlich-sportlichen Leistungen mit den Jüngeren, halten mit in der virtuellen Welt, setzen sich zum Studium in die Hörsäle und besuchen wie selbstverständlich auch die Veranstaltungen der jüngeren Generation. Mancher Alte mag einem Jüngeren den Platz streitig machen. Es ist jedoch auch wahr, dass die Alten sich in vielem bestens auskennen und dadurch das richtige Wissen und Gespür haben, wie man in die Erfolgsspur findet.

Die Steinbock-Jahre bis 2023 sind wie gemacht für die Senioren. Sie werden gebraucht. Wer sich etwas sagen lässt und geistig beweglich ist, wer lernbereit ist und noch anpacken will, der wird mit seiner Berufspraxis und seiner Menschenkenntnis gefragt sein wie ein jüngerer Mensch mit seinen ihm eigenen Qualifikationen.

Pluto-Kinder und ihre Erziehung

Die individuelle Selbstverantwortung setzt sich in der Erziehung der Kinder fort. Die Kinder des frühen 21. Jahrhundert wachsen in eine noch größere Selbständigkeit hinein. Damit wächst ihre Eigenverantwortung. Der junge Mensch entscheidet vielleicht nicht in mehr Fragen als andere junge Generationen vor ihm, aber die Tragweite der Entscheidungen ist größer. Wie hält er es mit seinen sexuellen Kontakten angesichts der AIDS-Bedrohung? Wie geht er mit Drogengefahr und Gewalt auf dem Schulhof um? Auf allen Gebieten werden die Jugendlichen umworben, vom Internet bis zum mobilen Telefonieren, beim Sport, in der Ernährung, beim Reisen. Die Lernangebote sind vielfältig, und jeder junge Mensch kann sich nach seinen Begabungen für den zukünftigen Beruf ausbilden.

Die deutsche Familie hat aktuell 1,45 Kinder. Haushalte mit drei oder mehr Kindern sind selten geworden. In den europäischen Nachbarländern sind die Familien kinderfreundlicher als in Deutschland. Hier wird der Staat die Familienplanung steuern und durch Steuervorteile, Kindergeld, Elternzulagen, Teilzeitregelungen oder ehefördernde Unterstützungen dafür sorgen, dass die sozialen Verpflichtungen der Gemeinschaft gewahrt bleiben, in dem es möglichst viele Mehrkinderfamilien gibt.

Die Erziehung in den Steinbock-Jahren ist lebenspraktisch. Es geht nicht antiautoritär oder streng zu, sondern eher kameradschaftlich im Verhältnis zu den Eltern. Die Kinder sprechen die Eltern mit deren Vornamen an. Über familieninterne Regelungen wird diskutiert. Man nimmt nicht einfach Anweisungen entgegen, sondern die Kinder wollen mitbestimmen, was in der Familie entschieden wird. Jugendliche registrieren sehr genau glaubwürdige Erwachsene, die klug, ehrlich und echt sind, mutig sagen, was sie meinen, und emotionsfrei jede Situation durchblicken. Das sind Eigenschaften, denen der junge Mensch nacheifern möchte.

Im Übrigen wird in der Pluto-Steinbock-Zeit nicht mehr die Mutter-Kind-Beziehung der Maßstab für das spätere Selbstbewusstsein des Kindes sein, sondern die Eltern-Beziehung. Supermütter, die man für alles in der Erziehung verantwortlich machen kann, sind ent-schuldet. Die Lebensaufgabe »Erziehung« fällt beiden, also auch dem Vater, zu. Die Verantwortung für das Versagen auch. Dabei wird wichtiger, wie das Kind Mutter und Vater erlebt, nicht mehr so sehr, wie die Eltern ihr Kind erleben.

Und zum Trost: Eltern machen sich in der Erziehung immer irgendwie doch schuldig, obwohl sie es mit aller Kraft vermeiden wollen. Das Kind findet so zu seinen Antriebsenergien. Es lehnt sich gegen die elterliche Autorität auf, lernt dabei, sich zu behaupten, und findet so in eine vitale Selbständigkeit.

Es geht nicht um die Frage: konservative oder liberale Erziehung? Wichtig ist, die Kinder lebenssicher zu machen. Das sind sie, wenn ihre Eltern sie ernst nehmen und an allem teilhaben lassen, was sie betrifft. Es ist eine Kunst, die eigenen Kinder Kind sein zu lassen und sich ihnen doch mit Respekt wie Erwachsenen zuzuwenden.

FAZIT: Familie und Partnerschaft 2008 bis 2023/24

- Pluto im Steinbock stellt zweckmäßige Bündnisse über die Romantik. Das Grundvertrauen in ein verbindliches Miteinander stützt die Einzelnen und die Familien.
- Die Kinder wachsen in eine größere Selbständigkeit mit mehr Entscheidungsbefugnis hinein.
- Die Familienplanung wird im europäischen Raum mit noch attraktiveren finanziellen Anreizen staatlich gesteuert.
- Das Alter erfährt eine neue Wertschätzung.

WIRKLICH FIT ODER NUR NICHT AUSREICHEND UNTERSUCHT? DAS GESUNDHEITSWESEN

Wer das Buch bis zu diesem Kapitel gelesen hat, wird bereits wissen, wohin es bei Pluto im Steinbock mit Gesundsein und Gesundheitswesen in den nächsten 16 Jahren nur gehen kann: Der Mensch wird in die Eigenverantwortung für seine Gesundheit gedrängt – und das kostet.

Noch trägt die Solidargemeinschaft den größten Anteil der Kosten, aus einem kranken wieder einen gesunden Menschen zu machen. In dieses soziale Netz lässt sich jeder fallen – ob er privat, gesetzlich oder gar nicht versichert ist. Man lebt, wie man will, und wenn Beschwerden auftreten, haben die Kassen die Arztbehandlungen zu bezahlen. Basta.

Das Gestaltwandelnde im Steinbock zeigt sich schon bald in neuen Gesetzen, ergänzt noch durch verschärfte Regelkataloge der Kassen. Der Gesundheitsfonds, der 2009 eingerichtet wird und einheitliche Beiträge bei den gesetzlichen Krankenkassen festsetzt, ist erst der Anfang. Die Solidargemeinschaft der Versicherten fährt ihre Leistungspflicht zurück. Die Eigenanteile des kranken Menschen an den Kosten nehmen entsprechend zu. Gesundheitsprogramme und Vorsorgeuntersuchungen werden nicht wie bisher angeboten, sondern sie werden zur Voraussetzung für eine eventuell später anstehende Übernahme der Behandlungskosten.

Gesundbleiben durch eine vernünftige Lebensweise

Der Erfolgsautor und Chefarzt des Alexianer-Krankenhauses in Köln, Manfred Lütz, beschreibt und kritisiert in seinem lesenswerten Beitrag »Erhebet die Herzen, beuget die Knie«[27] die verdrehte, vom Natürlichen abweichende Gewohnheitshaltung der Deutschen zu ihrer Gesundheit und zum Gesundheitswesen. Er spricht darin von einer »Gesundheitsreligion«, der die Menschen anhängen, wenn sie »Halbgöttern in Weiß« huldigen, Wallfahrten zu Spezialisten unternehmen und die Krankenhäuser zu Gesundheitskathedralen erheben. Täglich erleben sie dort die »Prozessionen« der Chefarzt-Visiten. »Unbewusst, aber umso machtvoller richtet sich die religiöse Ursehnsucht der Menschen nach ewigem Leben und ewiger Glückseligkeit heute an Medizin und Psychotherapie.« Die »Gesundheitsreligion«, so sagt Manfred Lütz, ist die mächtigste und teuerste Weltreligion.

Der Staat wird eine verbesserte Volksgesundheit nicht nur fördern, sondern auch reglementieren. Die Krankenkassen werden zu Bonussystemen und Beitragsrückzahlungen verpflichtet, wenn ein Versicherter keine Leistungen der Kasse abruft. Aufklärungskampagnen und auch das Geschäft mit der Angst sind weitere Schubkräfte, die Eigenverantwortung für die Gesundheit zu übernehmen.

Vorsorge, maßvoll leben und viel Bewegung! Das sind die längst bekannten Grundprinzipien für einen gesunden Körper. Die Steinbock-Zeit ist am allerbesten geeignet, sich mit Disziplin und Ausdauer diesem Programm zu widmen. Eine andere Lebensweise wird auch nicht mehr bezahlbar sein – weder von der Solidargemeinschaft noch vom Einzelnen.

Das Plutonische wird Gesundheitswesen, Krankenkassensystem und Versicherungsschutz zusätzlich total auf den Kopf stellen und zu Reformen bringen, die einen sozial ausgeglichenen Einheitsschutz bieten. Die Beitragseskalation bei den Privatversicherten beispielsweise wird es dann nicht mehr geben, wonach oft 1000 bis 2000 Euro pro Monat bezahlt werden müssen – gerade dann, wenn ein Mensch die Arbeits-Altersgrenze erreicht hat und sein Einkommen drastisch sinkt.

Die Zwei-Klassen-Medizin wird es ebenfalls nicht mehr geben. Die Honorarabrechnung der Ärzte wird sich auf Dauer nicht nach Länge der Krankheit, sondern nach Erfolg der Heilung berechnen. Sicherlich ist das alles sehr komplex und höchst kompliziert. Das gestaltwandelnde Prinzip Pluto wird jedoch in den Jahren seiner Steinbock-Zeit mit Sicherheit die Schieflage des

Gesundheitssystems beseitigen und ein System an die Stelle setzen, das den Staat entlastet.

Die weiße Rasse kränkelt immer mehr – vielleicht ein frühes Anzeichen für degenerative Prozesse. Um dem vorzubeugen, wird alles gefördert, was den Menschen gesund erhält. Jeder entscheidet, was er persönlich dazu beitragen will und wie gewissenhaft er sich seinem Körper widmet.

Die Austausch- und Reparaturmentalität, wie sie in der Autowerkstatt richtig ist, führt am menschlichen Organismus in die Sackgasse, denn nur das Originalteil ist das beste. Austausch verlangt Zugeständnisse, und diese verringern die Lebensqualität, mal mehr, mal weniger.

Krankheiten vorbeugen, Gesundheit erhalten

Es fängt mit einer ausgewogenen und gehaltvollen Ernährung an. Die erste Verantwortung tragen Eltern für das, was sie ihren Kindern zu essen geben. Schadstofffreie Lebensmittel aus ökologisch-kontrolliertem Anbau setzen sich durch. Der Staat wird durch Subventionen ermöglichen, dass sich die Anbauflächen dafür vergrößern.

Mit einem Wachstum von 21 Prozent hat sich 2007 der Bio-Lebensmittelumsatz in den Vereinigten Staaten gesteigert. 20 Milliarden US-Dollar haben die Amerikaner für ihre Bio-Ernährung ausgegeben. Es bestätigt den Trend zu einer gesünderen Ernährung, dass die Bio-Ware auf dem amerikanischen Lebensmittelmarkt den stärksten Zuwachs verzeichnet. Die Konsumenten haben 2007 pro Kopf und Monat 191 US-Dollar für Bio-Artikel ausgegeben.

In Großbritannien sprechen sich schon 41 Prozent der Verbraucher für Bio-Ernährung aus, und in Polen rechnet man mit einem jährlichen Wachstum des Bio-Verbrauchs von 20 bis 30 Prozent. Die Anbauflächen für ökologische Lebensmittel wachsen bis 2012 in Irland von heute 0,9 auf fünf Prozent. In Österreich ist man stolz auf den ersten Platz des Prozentanteils der biologisch genutzten Anbaufläche in Europa: Über 16 Prozent der landwirtschaftlich bearbeiteten Fläche entfallen auf den ökologischen Anbau. In den skandinavischen Ländern gibt es eine abgestufte Zertifizierung in der Gastronomie: Wer über 95 Prozent Bio verarbeitet, erhält die Plakette in Gold.

Abgelehnt werden in der Zukunft auch die heute noch zugelassenen über 300 Zusatzstoffe. Von nichts kommt nichts, aber in den Steinbock-Jahren zählt ausnahmslos das Echte, Wirkliche, Ehrliche. Dann erledigen sich Lustmacher wie Farbstoffe, Geschmacksverstärker oder Haltbarkeitsverlängerer. Von den heute genehmigten Zusatzstoffen gilt immerhin nur die Hälfte als unbedenklich. Der beste Weg, ohne diese zu essen, führt in die eigene Küche, in der möglichst viele frische Roh-Lebensmittel verarbeitet werden.

Es wird nicht immer des Staates und seiner Autorität bedürfen, um Verhaltensmuster aufzubrechen. Idealismus und Überzeugungsarbeit, Lustgewinn und Erfolgserlebnisse können viel sanfter eine neue Bewusstheit bewirken.

Die Kassen bieten verstärkt Kurse zur Stärkung der Gesundheit an. Die Fitnessstudios werden noch einfallsreicher in ihren Angeboten. Bäder bauen ihre Erlebnisprogramme aus und Therapeuten schwärmen in Volkshochschulen und andere Institutionen aus, um volksgesundheitlich wichtige Aufklärung anzubieten. Rückenschulen, Massagetechniken, Haltungsschulung und andere Methoden finden großes Interesse.

Im Freizeitsport wird es ähnlich sein. Dabei ist nicht Hochleistung gefragt, sondern das angenehme Dauertraining, was vor allem auch allein, ohne Gruppen- oder Anleitungsnotwendigkeit, selbstständig – ein Steinbock-Anliegen – zu praktizieren ist. Ob das Aqua-Gymnastik im hauseigenen Pool oder Lauftraining, Nordic Walking, Inlineskating, Radfahren oder nur Zwei-Stufen-Treppensteigen ist, alles lässt einen die persönliche Fitness spüren – und das bringt Spaß.

Patienten hoffen

Die Apparatemedizin verfeinert sich immer mehr, so dass die Diagnoseverfahren immer treffsicherer werden. Operationspraktiken werden in wenigen Jahren noch »patientenschonender« sein.

In der Stammzellenforschung arbeiten die Spezialisten mit Hochdruck daran, wandlungsfähige Stammzellen zu züchten. Das Ziel heißt, erbveranlagte Krankheiten wie Parkinson, Diabetes, Krebs und andere zu heilen. Hinter diesen Forschungen stehen Biotechnologie-Unternehmen, die eine Marktdominanz erringen, wenn es gelingt, zum Beispiel voll funktionsfähige Leber- oder Herzzellen aus embryonalen Stammzellen zu gewinnen.

Der Stand in der Stammzellenforschung zeigt, dass das Gestaltwandelnde bis zum Wechsel des Pluto vom Steinbock in den Wassermann 2024 über das Analysieren, Erkennen und nach Lösungen Forschen nicht hinauskommen wird. Der eigentliche Durchbruch zu therapieren und zu heilen, bleibt der nachfolgenden Pluto-Epoche vorbehalten.

Dies ist eine prinzipielle Erkenntnis zu den möglichen Pluto-Fortschritten in der Steinbock-Zeit: Zuerst wird das Problem erkannt, dann analysiert und aus den vorliegenden Ergebnissen eine Lösung erarbeitet. Steinbock-saturnische Abläufe kommen mit Sicherheit nur sehr langsam voran. Zwanzig Jahre sind da keine angstmachende Zeitdauer, sondern – aus Steinbock-Sicht – ein erforderlicher Minimalzeitraum, um Verlässlichkeit und Nachhaltigkeit für die Lösungsergebnisse zu gewährleisten.

Die Kernspintomographie hat sich technisch so gesteigert, dass die Neurologie zu ganz neuen Einblicken in die Funktionsweise des Gehirns kommt. Deshalb ist die Hirnforschung heute zu einem rasch expandierendem Segment in der Gesamtmedizin geworden. Und auch hier stehen in der Steinbock-Zeit die Erkenntnisse und Analysen an erster Stelle, bevor therapiefähige Angebote möglich sind.

In der Krebsforschung werden die nuklearmedizinischen Verfahren sehr erweitert und mit Erfolg in der Therapie angewandt, ebenso wie die hochtechnisierten Laser-Geräte. Hightech auch in der Immuntherapie, wo in kompliziertesten Verfahren körpereigene Immunzellen außerhalb des Organismus zur Tumorabwehr programmiert und dann durch Infusion dem Körper wieder zugeführt werden.

Die Naturmedizin bekommt einen noch größeren Stellenwert. Sogenannte alternative Therapien wie beispielsweise Behandlungen mit ätherischen Ölen oder durch Farben und Licht, Physio- und Bewegungstherapien (Yoga und anderes) werden noch wirkungsvoller eingesetzt werden, ebenso Wasser-, Wärme- und ayurvedische Behandlungen.

Wer das bezahlt, wird auch geregelt werden. Dazu wird es ganz neue Ansätze geben, die heute noch nicht bekannt sind. Die sich verbessernde Volksgesundheit wird das Gesundheitssystem finanziell entlasten. Dann werden auch die Mittel frei, die Eigeninitiativen des Einzelnen zu subventionieren.

Pluto will den Wandel. Die Steinbock-Struktur zeigt, in welche Richtung er sich vollzieht. Also vereinfacht sich alles und greift auf die schon vorhandene Kernsubstanz im Wissen und Können zurück. Das Natürliche und Unverfälschte wird wieder wichtig. Für eine nachhaltige Gesundheit braucht es das Regelmäßige. Der Mensch organisiert und steuert sich selbst. Durchsetzen wird sich, was am besten wirkt, keine schädlichen Nebenwirkungen hat und noch zu bezahlen ist.

Ungesundes Verhalten wie Rauchen oder Übergewicht durch falsche Ernährung werden abgestraft, indem Behandlungskosten nicht bezahlt, Risikoaufschläge bei den Kassen erhoben oder Arbeitsmöglichkeiten ausgeschlossen werden. Wie konsequent gehandelt werden wird, zeigt sich am Rauchverbot, das in mehreren Ländern in der EU gilt und 2010 durch eine Verordnung aus Brüssel generell auf alle 27 Mitgliedsstaaten ausgeweitet wird. Allein durch diese Maßnahme sind jährlich 2000 Menschenleben gerettet.[28]

Wie strikt sich in diesen Jahren das Allgemeininteresse über das Einzelverhalten hinwegsetzt, könnte sich auch darin zeigen, dass Übergewichtige, die nicht durch Fehlfunktionen im Stoffwechsel, sondern eindeutig durch falsche Ernährung und ungesunde Lebenseise zu viel Gewicht haben, durch höhere Krankenkassenbeiträge zu anderem Ess- und Bewegungsgewohnheiten geführt werden. Übergewichtige fahren mehr Auto und erhöhen dadurch den Spritverbrauch, belasten die Umwelt und verstärken unnötig den Verkehr auf den Straßen. Sie verknappen durch ihren Überkonsum die Lebensmittel.

»Dicke sind an Hunger, Armut und Klimawandel schuld«, so titelte *Welt kompakt* am 21. Mai 2008. Es ist vorstellbar, dass es eines Tages Normen geben könnte, ab wann Übergewicht »strafbar« ist. Das liest sich schrecklich übertrieben, wird aber schon in absehbarer Zeit ebenso schmerzliche Realität wie viele andere Maßnahmen, über die die Politik mit strengen Vorgaben die Kontinuität des Lebens sichern will.

Vielleicht ist auch die zunehmende Größe der jungen Generation – inzwischen ist der junge, männliche Deutsche durchschnittlich 1,78 Meter groß – auf eine sich verändernde Ernährung zurückzuführen. Es könnten auch viele andere Faktoren sein. Astrologisch passt es ins Bild, denn das plutonisch Gestaltwandelnde betrifft auch die Konstitution künftiger Generationen.

Das Alter nimmt ebenfalls zu. Die Menschen können innerhalb von 60 Jahren schon mehrheitlich 100 Jahre und älter werden. Allerdings steigen damit auch die Gesundheitskosten. Sie liegen heute bei einem 75-jährigen 25-mal höher als bei einem 34-jährigen, weil die Risiken von Krebs-, Kreislauf- und Stoffwechselerkrankungen mit dem Alter drastisch zunehmen.[29]

Innovationen in der Medizintechnik

Die Apparatemedizin wird sich forciert entwickeln und einen Hightech-Standard bekommen, wie man ihn heute noch nicht für möglich hält. In der Molekularmedizin werden die bildgebenden Verfahren weiter verbessert, sodass Alzheimer oder Tumore deutlich früher diagnostiziert und gezielter behandelt werden können.

Für Krebs und Herz-Kreislauferkrankungen, die beiden häufigsten Todesursachen, werden sich die Heilungschancen durch modernste Technologien sehr verbessern. Neue medizintechnische Geräte ermöglichen eine noch größere Präzision. Revolutionäre Operationstechniken erhöhen die Überlebenschancen. Laborsysteme und Diagnoseinstrumente vernetzen sich zu einer immer ganzheitlicher werdenden Gesundheitsmedizin von geradezu futuristischer Professionalität.

Auf die Chirurgen kommen mit der Fortentwicklung der OP-Technik immer größere Herausforderungen zu. Am 1. August 2008 meldet eine Nachrichtenagentur, dass erstmals die Transplantation von zwei vollständigen Armen gelungen sei. Im Universitätsklinikum Rechts der Isar in München wurden einem 54-jährigen Landwirt in einer 15-stündigen Operation beide Arme mit Erfolg transplantiert.

Die größte Herausforderung an die Medizin aktuell ist, die Immunschwäche AIDS zu heilen. 23 000 Wissenschaftler waren am 8. August 2008 zu einem Mega-Kongress in Mexiko zusammengekommen, um über den Stand der Forschungen zu beraten. 1984 wurde der HIV-Erreger nachgewiesen, und seither sind über 25 Millionen daran gestorben. Weltweit sterben täglich noch immer 6000 Menschen an AIDS, obwohl es bereits Medikamente gibt, welche die Lebenserwartung um 13 Jahre steigen lassen.

Am Anfang stehen die Wissenschaftler in der Gen- und Stammzellenforschung. Deutschland ist durch eine strenge Gesetzgebung behindert, international Schritt zu halten. In Schweden, Spanien oder Großbritannien ist man in den Ergebnissen schon sehr viel weiter. Dort gelingt es schon, bestimmte Gene, wie zum Beispiel ein Brustkrebsgen, beim Embryo auszugrenzen und es so bei einer künstlichen Befruchtung wegzuisolieren. Dadurch verringert sich das durch die Erbanlage begünstigte Erkrankungsrisiko.

Pluto macht vor nichts halt, was der Menschheit in die Zukunft verhilft. Die Evolution geht nicht immer den direkten Weg. Sie verästelt sich, experimentiert und bringt auch Opfer. Irrwege sind in das Abenteuer Zukunft miteinbezogen. Am allerwenigsten bekümmert sich das Gestaltwandelnde um das Gewesene. Weg und weiter, heißt die Devise! Deshalb bleibt es für Deutschland existentiell wichtig, weiterzuforschen und die Wege zu gehen, die der Menschheit eine gesicherte Lebensperspektive bringen. Und die heißt: So viel Gesundheit wie möglich.

FAZIT: Das Gesundheitswesen 2008 bis 2023/24

- Mehr Verantwortung für die eigene Gesundheit – die klare Forderung dieser Zeit. Jeder Einzelne muss mehr Geld und Aufwand für die persönliche Gesunderhaltung aufwenden.

- Revolutionäre Operationsmethoden und innovative Techniken verbessern die Heilungschancen bei bislang unheilbaren Krankheiten.

- Rasante Fortschritte in der Stammzellenforschung – die wirklich breite Anwendung der neuartigen Ergebnisse und Methoden erfolgt aber erst in der nächsten Pluto-Phase ab 2024.

- Bei Patienten und Ärzten/Therapeuten wächst das Interesse an natürlichen und alternativen Heilmethoden verstärkt weiter.

- Die Lebenserwartung steigt drastisch an.

THE SPIRIT IMPELS US 4WARD 2WARDS OTHERS: DIE KIRCHEN IM 21. JAHRHUNDERT[30]

Die Kirchen sind im Aufbruch in die Moderne. Der Deutsche Katholikentag in Osnabrück, bei dem die beiden »Oberhäupter« der katholischen und evangelischen Kirchen Hand in Hand für den ökumenischen Kirchentag 2010 in München geworben haben, ist ebenso ein deutliches Signal dafür wie der Weltjugendtag in Sydney oder die Papstreise in die USA.

Besonders die katholische Kirche ist auch in plutonischen Steinbock-Zeiten offensiv. Wenn die Menschen in Deutschland schon aus den Kirchen abwandern, was bei beiden Konfessionen ein Fakt ist, dann will die katholische Kirche wenigstens ihre internationale »Ranking«-Position halten oder diese gegenüber dem Buddhismus, dem Hinduismus und der um sich greifenden Islamisierung sogar noch ausbauen. Der Papst setzt dabei auf die Jugend und damit auf eine neue Generation von Christen. Die Jugend wird vom Wandel erfasst und mitten in ihm leben. Sich darauf einlassen heißt, ihn gestalten. Der Weltjugendtag 2011 in Madrid wird zeigen, ob der Funke der Begeisterung für das idealisierte Leit- und Vaterbild des Papstes ebenso überspringen wird wie vor den 400 000 Jugendlichen in Sydney 2008.

Die sinkenden Mitgliederzahlen bei den christlichen Kirchen beider Konfessionen sind weltweit deutlich belegt. In Deutschland wird sich zeigen, dass beide Konfessionen es sich in den nächsten 20 Jahren einfach nicht mehr leisten können, getrennte Wege zu gehen.

Die Zugehörigkeit zu der einen oder anderen Konfession wird nicht mehr daran entschieden, ob beim Abendmahl der Wein sich wirklich oder nur symbolisch zum Blut des Jesus wandelt. Vielmehr sind die beiden Kirchen bei schwindenden Einkünften gezwungen, den getrennten Verwaltungsapparat ihrer Organisationen zusammenzulegen. Die Trennung von Staat und Religion wird auch in Deutschland noch konsequenter vollzogen werden als heute, sodass die Kirchen sich mit einem Dienstleistungsangebot stärker selbst finanzieren müssen beziehungsweise auf Spenden von Einzelpersonen und Institutionen angewiesen sind.

Die Menschen erwarten von ihrer Kirche klare Stellungnahmen und Wegleitungen zu den aktuellen Themen des Lebens. Da ist zum Beispiel die steigende Armut. In der Bahnhofsmission wird seit einiger Zeit registriert, dass von den 2,2 Millionen Menschen, die dort regelmäßig Hilfe beanspruchen, immer mehr »nur« nach Essen fragen.

Die Menschen erwarten auch Antworten zur Umweltzerstörung oder Richtlinien für die gewandelten Lebensformen, wie zum Beispiel bei gleichgeschlechtlichen Partnerschaften, Schwangerschaftsverhütungen, -abbrüchen und vielem mehr. Die Zugehörigkeit zu einer Religionsgemeinschaft wird sich an den Fragen »Wo finde ich Halt?«, »Wo finde ich Antworten?« und »Wo finde ich Hilfe?« entscheiden.

Die Wandlungsjahre bis 2023 für die evangelische und katholische Kirche werden zu einer steinbockgemäß-lebenspraktischen Reformierung all ihrer Einrichtungen und Organisationsformen führen. Das Religionstheoretische wird durch angewandte Psychologie und gesprächszentrierte Psychotherapie unterstützt. Soziale Dienste und Zeremonien (Hochzeiten, Taufen, Bestattungen) werden noch mehr zu Wirtschaftsfaktoren. Das Sozialunternehmen Kirche wird zum Profitcenter, weil es wirtschaftlich nur so leistungsstark bleibt, wenn beispielsweise die Kirchensteuer auch noch wegfällt. Dahinter steckt auch Machterhaltung und Besitzstandswahrung. Die Kirchen institutionalisieren sich neu als Sozialunternehmen – so müssen sie sich nicht in Frage stellen und bemerken, dass sie von den meisten Menschen nicht mehr wirklich aus Glaubensgründen und einer inneren Notwendigkeit getragen werden. Am Ende dieser Prozesskette steht die Vereinigung zu einer einzigen christlichen Gesamtkirche mit einem Verwaltungsapparat.

FAZIT: Die Kirchen 2008 bis 2023/24

- Die Kirchen bauen sich als Sozialunternehmen aus; sie werden zu Profitcentern, die wie Konzerne agieren.

- Das Religionstheoretische wandelt sich in praktische Beratung für das alltägliche und gesellschaftliche Leben um.

- Katholizismus und Protestantismus rücken näher zusammen; es gibt deutliche Anzeichen dafür, dass sie sich zu einer christlichen Gesamtkirche vereinen werden.

»MAN MUSS SPINNEN KÖNNEN, SONST GIBT ES KEINEN FORTSCHRITT«: HIGHTECH UND FORSCHUNG

Diese Kapitelüberschrift ist ein Zitat des SAP-Vorstands Dietmar Hopp.[31] Der SAP-Gründer macht nicht nur den Dorfverein TSG Hoffenheim zum Shooting-Star der Fußball-Bundesliga, sondern plant auch im Verbund mit anderen Weltfirmen, zum Beispiel BASF, Merck, Heidelberger Druck AG, ein »Silicon Valley« in der Großregion Mannheim/Heidelberg/Karlsruhe. Innovationslabors werden entstehen und von einer umfassenden Anwendungsforschung flankiert.

Physiker, Ingenieure, Werkstoffspezialisten, Chemiker und Hochschulexperten schaffen in der Region ein internationales Zentrum für neue Technologien. Die Organische Elektronik ist der erste konkrete Forschungsansatz. Die könnte unter anderem dafür sorgen, dass wir eines Tages aufrollbare Fernseher herumtragen oder hauchdünne Leuchtfolien an den Fenstern die Räume kühlen oder sie statt aufwendiger Elektrolampen erhellen. Die Klimaanlage im Auto wird dann nicht mehr über die Batterietechnik versorgt, sondern zieht ihre Energie aus einer kaum sichtbaren Folie am Heckfenster.

Surfen und Googeln

Die originale Technologie-Hochburg Silicon Valley in Kalifornien verzeichnet zu Beginn des Pluto-Eintritts in den Steinbock einen weiteren Aufschwung. Von hier aus operieren die Giganten der Informationstechnologie wie zum Beispiel Google, Yahoo oder Hewlett-Packard. Die Internetbranche boomt weiterhin und bringt neue Kontaktplattformen wie etwa Facebook hervor. Die Akzente verschieben sich aktuell auch hin zu den Umwelttechnologien. Denn hier werden die Antworten auf die drängendsten Fragen der Zeit gesucht.

Suchmaschinen-Giganten »browsern« sich derweil zum Allzweck-Dienstleister. Es geht schon längst nicht mehr allein um Lexikon- und Archivfunktionen, sondern auch um Unterhaltungs- und Kommunikationsplattformen, um Shopping, Zahlungsverkehr, Telefonieren oder persönliche Adressdateien, Organisation, Zeitgestaltung und Terminüberwachung. Google bietet dem Surfer und Anwender alles, was er virtuell verarbeiten möchte: Textverarbeitung, E-Mail, Navigationssysteme, Straßenkarten und vieles andere mehr. In der Selbstorganisation braucht man schon bald nur noch eine Steckdose, den PC und das Kabel zwischen beiden.

Die nächsten fünf Jahre werden noch viele sensationelle Ergänzungen bringen, weil Google nicht allein auf dem Markt ist, sondern Microsoft, Amazon oder IBM sich die Marktanteile nicht wettbewerbslos wegnehmen lassen. Die persönlichen Archive, Ablagen, Videospeicher, Fotoalben oder Dokumentenordner werden nicht mehr auf dem persönlichen Rechner abgelegt, sondern an unermesslich umfangreiche internationale Datenzentren übertragen. Von überall und auf jedem PC wird das Gewünschte abgerufen und bei Bedarf auch mit anderen Nutzern und deren Daten vernetzt.

235 Millionen Nutzer hat das soziale Netzwerk My Space. Es soll die meistbesuchte Website der Welt sein.[32] Unter dem Slogan »A place for friends« findet ein Austausch wie in einem virtuellen Café statt. Man stellt sein Profil vor, tauscht sich aus, kann Kontakte herstellen, Videos oder Fotos tauschen, Blogs oder Musikplattformen einrichten. Hightech macht's möglich! Das World Wide Web wird zur Zukunft der digitalen Welt. Selbst das seit Jahrhunderten überdauernde Kulturgut Buch, seit der Gutenberg'schen Erfindung der Druckkunst unangetastet, erlebt seine Verdrängung. Pluto schiebt das E-Book und die Möglichkeit, ganze Manuskripte zu downloaden, in den Vordergrund und die bedruckten Papierseiten zumindest ein wenig an den Rand.

Und wer schützt? Parallel zu diesem Mega-Datenaustausch wird der Schutz der persönlichen Daten immer wichtiger. In Deutschland allein sind 2008 zwischen 20 und 30 Millionen Bürgerdaten mit Geburtsdaten, Kontenständen, Kreditkartennummern, teils sogar mit Pin-Nummern in Umlauf gekommen beziehungsweise zum Kauf angeboten worden. Sogar dreiste Abbuchungen wurden registriert. Der Datenschutzgipfel vom 4. September 2008 in Berlin hat die Grundlagen geschaffen, auf denen eine verschärfte Kontrolle der Datenweitergabe durch das Gesetz gesichert werden soll. Ob Bankbürgschaften oder Datenschutz – der Staat setzt seine Kontrollautorität ein. Plutonische Reglementierungen sind jetzt noch das einzige wirkungsvolle Mittel, der zügellosen Profitgier Herr zu werden.

Analyse und Forschung

In anwendungsorientierten Steinbock-Zeiten wird analysiert und erforscht, was die Menschen und die Welt für eine gesicherte Zukunft brauchen. In Ulm werden zum Beispiel experimentell Biomasse-Abfälle in brauchbare und biologisch abbaubare Kunststoffe umgewandelt. In Reutlingen wird ein neuer Naturfaser-Verbundwerkstoff hergestellt, für den Hanf und Flachs Kunststoff beigemischt wird und der beim Autobau die schweren Blechkarosserien ablösen soll.

Eine faszinierende Technologie wird bereits heute weltweit beim Tunnelbau eingesetzt. Der längste Eisenbahntunnel der Welt entsteht bis 2017 unter dem Gotthardmassiv in der Schweiz. Die Abweichung bei den zehn Meter breiten Röhren darf pro 100 Meter nur einen Millimeter betragen! Das Schneiderad der Bohrmaschine hat einen Durchmesser von neun Metern!

Mein Kollege Roboter – so wird es in vielen Bereichen heißen. In japanischen Fabriken arbeiten heute schon Roboter Hand in Hand mit dem Menschen. Sie ersetzen Reinigungskräfte, streuen Saatgut auf den Feldern oder begrüßen Besucher in Firmenzentralen. Mehr als 370 000 Roboter sind allein in Japan im Einsatz.[33] Im praktischen Alltag sind in den USA schon 2,5 Millionen Staubsauger-Roboter am Werk. Die nächste Roboter-Generation soll noch intelligenter werden. Die japanischen Forscher wollen sie »lernfähig« machen, sodass sie in bestimmten Situationen »selbstständig denken«.

Kaugummi klebt nicht mehr

Materialentwickler experimentieren in allen Erdteilen mit Roh- und Abfallstoffen: Wie stellt man neue Werkstoffe her, die vielfach besser anzuwenden sind als die bisherigen? Die Redaktion des Kundenmagazins *mobil* der Deutschen Bahn hat in ihrer Ausgabe 11/08 nachgeforscht, wie sich die neue Werkstoff-Funktionalität zum Wohl aller darstellt, und dabei einiges herausgefunden: Kaugummis kleben nicht mehr auf teflonbeschichteten Gehwegen. Sitzbänke sind aus durchsichtigem Beton und werden durch Leuchtfasern beleuchtet. Kompostierbares Einweggeschirr aus Palmblättern, bakterienabtötende Arbeitsplatten aus Quarz, Wärmedämmung aus Seetang, Textilien aus Bambusfasern oder neue Herstellungstechniken für den Auto- und Flugzeugbau – in der Steinbock-Zeit des Pluto wird ausschlaggebend sein, ob und für welchen Zweck sich die neuen Materialbeschaffenheiten bewähren. Biologisch abbaubare Bestandteile und verbesserte Eigenschaften entscheiden, welches Produkt sich durchsetzen wird.

Die Nanotechnologie, eine besondere Form der Oberflächenbehandlung, und die Gentechnik sind Programme, die bis 2023 und darüber hinaus aktuell bleiben. Es werden Jahre des leidenschaftlichen Für und Wider, vor allem bei der Gentechnik. Die sich völlig verändernde Lebenssituation wird auch in der Gentechnik neue Perspektiven schaffen. Forschungsergebnisse, Langzeitanalysen und experimentelle Anwendung werden in den kommenden 15 Jahren zeigen, wie mit den neuen Technologien die Zukunft optimiert wird, ohne unkalkulierte Risiken einzugehen.

In der Pluto-Steinbock-Zeit gibt es weniger riskante Experimente als in anderen Epochen, denn das Steinbock-Prinzip überbetont das Sichere und Gesicherte. »Keine Experimente!« war ein Leitmotiv des Polit-Steinbocks Konrad Adenauer. So wird es auch in der Hightech-Zeit bis 2023 so abgesichert wie nur möglich zugehen. 2024 wird das allerdings schon wieder ganz anders aussehen.

FAZIT: Hightech und Forschung 2008 bis 2023/24

- Die Schnittstelle zum Leben werden der PC und das Handy: In beinahe allen Bereichen bestimmt die elektronische Vernetzung das alltägliche Leben.

- Die Persönlichkeitsrechte sind extrem gefährdet. Der Datenschutz wird zwar perfektioniert, doch der Mensch wird immer stärker »gläsern« – durch eine Identifikationsnummer, den digitalen Fingerabdruck und andere Kontrollmechanismen.

- Gentechnik und Stammzellenforschung etablieren sich auch in Deutschland; die breite Anwendung wird in dieser Phase jedoch nur vorbereitet.

- Eine intelligentere Roboter-Generation gefährdet Arbeitsplätze.

- Der plutonisch-steinbockhaft pragmatische Umgang mit anstehenden Problemen und Engpässen führt zur Entwicklung neuartig funktionaler Materialien und Recyclingmöglichkeiten.

DAS UNVORSTELLBARE WIRD WAHR: DIE KOLONIALISIERUNG DES WELTRAUMS

Seit wir Zeugnisse von früheren Kulturen in unserer Menschheitsgeschichte haben, wissen wir auch vom ständigen Interesse des Menschen an Sonne, Mond und den Planeten. Schon früh hat man mit den Himmelskörpern und deren scheinbarer Bewegung am Firmament Kraftpotentiale verbunden, die sich in Gottheiten und Naturreligionen wiederfinden. Die heutige Erforschung des Weltraums hat ganz andere Ziele. Letztendlich geht es ihr um die Lebensmöglichkeiten fernab von der Erde.

Am 20. Juli 1969 betreten zwei Amerikaner den Mond, und schon heute plant man, eine bemannte Raumsonde sogar auf dem Mars landen zu lassen. Den Weltraum zu kolonialisieren, das ist für den Menschen der nächste große Schritt, seinen Lebensraum zu erweitern. Damals, als Columbus Amerika entdeckte, waren die Gründe für diese Unternehmung ganz andere, als sie die Erfordernisse vierhundert Jahre später zeigten, nämlich für die sich ausdehnende Armut in Europa eine »Ersatzwelt« in Amerika zu schaffen.

Wenn jemand den irischen oder deutschen Auswanderern, die wochenlang mit faulendem Wasser, unter miserablen hygienischen Bedingungen und mit Blick auf eine unsichere Zukunft auf dem Atlantik unterwegs waren, gesagt hätte, was aus diesem Amerika werden würde und wie schnell es von Europa aus zu erreichen ist – dann hätten sie es sich schlichtweg nicht vorstellen können.

Der Mensch erforscht heute den Weltraum, und morgen wird er ihn nutzen. Das Beispiel der vielen Satelliten, die mit TV-Programmen, Nachrichten- und Funkübermittlungen und vielen anderen, auch militärischen Funktionen ausgestattet den Globus umrunden, zeigt, wie der Außenraum bereits heute genutzt wird.

Der Mensch wird ihn auch missbrauchen. Wahrscheinlich werden die dann auf der Erde aktuellen Politblöcke militärische Basen im Weltraum installieren, um damit die Machtverhältnisse auf der Erde zu beeinflussen. Mit Sicherheit werden vorhandene Rohstoffe auf anderen Planeten rigoros abgebaut. Radioaktiven und anderen hochgefährlichen Müll schießt man in den Weltraum oder deponiert ihn auf einem Planeten.

Jede Menschheitsepoche erforscht sich ihr eigenes Weltbild – nicht nur philosophisch, sondern auch kosmologisch. Die antiken Erkenntnisse sind widerlegt, die kopernikanischen vielfach erweitert. Heute wird danach geforscht, wie und wann das Universum entstanden ist. Wie war das mit dem Urknall? 13,7 Milliarden Jahre danach dehnt sich das Universum, dem der Mensch angehört, immer schneller aus. Die Galaxien driften auseinander. In 20 Milliarden Jahren wird die Erde in der Sonne verglühen und in 100 Trillionen Jahren ist das Universum erloschen.

Mit Pluto im Steinbock erforscht sich die Menschheit ihren Kosmos nach ganz pragmatischen Interessen. Wo gibt es welche Rohstoffe, die von größter Wichtigkeit für das Fortbestehen der Zivilisation auf der Erde sind? Wie baut man sie ab und transportiert sie zur Erde? Gibt es lebenstaugliche Bedingungen auf einem anderen Planeten und wenn ja, wie schafft man dort einen lebenswerten Aufenthalt?

Die Urknall-Theorie oder das Ende des Universums werden bedeutungslos in einer Zeit, in der sich sieben und acht Milliarden Menschen auf dem Planeten nicht mehr ernähren können und die Lichter ausgehen, weil die Rohstoffe aufgebraucht sind.

Fliegende Observatorien fangen fliegende Untertassen

Amerikaner, Russen, Europäer, Chinesen und bald noch andere wollen dabei sein, wenn der Planetenkuchen aufgeteilt und die Flaggen in den kosmischen Staub gesteckt werden. Die Vorbereitungen laufen auf Hochtouren. Nationale Satelliten und Forschungssonden rasen durch den Weltraum. Die Internationale Raumfahrtstation ISS baut sich mit wechselnden Besatzungen weiter aus und darf heute schon als der erste Weltraumbahnhof bezeichnet werden. Eines Tages starten die Raumschiffe von außerhalb der Atmosphäre und sparen so die tonnenschweren Raketen, mit deren Schubkraft allein die Erdatmosphäre zu durchbrechen ist.

Gigantische Weltraumteleskope wie Chandra von der NASA oder Xm-Newton von der europäischen ESA suchen den Raum nach Schwarzen Löchern ab oder entdecken neue Galaxien. Wenn ein Stern stirbt oder geboren wird, erfassen die Teleskope jedes Detail und fangen spektakuläre Funkbilder ein. Das ist technisch nur von außerhalb der Atmosphäre möglich, da dort die Strahlungen die Teleskope direkter erreichen.

Das derzeit wichtigste fliegende Observatorium ist das Weltraumteleskop Hubble, dessen 2,4-Meter-Spiegel mit einem Spaceshuttle auf seine Umlaufbahn gebracht wurde. 1,5 Milliarden Dollar hat das gesamte Projekt gekostet. Im Vergleich zum größten Teleskop auf der Erde, dem Very Large Telescope in der Atacama-Wüste in Chile, hat es dreimal mehr gekostet. Das Hubble-Teleskop hat mit seinen Daten die Weltraumforschung revolutioniert. Es hat zum Beispiel den Andromeda-Nebel als Nachbargalaxie definiert. Inzwischen hat es zehntausend Galaxien, Milliarden von Lichtjahren entfernt, entdeckt und mit seinen Messdaten die Erkenntnis gefestigt, dass das Universum 13,7 Milliarden Jahre alt ist und nur zu vier Prozent aus Materie besteht, wie wir sie kennen. Der Rest ist eine uns unbekannte, immaterielle Energie.

Die Forscher lassen nicht locker, sich noch mehr Einblick ins Weltraumgeschehen zu verschaffen: Hubble-Nachfolger soll das James-Webb-Teleskop werden, das 2013 auf seine Umlaufbahn geflogen wird. Parallel dazu ist auf der Erde – in Chile – für 2016 ein Teleskop mit einem 24,5-Meter-Spiegel geplant. Die Amerikaner und Kanadier wollen einen 30-Meter-Spiegel bauen, und die Europäer bereiten einen Super-Spiegel von 42 Metern vor. Dieses Teleskop soll 2017 aufgestellt werden. Der Standort wird noch geheim gehalten. Unendlich weit kann man eines Tages in die Tiefen des Weltraums blicken, wenn die angedachten 100-Meter-Spiegel realisiert sind.

Mond, Venus, Mars – Reiseziele für Astronauten

Bemannte Flüge zum Mond sind bei den Amerikanern und Russen bereits fest in der Planung. Allerdings hat die amerikanische Weltraumbehörde NASA derzeit den Mars in der Reise-Priorität für ihre Astronauten, seit die Forschungssonde Phoenix dort gefrorenes Wasser nachgewiesen hat. Ist oder war Leben auf dem Mars möglich?

Pioneer 10 und Pioneer 11 waren bei Jupiter und Saturn, bevor sie sich in der Unendlichkeit des Universums verloren haben. Nun könnte das nächste Großereignis, nämlich einen Menschen auf dem Mars zu landen, schon in wenigen Jahren verwirklicht sein. Pluto kommt uns mit jedem neuen Flug in den Weltraum näher; denn je sicherer sich die Menschen im Weltraum bewegen werden, desto mehr wird sich das Bewusstsein der Menschen auf der Erde verändern.

Die Pluto-Zeit im Steinbock, also die Jahre bis 2023/24, werden den Analysen, Entwicklungen und Experimenten gehören. Schritt um Schritt wird die Weltraumforschung durch organisatorisch-logistische Vorhaben gestützt, wie zum Beispiel dem Projekt, transportstarke Lastenraumschiffe zu bauen. Sie sollen die Raumstationen, wie dies bei der ISS schon zu beobachten ist, mit Austauschbesatzungen und vor allem mit Bauteilen versorgen. Wabenförmig werden sich organisch wachsend die Stationen vergrößern und immer neue Funktionen übernehmen. Raumgleiter starten von ihnen, und neue Forschungsprogramme werden außerhalb der Atmosphäre durchgeführt. Immer mehr Menschen werden sich unter immer angenehmeren Lebensbedingungen in den Weltraumzentren aufhalten.

Die Steinbock-Jahre bringen einen soliden und abgesicherten Ausbau der Weltraumforschung. In den Jahren ab 2024 werden es gewagtere Unternehmungen sein, die von einem ehrgeizigen Pioniergeist vorangetrieben werden (siehe dazu auch das Kapitel *Pluto im Wassermann*, Seite 248ff.)

Fernab von den Sternen und hundert Meter tief in der Erde ist die größte Maschine, welche die Menschen jemals gebaut haben, in einem 27 Kilometer langen Tunnel installiert. Dieser Super-

Teilchenbeschleuniger soll Wasserstoffkerne auf Lichtgeschwindigkeit beschleunigen. Dann sollen diese Teilchen gegeneinander stoßen. Daraus wollen die rund 10 000 Wissenschaftler aus 60 Nationen erkennen, wie die Welt entstanden ist. Wer den Aufbau der Materie analysieren kann, hat angeblich den astrophysikalischen Schlüssel zu Multiversen, Higgs-Teilchen und Stringtheorien gefunden.

Die Forscher sind heute in der Lage, Signale einer Supernova, die vor 160 Millionen Lichtjahren entstanden ist, aufzufangen – so lange waren sie zur Erde unterwegs. Es sind Botschaften von längst vergangenen Ereignissen und erst heute erfahren wir, was vor unendlich langer Zeit geschehen ist. Das Vergangene wird zur aktuellen Gegenwart. Zeitreisen von unvorstellbaren Ausmaßen!

Die Forscher lassen nicht locker: Sie dringen in die Tiefen des Universums vor und sie zaubern im Teilchenbeschleuniger den Urknall, aus dem der Planet Erde entstanden sein soll, herbei. Sie lassen nicht locker, die Evolution sichtbar zu machen.

FAZIT: Weltraumforschung 2008 bis 2023/24

- Die Erforschung des Weltraums wird ein Eroberungsfeldzug: Mars und Venus werden okkupiert, Lebensmöglichkeiten außerhalb der Erde erkundet.
- Was heute hoch spezialisierte Forschung ist, wird immer mehr zum Alltag: Weltraumflüge und Aufenthalte in Raumstationen gehören zu vielfältigen Job- und Freizeitangeboten dazu.
- Erdenbürger nehmen sich verstärkt als Bürger des Alls wahr – ein gigantischer, typisch plutonischer Bewusstseinssprung.

KEINE ANGST VOR PLUTO: WIE POSITIONIEREN WIR UNS PERSÖNLICH?

Was wir im Großen um uns herum erleben, gilt auch für jeden Menschen ganz persönlich, denn jeder ist ein Teil des Ganzen. Die Ereignisse dieser Anfangsjahre der Pluto-Steinbock-Zeit beunruhigen uns alle und machen Angst, von den unangenehmen Erscheinungen bald auch persönlich betroffen zu sein. Vieles von dem, was wir aus den Medien erfahren müssen, übersteigt unser Vorstellungsvermögen – das Denken in Milliarden, das Hungerelend, die Verwüstungen durch Erdbeben, Stürme oder Überschwemmungen mit Tausenden von Opfern. Horrorzahlen! Noch ist vieles weit weg von uns, aber allein die Naturkatastrophen in unserer Region oder die zusammengebrochene Geldwirtschaft zeigen, wie sich der Kreis auch bei uns immer enger ziehen kann und wie schnell wir selbst in den Strudel der Ereignisse hineingezogen werden können.

Wie positionieren wir uns also in diesem übermächtigen kollektiven Geschehen? Wir spüren und sehen, wie sich die Welt verändert. Morgen könnte schon nicht mehr gelten, was heute noch sicher scheint. Und jeder Einzelne spürt in sich, dass sich auch für ihn die Lebensverhältnisse ändern können. Es ist dabei nicht alles nur von außen verursacht: Auch aus dem Inneren jedes Menschen heraus können Unruhe und Unzufriedenheit entstehen. Dann steht mehr und mehr zur Disposition, was bisher dem Leben Sinn gegeben hat – in der Partnerschaft, im Beruf, in Freundschaften, die Heimat, der Wohnort oder einfach nur das rundum Lebenswerte. Oft will man anstehende Veränderungen bei sich selbst nicht wahrhaben, hält sich mit den ins Wanken geratenen Belangen noch zurück, und doch thematisiert es sich immer stärker. Vor Pluto-Themen können wir nicht einfach kneifen.

Der erste Schritt kann nur sein, sich den Themen zu stellen. Meist sind es nur ein oder zwei zentrale Themen, die bei einem

Menschen zu bearbeiten sind. Dabei ist zu prüfen, wie sich die Problematik auf das Wesentliche reduzieren lässt und welche Lösungen die aktuellen Umstände erfordern. Jeder ist dabei gut beraten, dem Pluto-Rad nicht in die Speichen zu greifen. Nachgeben, so heißt das Gebot der Zeit. Nachspüren, wohin uns das Plutonische mit dem Konflikt führen will. Wir lösen ihn nicht durch Widerstand, sondern indem wir erkennen, wie wir unsere Position und unser Verhalten dazu verändern. Ein Konflikt ist zugleich immer auch ein Lernprogramm! Steinbock gibt dazu die klare Analyse und Pluto die Kraft, das Neue zu schaffen.

Die Pluto-Steinbock-Zeit fordert ein polares Umdenken für jeden Einzelnen. Nur ein bisschen anders – das ist zu wenig! Der Mensch prägt durch sein Handeln sich und damit auch sein persönliches Umfeld, und da gilt: »So, wie du dich bewegst, bewegt es sich auch um dich herum!«

Wenn wir uns nur das vorstellen, was bis 2024 alles schiefgehen könnte, würden wir angesichts der extremen Herausforderungen, vor denen wir stehen, scheitern. Wir sollten uns vielmehr klar machen, dass wir in einer schwierigen Phase leben. Für das lebenswerte Neue braucht es jetzt diesen umfassenden Wandel und damit auch das Sterben des Alten. Das muss weder Jahrmillionen dauern, noch erst im Jahr 2024 erreicht sein. Schon heute können wir es gestalten und miterleben – wie im Kleinen so im Großen.

Barack Obama hat es bei seiner ersten Rede als US-Präsident am 20. Januar 2009 deutlich angesprochen: Der Boden unter unseren Füßen hat sich gewandelt. Wir brauchen neue Grundlagen für unser persönliches und gesellschaftliches Wachstum. Machen wir Schluss mit der Besorgnis! Hören wir auf, an das zu denken, was wir nicht tun können, sondern denken wir, was wir tun können! Polar denken schließt das Wissen ein, dass alles zwei Seiten hat. Jetzt braucht es viel Kraft und den Mut, sich auf das Positive umzupolen und die Chancen in den Schwierigkeiten zu erkennen.

In jeder Epoche ist es immer zuerst der junge Mensch, der die Zeichen der Zeit spürt und sie zu seinem Lebensinhalt macht – denn die neue Zeit ist seine Zeit! So ist auch die Begeisterung der

Jugend in aller Welt zu spüren gewesen, als Barack Obama zum Präsidenten der Vereinigten Staaten von Amerika gewählt wurde. Für die Jungen ist er vielleicht sogar der erste »Weltpräsident«, der ihnen mit seinem Idealismus eine lebenswerte Perspektive für ihre Zukunft aufzeigt. Obama scheint die Pluto-Zeichenwende perfekt zu verkörpern. In ihm schwingt sowohl das Gestaltwandelnde, also Pluto, als auch das Strukturgebende, der Steinbock.

Sein »Yes, we can« ist symbolisch für den Aufbruch und aktiviert die plutonischen Energien, die gerade jetzt in jedem Menschen besonders stark wirken und die ganze Welt verändern werden. Es ist zugleich die Aufforderung an jeden von uns: Seien wir aufrichtig und wahrhaft! Übernehmen wir die Verantwortung für unser Tun – ein Tun im Geist des Dienens! Dienen für das Ganze! Stellen wir wieder Vertrauen her und seien wir der Freund jedes Menschen, der mit uns ein friedliches Miteinander anstrebt! Setzen wir die Hoffnung an die Stelle der Angst!

TEIL 3: ASTROLOGISCHE DATEN UND TENDENZEN

PLUTO-ALLIANZEN: ASPEKTE ANDERER PRINZIPIEN

Pluto behält bis 2024 die Dominanz im Weltgeschehen. Sie wird allerdings durch Aspekte anderer Prinzipien ergänzt, also dadurch, wie andere Planeten und Gestirne zu bestimmten Zeitpunkten zueinander stehen. Wirksam sind Verbindungen anderer Prinzipien zu Pluto und auch die Aspekte der Prinzipien untereinander. Diese Konstellationen wirken zunächst einmal kollektiv und markieren die Qualität der jeweiligen Zeit. Nur die wirklich einflussreichsten und damit wichtigsten Aspekte werden nachfolgend erläutert:

2008

Saturn Opposition Uranus
ab 4. November
Dieser kritische Aspekt wird sich 2009 noch weitere zwei Mal wiederholen, ab 5. Februar und noch einmal ab 15. September.

Bedeutung
Ideen, Initiativen und Aktivitäten (Uranus) werden gebremst, gestoppt, blockiert (Saturn). Alles gestaltet sich schwieriger als gedacht. Der Durchbruch will einfach nicht kommen. Man steckt fest.

2009

Saturn Quadrat Pluto
ab 15. November
Dieser Konflikt-Aspekt wird sich 2010 zweimal wiederholen, ab 31. Januar und wieder ab 21. August. Dazu wird es die längste totale Sonnenfinsternis im 21. Jahrhundert geben. Sie

dauert über sechs Minuten und ist von Hawai bis Ostasien zu beobachten.

Bedeutung
Staatliche Autorität steht gegen unkontrolliert-destruktive Kräfte. Bisherige Strukturen werden vehement aufgebrochen.

2010

Uranus tritt am 28. Mai erstmals in den Widder ein und ist dort vom 14. August bis März 2019 stationär. Dazu kommen die oben erwähnten zwei Quadrate zwischen Saturn und Pluto.

Bedeutung
Die schwierige Weltlage von 2009 setzt sich auch 2010 fort. Die Konflikte verschärfen sich. Es gibt gefährliche militärische Krisenherde. Wirtschaftliche Schutzsysteme brechen ein.

2011

Neptun tritt in Fische ein und bleibt dort bis 26. Januar 2026. 2011 pendelt er noch zwischen Wassermann und Fische (definitiv in den Fischen ist er ab 3. Februar 2012). Neue Aspekte kommen nicht dazu.

Bedeutung
Die Aspekte von 2010 bestimmen auch das Geschehen 2011. Durch Neptun, das Grenzüberschreitende, eskalieren die Probleme. Man setzt sich mit dem seit 2008 Erreichten kritisch auseinander. Neue Erkenntnisse bringen neue Grundansichten mit anderen Lebensformeln. Schon als sicher geglaubte Strukturen halten der Kritik nicht stand und lösen sich auf. Die Menschen suchen nach Alternativen. Polarisierende spirituelle und religiöse Perspektiven erhöhen das Risiko fundamentalistischer Massenbewegungen. Konfrontationen gegen die bestehende Weltordnung destabilisieren die politischen und weltwirtschaftlichen Systeme.

2012 bis 2015

Uranus Quadrat Pluto
Dies aktiviert sich in diesem Zeitraum siebenmal!
In diesem Zeitraum ist es die einzige wichtige Aspektverbindung von zwei Langsamläufern, und gerade die Langsamläufer kennzeichnen symbolisch die individuellen und globalen Tendenzen. Es kommt selten vor, dass sich ein bestimmter Aspekt so oft in einer relativ kurzen Zeitspanne wiederholt.

Bedeutung

Auf der Basis der Interpretation von 2011 (Neptun wechselt in das Zeichen Fische) wird Uranus im energiebetonten Zeichen Widder mit seiner umschwungbewirkenden Zuordnung astrologisch sichtbar machen, was sich in der realen Welt auslöst: Dieser Umschwung wird Konflikte bringen, denn Uranus ist mit Pluto dissonant verbunden.

Neue Ideen und Initiativen werden sich mit Vehemenz und auch mit vorwärtstreibender Entschlossenheit gegen das gültige System wenden. Man muss mit radikalen Veränderungen und auch militärischen Auseinandersetzungen rechnen. Die Tendenz ist groß, dass die Welt politisch, ideologisch und wirtschaftlich durchgerüttelt wird.

Reformen zwingen sich nach vorn, für welche die Zeit noch nicht wirklich reif ist. Die Pluto-Autoritäten (Staats- und Gesellschaftssysteme) wehren sich und verstärken gerade dadurch die Gegenkräfte. Vorübergehend entstehen große Unsicherheiten und teilweise auch anarchische Zustände. Sicherheiten zerbrechen. Erst danach folgt ein neues Werte-, Wirtschafts- und Gesellschaftssystem, das sich konsequent durchsetzt und die eigentliche Hoch-Zeit der Pluto-Steinbock-Epoche einleitet – mit abgesichertem Wachstum und Stabilität.

DER PLUTO-PARCOURS FÜR JEDEN VON UNS: DIE PERSÖNLICHEN ASPEKTE FÜR 2008 BIS 2023/24

Das Prinzip Pluto wirkt auf zwei Ebenen: auf der kollektiven und auf der persönlichen. Bei der kollektiven Ebene wird das Individuum in die Fortentwicklung des Menschheitsganzen einbezogen. Da gelten allein die übergeordneten Zeitqualitäten, vergleichbar einem Flug im Urlaubsjet. Dort gelten auch nur die Tagesaspekte des Kosmogramm (Geburtsbild) vom Piloten. Sie bestimmen das Geschehen. Die Passagiere selbst können nicht steuernd eingreifen.

Anders ist es auf der persönlichen Ebene. Der laufende Pluto oder Transit-Pluto, der zwischen 2008 und 2024 von 0 Grad bis 30 Grad Steinbock läuft, bildet unterschiedliche Aspektverbindungen zu verschiedenen Prinzipien in einem Geburtsbild. Daraus ergeben sich die nur für dieses Kosmogramm gültigen Aussagen und auch nur für den Zeitrahmen, in dem der Aspekt besteht.

Eine kurze Aspektlehre

Aspicere ist lateinisch und heißt »sich anschauen«. Ein Pluto-Aspekt zeigt demnach, wie Pluto ein anderes Prinzip (Jupiter, Mars, Neptun oder andere) im Geburtsbild eines Menschen zu einem bestimmten Zeitpunkt »anschaut« – das kann freundlich oder kritisch sein.

Freundliche Aspekte sind 60- und 120-Grad-Abstände, unter Umständen auch die 0-Grad-Konjunktion, je nach dem, welche Prinzipien deckungsgleich sind. Dynamisch-kritisch sind Abstände von 90 und 180 Grad. Es gibt noch andere Grad-Abstände, die sich in diese Unterteilung qualitativ harmonisch oder dissonant einordnen.

Wie ergibt sich ein Aspekt? Der astronomische Standort des Pluto wird nach Grad und Bogenminuten berechnet und aus einem speziellen Tabellenwerk (den Ephemeriden) abgelesen. Die Position wird auf das Kosmogramm des betreffenden Menschen übertragen.

Ein Beispiel: Am 28. November 2009 steht Pluto auf 2 Grad, 6 Minuten im Steinbock. Wo gibt es im Geburtsbild Positionen, die nahe diesem Gradstand von Pluto liegen? Vielleicht steht die Geburtssonne auf 1 Grad im Steinbock, dann wäre das die sehr stark wirkende Konjunktion. Es könnte auch noch ein anderes Prinzip, zum Beispiel der Mond, auf 1 Grad im Skorpion stehen, dann wäre das ein Abstand von 60 Grad zum Pluto-Standort im Steinbock, und es wäre ein weiterer Aspekt gefunden. Man sucht das ganze Kosmogramm nach solchen Gradabständen ab, wobei vor allem neben den schon genannten auch die 90 Grad, 120 Grad und die sogenannte Opposition (180 Grad) für die Interpretation bedeutend sind.

Wann sich der Aspekt zeitlich vollzieht, benennen die Ephemeriden. Steht die Sonne beispielsweise auf 5 Grad im Steinbock, dann wird erst Ende Februar 2010 die Konjunktion zwischen Pluto und der Geburtssonne eintreten, denn so lange braucht Pluto, um diese Position zu erreichen.

Jeder von uns springt den Pluto-Parcours. Vom 26. Januar 2008 bis 22. Januar 2024 und in der Steinbock/Wassermann-Pendelzeit bis letztendlich 20. November 2024 fängt jeder Mensch (von extrem wenigen Ausnahmen abgesehen) eine Pluto-Aspektierung zu Sonne, Mond, Merkur, Mars, Jupiter, Saturn, Uranus, Neptun oder sogar zur Geburtsposition des Pluto ein. Viele andere wichtige Merkpunkte ergänzen die Aspektmöglichkeiten, wie Aszendent, Chiron, Lilith, die Mondknoten, Medium Coeli und vieles andere; auch bei den Aspekten gibt es noch andere zu berücksichtigende Zahlenwerte, wie 30, 45, 72, 135, 150 Grad, die für eine genaue Analyse alle zu interpretieren sind.

Die individuellen Pluto-Themen

Pluto-Themen bauen sich unmerklich auf. Die Tarnkappe, die Pluto trägt, wenn er den Hades verlässt, symbolisiert dies. Es hat immer mit Veränderung, Verwandlung und Loslassen, aber auch mit Regeneration und geistig-seelischer Fortentwicklung zu tun – bezogen auf das Prinzip, das vom laufenden Pluto aspektiert wird. Entscheidend für eine richtige Interpretation ist, das jeweilige Prinzip auch nach seinem Haus, in dem es steht, zu definieren.

Das Häusersystem ist eine Unterteilung des Tierkreises in zwölf unterschiedlich große Segmente, vergleichbar mit der Aufteilung eines Kuchens. Diese Segmente betreffen verschiedene Lebensgebiete wie zum Beispiel Partnerschaft, Beruf, Lebenspflichten, Familie, Kinder, wirtschaftliche Verhältnisse. Pluto im Steinbock wird im individuellen Kosmogramm in einem der verschiedenen Segmenten von 1 bis 12 stehen. Aus dem betreffenden Haus ergeben sich die Informationen zu dem, was und wie es zu verändern ist.

Bei Pluto-Transiten – Transite sind die Positionen der Prinzipien zu einem beliebigen Zeitpunkt im Aspektbezug zu den Prinzipien im Geburtsbild – erlebt der Horoskopeigner häufig Ohnmachtsgefühle oder er selbst handelt machtvoll, speziell in dieser Zeitspanne. Autorität, Dominanz und Manipulation werden passiv erlebt oder aktiv an anderen eingesetzt. Dabei überwiegen partnerschaftliche Konflikte, die aus Eifersucht, gestörter Sexualität oder radikaler Umorientierung des Partners entstehen.

Astromedizinisch beziehen sich Pluto-Aspekte auf regenerative oder komplikative Veränderungen zu dem aspektierten Prinzip. Bei einem Transit zur Sonne beispielsweise wären Herz und Wirbelsäule angesprochen, bei Venus sind es die Nieren oder Ovarien, bei Saturn hauptsächlich die Kniegelenke und Gelenke allgemein, aber auch Haare, Zähne und Haut.

Bei einer dynamisch-kritischen Aspektierung (zum Beispiel 90 oder 180 Grad) können sich körperlich-destruktive Tendenzen in der Aspekt-Dauer manifestieren. Bei harmonischen Aspekten (zum Beispiel 60 oder 120 Grad, eventuell auch bei der Konjunktion) entwickelt der Organismus besondere Regenerationskräfte und Heilenergien. Die Wandlungskraft von Pluto schließt auch alle Themen des Werdens und Vergehens mit ein. Daher ist man bei Transiten häufiger mit Todesfällen konfrontiert.

Keiner kommt an bestimmten gleich gearteten Schicksalsereignissen vorbei. Nur die Zeitpunkte differieren, nicht aber das Geschehen an sich. Es gehört ins Leben, dass jeder Mensch einmal einen anderen Menschen verlässt, der ihn geliebt hat oder noch immer liebt. Jeder wird einmal von einem Menschen verlassen, den er geliebt hat oder noch immer liebt. Jeder kennt das schmerzliche Einsam- und Verlassen-Sein. Einmal kommt auch der Augenblick, wo sich ein Mensch ganz in die Hand anderer, helfender Hände begeben muss, wie das beispielsweise nach einem Unfall oder bei einer Operation ist. Das ist die Erfahrung, ausgeliefert zu sein und nur noch darauf vertrauen zu können, dass die anderen einen nicht im Stich lassen.

Prüfung oder Bewährungsproben bringen entweder Glück oder Resignation. Und welchen Energieschub löst das Verliebtsein aus! Welchen Satz macht das Selbstwertgefühl, wenn man den Führerschein, den Meisterbrief, das Abiturzeugnis, die Promotionsurkunde oder eine andere selbstwerterhöhende Anerkennung empfängt!

Jeder verliert eines Tages seine Mutter und seinen Vater für immer. Jeder erfährt einmal eine lebensbedrohende Situation, die ihn an den Rand des eigenen Todes führt. Viele andere Lebensereignisse könnten noch angefügt werden, die für alle Menschen zur Realität werden. Sie lösen oft auch gravierende Veränderungen aus. Astrologisch lassen sich die Tendenzen zu diesen Ereignissen aus dem Geburtsbild errechnen. Es ist dann das Prinzip Pluto, das, neben anderen Prinzipien, solche Ereignisse markiert.

Der Mensch ist nicht wirklich für den Wandel geschaffen. Überall sucht er die durch Schicksalsereignisse verloren gegangene emotionale Geborgenheit wiederzufinden oder sie sich wenigstens ersatzweise neu zu erschaffen. Das bindet ihn an die Erde, an das Feste und Sichere. Er will seine Häuser für die Ewigkeit bauen. Der Mensch ist auf der Erde verwurzelt und widersetzt sich den kosmischen Gesetzen, wo diese ihn verunsichern. Es stört ihn, dass sich alles bewegt und sich deshalb ständig im Wandel befindet. Da braucht es die übermächtigen Ereignisse, die ihm die Veränderung aufzwingen. Was daraus wird, zeigt sich schnell, denn der Mensch will wenigstens überleben – das macht ihn anpassungsbereit. Pluto, das Gestaltwandelnde, löst vieles jetzt aus, was erst viel später als Richtungswechsel zum Richtigen erkannt wird.

Pluto-Interpretationen zum Persönlichen

Was bedeutet es denn, wenn der Transit-Pluto über die Sonne geht oder einen Sextil-Aspekt (60 Grad) zum Mond oder ein Quadrat-Aspekt (90 Grad) zum Aszendenten hat? Da beginnt die Interpretation, bezogen auf die Merkmale des betreffenden Prinzips und seine Position in dem Haus, in dem es steht. Die drei wichtigsten Merkpunkte in jedem Kosmogramm – Sonne, Mond und Aszendent – sind hier nur Beispiele, wie und welche Aussagen aus dem persönlichen Geburtsbild zur aktuellen Pluto-Zeitqualität eines Menschen zu treffen sind.

Ob die nachfolgenden Interpretationen auch für Sie und Ihr Kosmogramm gelten, werden Sie nur aufgrund von astrologischen Kenntnissen für sich selbst feststellen können. Bei weitergehendem Interesse bietet es sich an, sich professionell von Astrologen Ihres Vertrauens beraten zu lassen.

Aspekte zu Sonne, Mond und Aszendent

Pluto – Sonne

Konjunktion
0-Grad-Abstand des Transit-Pluto zur Geburtssonne

Das »tätige Leben«, wie es bei Goethe heißt, entfaltet sich voll. Eine kreative Hochphase kombiniert sich mit selbst gewählten Herausforderungen. Der Mensch entwickelt einen großen Drang, sein Selbst zu verwirklichen und sich über ein von ihm geschaffenes Produkt damit zu identifizieren. Mit diesem Aspekt vollzieht sich eine große Transformation im Leben dieses Menschen. Strukturen werden aufgebrochen, Verhaltensmuster greifen nicht mehr, Ereignisse zwingen zu innerem oder äußerem Richtungswechsel.

Der Mensch bekommt in dieser Aspektdauer viel Anerkennung. Sein Status und Einfluss nehmen deutlich zu. Parallel dazu wird er mehr beobachtet und kritisch gesehen. Fehlende Integrität wird erbarmungslos aufgedeckt, ebenso mangelnde Eigenverantwortung. Alles, was man unternimmt, sollte jetzt extrem sorgsam getan werden.

Dieser Aspekt führt zu einer selten starken Dynamik im Tun. Man ist hoch motiviert, ein herausforderndes Ziel zu erreichen. Mit Disziplin und unter harten Auflagen ist der Mensch dabei, jetzt Außergewöhnliches zu leisten. Die Energien drängen aus der unterbewussten Tiefe des Seins in die sichtbare Welt. Kein Wunder, dass andere sich bei so viel Power ehrfurchtsvoll unterordnen. Wenn der Horoskopeigner dies für eigene Machtspiele oder egozentrische Vorteilsnahme missbraucht, bricht die Erfolgskurve ab, es drohen Unfälle, Operationen, Krankheiten und Isolation.

Günstig ist, diese Energien wahrzunehmen, sie durch sich hindurchfließen zu lassen und sie von sich weg zu einem Tun für andere zu führen. Von innen nach außen wirken – durch das Werk.

Sextil

60-Grad-Abstand des Transit-Pluto zur Geburtssonne

Kreatives Handeln in Gruppen und Organisationen ist angesagt. Man wird gewählt oder bekommt ein Mandat übertragen. Dabei wird es auch um Führung und Verantwortung gehen.

Es ist eine begünstigte Zeitqualität, persönliche Projekte zu starten und voranzubringen. Der Horoskopeigner wird dabei von anderen tatkräftig gefördert oder unterstützt. Er steht nicht allein. Sein Netzwerk an Mithelfern ist stark.

Die Vitalität ist deutlich erhöht. Entschlossenheit und Tatkraft nehmen zu. Stark sind auch der Lebenswille und die körperliche Regenerationskraft über eine längere Zeitspanne, je nach der Dauer des Aspekts.

In der Partnerschaft gewinnt man an Selbstbewusstsein. Man wagt und setzt sich durch. Es ist eine gute Zeit, den Partner für eine gemeinsame Zielsetzung zu gewinnen. Man ist jetzt besonders glaubwürdig und verfügt über eine Autorität, der sich ein anderer Mensch gern anvertraut.

Im beruflichen Umfeld wird man gefördert, was mit verantwortungsvolleren Positionen und verbesserten wirtschaftlichen Verhältnissen verbunden ist. Der Status erhöht sich.

Quadrat
90-Grad-Abstand des Transit-Pluto zur Geburtssonne

Die Tendenz zu Rücksichtslosigkeiten herrscht vor. Der Mensch spürt Widerstände und setzt sich mit unverhältnismäßigen Mitteln dagegen zur Wehr. »Bekriege nicht jemanden, den du nicht besiegen kannst!«, ist dann geraten.

Häufig lassen sich Menschen, die diesen Aspekt mit ihrer Geburtssonne haben, in Auseinandersetzungen mit Autoritäten ziehen und lösen ungewollt Konflikte aus. Alles hat sich dann gegen sie verschworen: Vorgesetzte, Radarfallen, Finanzbeamte, Vermieter etc. Dies ist also eine denkbar schlechte Zeit, gerichtliche Auseinandersetzungen zu führen.

Der Horoskopeigner braucht in dieser Phase sehr viel Flexibilität. Sein Widerstand wird ihn nicht aus der Krise führen. Er sollte genau hinsehen, wohin ihn das Plutonische schieben will. Was ist die Richtung, die sich durch die Konflikte sichtbar macht? Sich entziehen und auf Distanz gehen? Wird das Ende des Weges deutlich oder braucht es mehr Anpassung und eine qualitative Veränderung des eigenen Tuns?

Trigon
120-Grad-Abstand des Transit-Pluto zur Geburtssonne

Mit diesem harmonischen Aspekt erlebt ein Mensch von allen Seiten Sympathie, Wohlwollen und Anerkennung. Projekte realisieren sich. Mit jedem Teilerfolg traut man sich mehr zu. Die anderen spüren diese Erfolgsspur und schließen sich an die Vorhaben gern an. Führungsämter bieten sich an. Der gesellschaftliche und wirtschaftliche Einfluss nimmt zu, und damit wächst auch der Status.

Mit den Erfolgserlebnissen aktivieren sich die Lebenskräfte. Man traut sich nahezu alles zu. In der Partnerschaft verspricht man, die Sterne vom Himmel zu holen – und holt sie auch. Persönlich reizen vielleicht außergewöhnliche Herausforderungen im Sport oder auf Reisen.

Opposition
180-Grad-Abstand des Transit-Pluto zur Geburtssonne

Statt mit der Brechstange durchs Leben zu gehen, ist es sinnvoller, sich kritisch zu hinterfragen. Warum gibt es auf der ganzen Linie und von allen Seiten Widerstand, den es früher (vor diesem Aspekt) nicht gegeben hat? Was hat sich im eignen Verhalten negativ verändert?

In der Zeit des Aspekts neigt man zu exzessivem Verhalten. Man schadet seinem Organismus, indem man ihn bei beruflichen Aufgaben oder im persönlichen Umfeld überbeansprucht. Man ernährt sich ungesund und achtet nicht auf seinen Körperrhythmus. Im sozialen Umfeld isoliert man sich, weil die anderen sich gegen die zu massiv gelebte Egozentrik wehren. Wer jetzt Aggressivität, Eifersucht und Konfliktbereitschaft bei sich zulässt, erfährt heftigste Widerstände von außen. Die Tendenz zu beruflichen und privaten Trennungen ist dann groß. Die Existenzgrundlage ist gefährdet. Der Mensch zieht sich selbst aus dem Verkehr – auch gesundheitlich.

Gefordert ist, höchst wach zu sein für die Botschaften, die die anderen vermitteln. Das Defizit liegt nicht beim Du, sondern im Ich: So wie man selbst sich bewegt, so bewegt es sich auch um einen herum. Wie sollte sich der Mensch verändern, damit die Widerstände sich auflösen? Zu Zeiten der Pluto-Opposition gibt es dazu klare Informationen im Tagesgeschehen. Es braucht dann erhebliche Nehmerqualitäten, sich mit diesen Wahrheiten zu konfrontieren.

Pluto – Mond

Konjunktion
0-Grad-Abstand des Transit-Pluto zum Geburtsmond

Der Mond steht in der astrologischen Interpretationslehre unter anderem für seelische Disposition und Kindheit. Beides wird bei diesem Aspekt aktiviert: Bedrückende Erlebnisse aus der Kindheit tauchen aus der Erinnerung auf und werden schmerzlich bewusst.

Schuld- oder Eifersuchtsgefühle belasten. Es kommt zu emotionalen Spannungen in der Partnerschaft, in der Familie und auch im beruflichen Umfeld. Zu den Eltern, vor allem zur Mutter, brechen Konflikte auf, die weit zurückliegende Ursachen haben. Dies könnte nach außen getarnt bleiben, sich im Inneren aber heftig ausleben.

Dieser Aspekt macht es möglich, sich von tiefsitzenden Verletztheiten zu befreien und sich und andere Menschen von den schicksalhaften, ungewollten Verstrickungen zu erlösen. Sich und den anderen zu vergeben, bringt den Horoskopeigner mit sich ins Reine. Eine gewandelte Einstellung zu den bisher belastenden Themen bringt unter diesem Aspekt höchstwahrscheinlich auch eine Veränderung im Außen. Besonders wichtig ist in dieser Zeit, nicht zum Opfer der eigenen Emotionen zu werden. Es wäre günstig, sich jemandem anzuvertrauen und durch das Kommunizieren die psychischen Blockaden aufzulösen.

Sextil
60-Grad-Abstand des Transit-Pluto zum Geburtsmond

Man sucht verstärkt nach emotionaler Geborgenheit und findet sie auch. Deshalb könnte eine starke Partnerbeziehung entstehen oder sich durch konkrete Entscheidungen festigen.

Der Mensch lebt jetzt in großer Bewusstheit. Er kultiviert seine Ideale und Werte. Daraus wird für andere ein vorbildhaftes Verhalten. Man erfährt Respekt und Bewunderung.

Während der Aspektdauer bringt man sich besonders in der Öffentlichkeit ein. Man ergreift die Initiative, treibt Vorhaben voran und beteiligt sich tatkräftig am Gelingen des Projekts – auch durch persönliches und finanzielles Engagement. Man schafft etwas Großes, von dem viele etwas haben.

Der Mensch fühlt sich von starken Kräften getragen. Er weiß, dass er das Richtige tut, weil es für ihn und andere zum Besseren führt. Dies gibt Entschlussfreudigkeit, Schwung und Überzeugungskraft.

Quadrat

90-Grad-Abstand des Transit-Pluto zum Geburtsmond

Ein gestörtes Dominanzverhalten, das seine Ursachen in Eifersüchteleien und Minderwertigkeitskomplexen hat, drängt sich ins Erleben. Das übersteigerte Geltungsbedürfnis kommt zu kurz. Man fühlt sich übergangen und missachtet. Gleichzeitig will man sich die Aufmerksamkeit erzwingen. Deshalb ist die Tendenz groß, sich in Konflikte gerade mit den Personen zu stürzen, die in einer gewissen Verbundenheit oder Abhängigkeit zu einem stehen, wie zum Beispiel Partner, Kinder, Freunde oder auch Dienstleister. Immer und überall kommt es in dieser Zeit zu explosiven Handlungen, bei denen man fast immer den Kürzeren zieht.

Emotionale Entgleisungen und maßloses Verhalten provozieren Trennungen. Dann leidet der Horoskopeigner am meisten unter den Konsequenzen.

Lebensumstände können sich unter diesem Aspekt radikal und plötzlich ändern. Die Reaktion der Außenwelt auf eine anmaßende Aktion erfolgt sofort.

In dieser Zeit ist es erforderlich, sich mit aller Kraft zusammenzunehmen. Es ist der absolut falsche Zeitpunkt, sich jetzt zu empören oder gar um sich zu schlagen. Das Unzumutbare löst sich nur, wenn gründlich analysiert und die gewünschten Veränderungen geplant werden.

Trigon
120-Grad-Abstand des Transit-Pluto zum Geburtsmond

Die Intuition ist jetzt der wichtigste Freund und Begleiter. Alle Sinne sind geschärft. Man zieht Herzenspläne aus der Schublade. Die Kreativität ist da. Ideen fliegen einem zu. Der Mut ist auch da, viele davon zu realisieren. Es ist die Zeit, wo viel gelingt und wo man seinem Leben auch einen mutigeren Zuschnitt gibt.

Partnerschaften werden begründet. Im Beruf gibt es gute Voraussetzungen, einen Karrieresprung zu machen. Unter diesem Aspekt machen sich viele Menschen selbständig. Andere bauen sich ein Haus oder wagen sich in Investitionen der besonderen Art.

Opposition
180-Grad-Abstand des Transit-Pluto zum Geburtsmond

Die Auseinandersetzung mit dem sozialen Umfeld zeigt nur, dass die gegenwärtige Lebenssituation nicht zu den erfühlten Werten des Lebens passt. Man lehnt sich gegen andere auf, betreibt Schuldzuweisungen und provoziert den eigenen Rauswurf – in Wirklichkeit aber hat man sich selbst auf diese Lebensform eingelassen, die einem über lange Zeit offensichtlich Vorteile gebracht hat. Nun erkennt man in seiner geistig-seelischen Fortentwicklung, dass dies alles auch seinen Preis hat. Und den will man unter diesem Pluto-Aspekt nicht bezahlen.

Es ist falsch, aus dieser Unzufriedenheit heraus die anderen zu manipulieren oder durch Vorwürfe dazu zu bringen, sich den gewandelten eigenen Bedürfnissen anzupassen. Keiner versteht, weshalb jetzt plötzlich alles anders gehen soll.

Diese Problematik thematisiert sich am häufigsten in der Partnerschaft. In seiner inneren Unzufriedenheit wird man mit diesem Aspekt den Partner mit allen Mitteln zu einem geänderten Verhalten bringen wollen. Dies geschieht oft auch, indem man den anderen mit Zuwendungen und Liebesbeweisen zudeckt. Der Partner durchschaut jedoch, dass er manipulativ gegängelt wird. »Was man liebt, besitzt man nicht«, sagt Carl Zuckmayer.

Das Plutonische vollzieht sich allein in der eigenen Brust. Die Lösung ist, mit sich sehr ehrlich zu sein und sich klar zu werden, wo man sich mit seinem Wesen zu sehr verbogen oder gar verloren hat. Zurückzufinden in die eigene Wesensmitte, in das eigene wirkliche So-Sein, das erzeugt die positiven Wandlungskräfte in dieser dynamischen Aspektphase.

Pluto – Aszendent

Konjunktion
0-Grad-Abstand des Transit-Pluto zum Aszendenten

Der Mensch hat es in bestimmten Lebensbereichen bisher nicht geschafft, dem Anliegen seiner Seele zu folgen. Jetzt treten Ereignisse ein, die seine Lebensumstände ändern. Da bleibt ihm nicht mehr die Wahl, selbst zu gestalten. Jetzt wird über ihn verfügt.

Meist führt der Aspekt zu einem Ortswechsel, bei dem veränderte Bedingungen auch eine andere Wahrnehmung des eigenen Lebenszustandes bringen. Vielleicht fühlt man sich als Spielball der plutonischen Mächte oder man projiziert diese auf eine bestimmte Person.

Die Seele rebelliert und will ein anderes Leben. Dies strahlt im Verhalten nach außen ab, und die Mitmenschen oder der Partner registrieren eine sich zunehmend verändernde Persönlichkeit, die sie so bisher nicht kannten. Das irritiert und entfremdet. Deshalb zählen unter diesem Aspekt Trennungen zu den häufigsten Auswirkungen der Konjunktion.

Zuvor kommt es zu Machtkonflikten, weil man mit diesem Aspekt dazu neigt, mit Gewalt Lebensumstände herbeizuzwingen, die einem scheinbar mehr entsprechen.

Wenn die Erfordernisse, dem Anliegen seiner Seele endlich zu folgen und deshalb seine Lebenssituation zu ändern, von einer außenstehenden Person gewissermaßen »gespiegelt« werden, dann wird es wenig helfen, sie mit aller Gewalt zu bekämpfen. Stimmiger ist, die Forderungen ernst zu nehmen, darauf einzugehen und so das eigene Potenzial zu ergänzen.

Wenn dies nicht machbar ist, bleibt nur, sich zu trennen und dadurch eine andere Lebensposition mit anderen Zielsetzungen zu schaffen.

Sextil
60-Grad-Abstand des Transit-Pluto zum Aszendenten

Der Aszendent entspricht nicht nur dem Rollenverhalten des Menschen, sondern zeigt vor allem das Anliegen der Seele bezogen auf die Struktur des Zeichens, in dem er steht. Bei dem harmonischen Sextil-Aspekt werden von außen Begegnungen, Impulse und Fügungen eintreten, die dem Menschen deutlich zeigen, wie er auf dem Weg zu seiner Identität und Lebensharmonie bleibt.

Ideen und Ermutigungen zu kreativem Handeln kommen von Menschen, zu denen man viel Vertrauen hat. Seelenverwandtschaften werden spürbar. Wach sein und aufnehmen! Dann gestalten! Es ist eine Zeit lebensprägender Leistung!

Quadrat
90-Grad-Abstand des Transit-Pluto zum Aszendenten

Dieser Aspekt zeigt, wo Dinge und Beziehungen zu beenden sind, weil sie sich ausgelebt haben. Die Umstände gestalten sich kritisch und erleichtern es, sich von allem zu trennen, das die Lebensharmonie stört.

Neues will an die Stelle des Alten treten. Wer dies nicht erkennt und nicht loslassen kann, dem wird es einfach genommen. Mit diesem Aspekt geht das Plutonische kurze Wege: Es produziert den ultimativen Konflikt.

Mit diesem Aspekt ist man oft hilflos und kann nur zuschauen, wie sich zerstört, was man eigentlich gar nicht zerstören wollte. In diesem Ablauf ist es bedeutsam, die Würde zu behalten und sich nicht in emotionalen Abreaktionen zu rächen oder auf andere Weise Konfliktpartnern Schaden zuzufügen. Pluto ist von absoluter, neutraler Gerechtigkeit. Das Geschehen hat immer mit einem selbst zu tun. Schuld fährt keine Einbahnstraße.

Trigon
120-Grad-Abstand des Transit-Pluto zum Aszendenten

Man gibt nicht auf. Die Lebensumstände mögen noch so schwierig sein, es findet sich – oft erst im letzten Moment – ein rettender Ausweg. Das »Rettende« ist die große Anpassungsbereitschaft in dieser Aspektphase. Der Mensch versteht und akzeptiert. Er gleicht seine Interessen mit denen der anderen aus. Uneigennützig setzt er sich dafür ein, dass Gruppierungen um ihn herum durch sein Mitmachen unterstützt werden.

Der Horoskopeigner beobachtet sich kritisch und arbeitet daran, sich mehr mit anderen Menschen zu befassen. Er klinkt sich in Gemeinschaftsprojekte ein. Prompt wird sein Potenzial abgerufen. Man braucht ihn. Dies hebt das Selbstwertgefühl und macht glücklich. Glück ist, gemäß seinen Anlagen gebraucht zu werden, sagt Frank Wedekind.

Opposition
180-Grad-Abstand des Transit-Pluto zum Aszendenten

Pluto in Aspekten mit dem Aszendenten hat meist mit Bezugspersonen, vornehmlich dem Partner, zu tun, denn der Aszendent markiert den Ich-Punkt; am anderen Ende dieser Achse steht der Deszendent als Du-Punkt. Bei der Opposition steht der laufende Pluto exakt dort, nämlich gegenüber vom Aszendenten.

Ob Chef oder Partner, diese Position bringt eine unruhige Zeit in beruflicher oder privater Partnerschaft. Zu lange hat der andere gewartet. Jetzt brechen die Meinungsverschiedenheiten auf und zeigen, wie groß die Probleme inzwischen sind. Die egozentrisch gelebte Einseitigkeit eines der beiden Partner wird nicht mehr länger hingenommen. Es kommt zum Konflikt und oft auch zum Bruch, wenn es nicht gelingt, beidseitig sehr analytisch-ehrlich zu klären, was unvereinbar gemacht hat und ob das Wollen oder die Liebe noch ausreichen, ein verändertes Miteinander für die Zukunft zu gestalten.

Bei diesem Aspekt tritt plötzlich eine dritte Person hinzu und bietet mit beeindruckender Autorität Alternativen an. Die bringen oft die endgültige Klarheit, ob die bestehende Beziehung, plutonisch gewandelt, noch eine Zukunft hat.

Pluto in den Häusern

siehe auch Seite 231

Pluto im 1. Haus
Die vollkommene geistige und körperliche Regeneration ist gefordert. Das zeigt sich äußerlich in einem neuen Erscheinungsbild mit anderer Frisur, Kleidung und anderen Farben. Im Inneren strukturiert man sich gezielter, wird methodischer und räumt mit altem Seelenmüll auf.

Pluto im 2. Haus
Diese Phase beinhaltet zwei Hauptströmungen: Es wird sich in den Besitzverhältnissen etwas ändern. Da kann es zu Verlusten von Geld und materiellen Werten kommen. Im Weiteren ist die Tendenz gegeben, dass man sich bei diesem Aspekt vom materialistischen Denken verabschiedet und sich mehr geistig-spirituellen Zielen zuwendet. Der innere Konflikt wird durch Verlustängste und verloren gehenden Status noch verstärkt. Hauptthema ist, mehr Substanz, materiell und geistig, zu bilden und sie dann zu sichern.

Pluto im 3. Haus
Zuhören und von anderen lernen, das ist das Programm, wenn Pluto durch das 3. Haus des Geburtshoroskops wandert. Alltagsmeinungen werden kritisch hinterfragt. Es wird deutlich, wo man in der Beurteilung seine Defizite hat. Das schmerzt und man versucht, mit viel Ehrgeiz den Anschluss wieder herzustellen. In die-

ser Zeit gewinnt der Mensch an rhetorischen Fähigkeiten. Seine Durchsetzungskraft ist groß.

Pluto im 4. Haus

Schwierige Familienverhältnisse. Man findet zu Hause keinen Frieden. Mit den Eltern gibt es nur wenig Übereinstimmung. Man befreit sich früh vom elterlichen Milieu und sucht in der Welt seinen Platz. Der große Freiheitsdrang führt in ferne Länder oder in alternative Lebensformen. Während dieses Transits wird man den Wohnort, die Stelle oder den ganzen Beruf wechseln. Man möchte sich ein neues Milieu gestalten.

Pluto im 5. Haus

Starke Suggestivkraft zeigt sich in dieser Aspektphase. Die erotisch-sexuellen Energien sind groß und drängen danach, sich auszuagieren. Das kann ein ungestümes Triebleben auslösen. Liebesbeziehungen sind in dieser Zeit eher komplikativ, weil der Horoskopeigner zu eigenwillig seine irrationalen Vorstellungen durchsetzen möchte. Alles ist zu emotionell, fanatisch und übertrieben.

Die Kreativität ist ausufernd. Man neigt in dieser Zeit zu spekulativen, zu wenig abgesicherten Unternehmungen.

Wenn man eigene Kinder hat, wird sich in dieser Zeit zeigen, wo die Eltern-Kind-Beziehung durch Versäumnisse in den vergangenen Jahren gelitten hat. Passives, begütigendes Verhalten befriedet die Situation am besten.

Pluto im 6. Haus

In diesem Segment geht es darum, das gestaltwandelnde Prinzip in seinem Alltag, am Arbeitsplatz und in der persönlichen Selbstorganisation anzusetzen. Was ist zu optimieren?

Der Arbeitsrhythmus und der zeitliche Einsatz werden von außen neu bewertet. Arbeitsmethoden, der persönliche Arbeitsstil und auch die erzielten Ergebnisse werden geprüft. Es wird zu Änderungsvorschlägen kommen, die beim Horoskopeigner eventuell einen so starken Widerstand auslösen, dass sich ein Stellenwechsel ergibt. Flucht verhindert aber nicht, das zu ändern, was als Problem nicht länger das Leben stören darf. Es braucht jetzt besonders viel Disziplin, sich nicht gehenzulassen, sondern konzentriert zu bleiben. Struktur und Methodik helfen, den Tag zu optimieren.

Das 6. Haus aktiviert mit Pluto auch die gesundheitliche Situation, die sich gerade durch berufliche Schwierigkeiten verschlechtern könnte. Für diese Zeit gilt es besonders, auf eine regenerative Lebensweise und eine gute Ernährung zu achten.

Pluto im 7. Haus

Es kommt zu tiefgreifenden Veränderungen in Beziehungen. Das gilt für Liebesbeziehungen ebenso wie für geschäftliche Partnerschaften. Das plutonische Lernprogramm setzt ein sehr ehrliches Analysieren voraus. Wer dominiert in der Partnerschaft und wodurch? Von welchen Zielen wird die Partnerschaft getragen und ist man sich darin noch einig? Wie bringt sich jeder ein und wie lässt er den anderen zu?

Bei Pluto im 7. Haus besteht die große Tendenz zu Zerwürfnissen, wenn nicht rechtzeitig offen besprochen wird, wie jeder sich die gemeinsame Zukunft vorstellt.

Pluto im 8. Haus

Philosophische Lebensfragen sind jetzt wichtig. Vielleicht werden sie durch einen Todesfall ausgelöst. Jedenfalls befindet sich der Mensch mit Pluto im 8. Haus in einer sehr ernsten Lebensphase, wo ihm die Vergänglichkeit allen Seins sehr bewusst wird. Was ist der Sinn des bisher Gelebten? Wo sind die Wichtigkeiten im Täglichen? Welche Menschen stehen einem wirklich nah?

Grundfragen des Lebens suchen jetzt eine gültige Antwort, die nicht Binsenweisheiten entspricht, sondern für den Horoskopeigner zentral wichtig ist.

In dieses Haus gehören auch sich verändernde Besitzstände und Erbangelegenheiten.

Pluto im 9. Haus

In dieser Zeit ist der Mensch besonders an Philosophie und Religion interessiert. Spiritualität hat eine starke Anziehungskraft.

Der Erkenntnisdrang ist groß. Der Aspekt zeigt auch den Wunsch, ferne Länder und fremde Kulturen kennenzulernen. Je exotischer und mystischer, desto mehr weckt es die Neugier. Man strebt nach höheren Idealen und schließt sich gern Gemeinschaften an, die eine ähnliche Geisteshaltung haben.

Während der Aspektdauer haben die Horoskopeigner ein gesteigertes Ahnungsvermögen und einen geschärften Instinkt. Als Freidenker äußern sie kühne Meinungen und setzen sich damit in Widerspruch zu allgemein gültigen Auffassungen, womit sie sich eventuell unbeliebt machen. So ist darauf zu achten, sich nicht auszugrenzen.

Pluto im 10. Haus

Hier markiert Pluto bedeutende Wendepunkte in der Karriere oder in der gesellschaftlichen Position. Bei harmonischen Aspektierungen innerhalb des Kosmogramms wird der durch das 10. Haus laufende Pluto Aufstieg, Erfolge und Ehrungen anzeigen. Bei disharmonischen Aspekten überwiegen Ansehensverlust, Streitereien, berufliche Zerwürfnisse und negative Änderungen im Lebensstandard.

Jetzt ist gefordert, sich über die eigenen Lebensziele klar zu werden. Das 10. Haus steht für das Produkt des Menschen, mit dem er seinen Beitrag für die Gemeinschaft leistet. Aus seiner Begabung wird durch Ausbildung sein eigentliches Können, mit dem er die Unverwechselbarkeit seines Tuns in die Welt stellt. Daraus bilden sich schließlich sein Beruf und sein gesellschaftlicher Werdegang.

Wenn Pluto durch das 10. Haus zieht, dann werden sich die praktischen Lebensziele verändern. Vielleicht sucht man sich einen anderen Beruf oder will sich durch eine bessere Qualifikation höher einstufen. Mit Ehrgeiz und Leistungsbereitschaft wird man an seiner Karriere arbeiten. Vielleicht ist der Plan auch, eine Familie zu gründen oder ein Haus zu bauen. Unter dieser Pluto-Aspektierung definiert sich der Platz neu, den man im gesellschaftlichen Umfeld einnimmt.

Pluto im 11. Haus
Im Haus der Freundschaften und der Protektion werden sich in der Transitzeit ehemalige Freunde verabschieden und neue werden kommen. Gemeinsame Gesinnung und gemeinsame Ziele führen zusammen. Es geht weniger um emotionale Bindungen als vielmehr um gegenseitige Unterstützung. Die findet sich am leichtesten in Zweckgemeinschaften.

Es ist auch eine Zeit wichtiger Begegnungen, bei denen man Förderung, Unterstützung und Protektion von einer einflussreichen Persönlichkeit erfährt.

Pluto im 12. Haus
Verdeckte Wesenszüge lassen sich nicht mehr verbergen. Der Mensch muss sich anders verhalten als er will. Aus dem Unterbewusstsein drängen Aktivitäten an die Oberfläche, zu denen man sich nicht bekennen will. Es ist an der Zeit, sich diesen ungeklärten Motivationen zu stellen und sie zu erhellen. Meist handelt es sich um Verletztheiten aus der Kindheit, die durch Missachtung und die Dominanz der Erwachsenen die Persönlichkeit des Kindes gebrochen und damit das Selbstwertwertgefühl auf viele Jahre gestört haben. Das alles drängt jetzt in den Vordergrund. Es belastet und man möchte sich von dieser psychischen Last befreien.

Dem 12. Haus sind auch die »heimlichen Feinde« zugeordnet. Das sind in der Regel Menschen, die vom Horoskopeigner bewusst oder unbewusst verletzt wurden. Hier müssen Schuldgefühle abgebaut werden, wodurch sich die Einstellung zu diesen Menschen deutlich verändert. Aussprachen sind erforderlich, die klären und bereinigen. Pluto will regenerieren, das heißt heilen, denn nur das Gesunde wird sich in der Zukunft behaupten. Evolution braucht Klarheit und Kraft.

UND WAS KOMMT NACH 2024? PLUTO IM WASSERMANN

Der Makrokosmos entspricht in seinem Ordnungsgefüge dem Mikrokosmos. Das sind die Gesetzmäßigkeiten in diesem erfassbaren Kosmos (griech. Ordnung): Wie oben, so auch unten. Im Großen wie im Kleinen. Die Astrologie als Rhythmus- und Energielehre macht wach für diese kosmischen Grundgesetze. Wer danach lebt, wird die Motive seines Handelns bereinigen und zu einer auf das Wesentliche zentrierten Bewusstheit finden.

Das Arbeitsfeld der Astrologie ist nicht der Himmel, sondern der Mensch. Die Menschheit durchläuft verschiedene Epochen in ihrer Fortentwicklung, sie bewegt sich vom Affen über den Halbaffen zum Menschen. Und wohin entwickelt sich dieser Homo Sapiens? Die Darwin'sche Reihe kann doch damit nicht zu Ende sein! Das Großhirn zum Beispiel hat noch 85 Prozent freies Potential. Es ist bereits gerüstet für die nächste Evolutionsstufe. Wo aber steht die Menschheit mit Pluto im Steinbock und was wird sein, wenn das Prinzip für weitere rund zwanzig Jahre im Wassermann sein wird?

Der Frühlingspunkt – die astronomische Wendemarke

Die Antwort benötigt noch eine Vorinformation: Der sogenannte Frühlingspunkt ist ein geo-kosmischer Markierungspunkt, der mit dem Neigungswinkel der Erdachse und der scheinbaren Bahn der Sonne um die Erde zu tun hat. Dort, wo sich diese Sonnenbahn (Ekliptik) und der Himmelsäquator (Erdäquator in den Weltraum projiziert) schneiden, ist der Frühlingspunkt. Dies ist so vereinfacht dargestellt, wie es für unseren Zusammenhang ausreicht.

Der Frühlingspunkt wandert von Ost nach West und bewegt sich pro Jahr 55 Bogensekunden. Bis er wieder zu seinem Ausgangspunkt zurückfindet, vergeht ein sogenanntes Weltenjahr

(25 817 Jahre). Für einen Weltenmonat misst man einen Durchschnittswert von 2151 Jahren. Da sich die Tierkreiszeichen im Himmelsraum unterschiedlich ausdehnen, sind die Weltenmonate zeitlich nicht einheitlich lang. Das Widder-Zeitalter beispielsweise hat 1884 Jahre gedauert. Beim Fische-Weltenmonat haben die Astronomen 3743 Jahre errechnet.

Derzeit verlässt der Frühlingspunkt das Zeichen Fische und bewegt sich zum Wassermann, in den er 2079 eintreten wird. Die Zahl ist mit Vorbehalt genannt, weil die astronomischen Berechnungen differieren. Interessant ist, dass mit dem gestaltwandelnden Prinzip Pluto, das sich schon 2024 bis 2044 in der Zeitqualität des Wassermann befinden wird, der Weg zur großen, ganz anderen Menschheitsepoche, ebenfalls im Wassermann, beginnt. Für die Übergangszeit rechnet man rund 250 Jahre – so lange dauert es, bis die volle Dichte eines Weltenmonats jeweils erreicht ist.

Wassermann-Qualitäten werden plutonisch aktiviert, um für die viele hundert Jahre andauernde neue Stufe der Menschheitsgeschichte, das Wassermann-Zeitalter, zu konditionieren.

Die Steinbock-Analyse steht vor den Wassermann-Lösungen

Saturn ist der Herrscher des Steinbock-Zeichens. Er ist auch dominant im Wassermann, teilt sich aber dort diese Dominanz mit Uranus, dem Prinzip des Umschwungbewirkenden. Die Wassermann-Zeit hat aus der saturnischen Prägung viel vom Steinbock, und damit werden viele Errungenschaften aus den Jahrzehnten 2008 bis 2024 übernommen und konsequent weitergeführt. Vielleicht unterscheiden sich die beiden Epochen durch das Analysebetonte in der Steinbock-Zeit und das pionierhaft Lösungsorientierte in der Wassermann-Ära.

Wirtschaft, Politik und Soziales werden ab 2024 von großer Mitmenschlichkeit bestimmt sein. Probleme werden gemeinsam erkannt und gemeinsam gelöst. Wer aus der Reihe tanzt, bekommt die geballte Kraft der Gemeinschaft zu spüren. Dies ist umso bemerkenswerter, weil in etwa 40 Jahren die Erdbevölkerung von 6,7 Milliarden schon auf über neun Milliarden angewachsen sein wird. Bis dahin braucht es nach heutigem Stand ein Vielfaches an Nahrungsmitteln und Energiequellen.

Die Atom-Endlager haben ausgedient. Die Entsorgung von Atommüll wird anders gelöst als heute. In der Steinbock-Zeit werden die Voraussetzungen dafür geschaffen. Wird man den Müll dann in die Unendlichkeit des Raums katapultieren? Ändern sich dort die Halbwertzeiten?

Noch nicht vorstellbare Hightech wird es überall im täglichen Leben geben. Man vertraut sich der Technik an. Von 2024 bis 2044 werden die Menschen ein spezielles planetarisches Bewusstsein entwickeln. In Kombination mit der Weltraumtechnik entfaltet sich ein Forschertum mit phantastischen Pioniertaten, die ein deutliches Zeichen für das kommende Wassermann-Zeitalter setzen, in dem die Menschen von Stern zu Stern fliegen und auch indirekte Begegnungen mit außerirdischen Intelligenzen haben werden. Die Zeit bis 2044 wird wahrscheinlich noch keine realen Begegnungen bringen, aber die Gewissheit der Existenz außerirdischer Lebewesen wird durch eindeutige Hinweise verdichtet.

Der Shuttle-Verkehr zu Weltraumstationen wird intensiviert. In den Weltraum-Basen arbeiten mehrere Teams gleichzeitig. Die Stationen werden ständig erweitert und zu Weltraumbahnhöfen ausgebaut, von denen Shuttles zur Erde und Raumschiffe zu erdferneren Stationen und anderen Planeten starten.

Die Standards, die in der Steinbock-Zeit entwickelt werden und über 2024 hinaus gültig bleiben, sind noch nicht bekannt. Deshalb bleibt eine spekulative Prognose unrealistisch. Und doch darf man mögliche Optionen entwerfen: Die medizinischen Fortschritte werden enorm sein. Krankheiten, die heute noch als unheilbar gelten, werden erfolgreich behandelt. Die meisten Operationen werden ohne Narkosemittel ausgeführt. Die Technik der Geistheilung, bei der sich der Körper unter der Berührung mit den Händen öffnet, könnte zum Allgemeingut der Mediziner werden. Narben würde es bei dieser Art von Eingriffen nicht mehr geben.

Man wird den Schmerz besiegen. Die Transplantation von Organen wird zur Selbstverständlichkeit. Das Energieheilen, wie es heute beispielsweise bei der Elektrotherapie angewandt wird, bekommt einen noch höheren Stellenwert. Die Lebenserwartung wird sich verdoppeln oder verdreifachen. Im Mittelalter wurden die Menschen nur zwischen 30 und 35 Jahren alt, heute erschrickt man, wenn jemand mit 65 stirbt, und später vielleicht, wenn jemand mit 110 gehen muss.

Die Gen-Forschung wird mit Pluto im Wassermann forciert. Die gegenwärtigen Proteste wird es dann nicht mehr geben, dafür aber jede Menge beeindruckender Ergebnisse. Menschen werden im Reagenzglas entstehen und dabei werden krankmachende Gene aussortiert. Die »Grüne Gentechnik« wird parallel zum ökologischen Anbau bestehen. Die Risiken sind bis dahin klar erkannt und erfolgreich minimiert, so dass man ideologiefrei und pragmatisch auch mit diesem Erträge fördernden Anbauverfahren umgehen wird.

In allen Lebensbereichen wird es veränderte Verhaltensformen geben, von denen die Menschen heute noch keine wirkliche Vorstellung haben. Beispielsweise werden ab 2024 mit Pluto, dem Herrscher des Totenreiches, im Wassermann andere Bestattungsformen praktiziert. Viel konsequenter als heutige Projektversuche werden nur noch ökologische Särge bei Bestattungen verwendet, also ohne Metallbeschläge und ohne Lacke. Es ist davon auszugehen, dass Erdbestattungen so teuer sein werden, dass sie sich niemand mehr leisten möchte. Urnenbestattungen in großräumigen Gemeinschaftsdepots könnten dann vorgeschrieben sein.

Nationen gruppieren sich zu erdteilbezogenen Unionen. Englisch wird sich als Weltsprache Nummer eins durchgesetzt haben, desgleichen auch eine Weltschrift, die durch die internationale Computervernetzung vorgegeben wird. Währungen, Maß- und Gewichtssysteme werden vereinheitlicht und vieles, vieles mehr.

In den Zwanzigern dieses Jahrhunderts werden die meisten in medialen Praktiken geübt sein. Meditation, Autogenes Training oder Entspannungstechniken gehören ebenso dazu wie die Fähigkeit, die Gehirnströme zu verändern und damit neue Denk- und

Bewusstseinsdimensionen zu öffnen. Überlebenschancen unter extremen Bedingungen werden sich erhöhen, wenn man medial auch seine Körpertemperatur, Blutdruck oder Gemütszustände beeinflussen kann. Stress, der als eine der wesentlichen Ursachen für Krebs oder Allergieerkrankungen gilt, wird sich durch die dann von den meisten und wie selbstverständlich praktizierten Entspannungstechniken abbauen. So kann sich das Gleichgewicht der Gesamtpersönlichkeit wieder herstellen.

Schnell schlägt Langsam

Bemannte Raumfahrzeuge werden im großen Wassermann-Zeitalter mit Lichtgeschwindigkeit durch den Raum fliegen. Mit Pluto im Wassermann wird sich bereits ganz deutlich abzeichnen, dass auch der Mensch zu anderen Geschwindigkeiten finden wird. Er wird 2024 ganz entspannt damit umgehen und die freien Zeitkapazitäten sinnvoll nutzen. Die Computer- und Kommunikationstechnik von heute zeigt bereits, wie schnell so etwas zur Selbstverständlichkeit wird. Es freut sich doch jeder über den Zeitgewinn, wenn der ICE zwischen Frankfurt und Köln 300 km/h schnell fährt.

PERSÖNLICHE SCHLUSSGEDANKEN

Wir Menschen erleben derzeit eine große Transformation. Diese gelingt nur, wenn wir das Alte loslassen und das Neue leben. Es braucht den ethisch-moralischen Wandel in einem alles umfassenden Miteinander. Zu den unterschiedlichsten Lebensbereichen habe ich Ihnen in den Kapiteln dieses Buches Tendenzen aufgezeigt, die unser aller Gegenwart und Zukunft bestimmen werden. Eines ist dabei sicher deutlich geworden: Es steht viel auf dem Spiel, es geht um unser Dasein auf der Erde, das sich entscheidend wandeln wird. Die Art der Menschen, miteinander auszukommen und gesellschaftliche Prozesse zu gestalten, hat im Laufe der Jahrtausende bereits unzählige Wandlungen erfahren. Sie sind heute mehr denn je notwendig.

Möge es uns gegeben sein, unser Denken durch Wissen und Verstehen zu erneuern, damit die Zeichenwende zur Wendezeit wird. Wir haben es in der Hand, denn wir sind nicht nur Zeitzeugen, sondern auch Akteure. Was wir brauchen, ist vor allem Mut und ein Verliebtsein ins Gelingen!

ANMERKUNGEN

1 Ring, Thomas: *Astrologische Menschenkunde*, Band I bis IV; H. Bauer Verlag, 1956
2 Mertz, Bernd A.: *Liebe, Opfer und Magie*; Edition Astrodata, 1992
3 *Der Neue Kulturfahrplan*, hrsg. von Werner Stein; Herbig Verlag
4 ebenda
5 ebenda
6 ebenda
7 ebenda
8 erschienen 2003 bei Campus
9 Management of Malik, Management-Zentrum St. Gallen
10 *Die Zeit* vom 13. November 2008
11 *ZDF* am 24. März 2008
12 *WAMS*-Interview vom 24. August 2008
13 Werner, Götz W.: *Einkommen für alle*; Kiepenheuer & Witsch, 2007
14 *FAS* vom 23. März 2008
15 Berliner Wissenschaftszentrum für Sozialforschung
16 *ZDF*-Information vom 28. Mai 2008
17 Online-Dienst der *Zeit* vom 17. April 2008
18 *Badisches Tagblatt* vom 15. Juli 2008
19 *FAZ* vom 11. Mai 2008
20 *WAMS* vom 24. August 2008
21 *FAZ* vom 6. Juli 2008
22 *Süddeutsche Zeitung* vom 5. März 2008
23 *WAMS* vom 19. Oktober 2008
24 *Süddeutsche Zeitung* vom 5. März 2008
25 *FAS* vom 9. März 2008
26 Scherf, Henning: *Grau ist bunt. Was im Alter möglich ist*; Herder, 2007
27 *Die Zeit* vom 17. April 2008
28 *SWR*-Information vom 5. August 2008
29 Tagezeitungsbeilage von Siemens »Health Care«
30 »Der Heilige Geist bringt uns einander näher.« SMS von Papst Benedikt XVI. an die Teilnehmer des Weltjugendtages 2008 in Sydney/Australien
31 *Spiegel*: »Deckname Da Vinci« in Nr. 28/2008
32 *Die Welt* vom 26. Juni 2008
33 *Badisches Tagblatt* vom 22. März 2008

KONTAKT ZUM AUTOR

Hartmut Radel lebt in Baden-Baden und bietet Seminare, Vorträge, Ausbildungen und Beratungen an. Für Ihre individuellen Anfragen erreichen Sie ihn unter:

Telefon 0 72 21 / 39 06 66
Fax 0 72 21 / 39 06 67
E-Mail mail@hartmutradel.de